Couvertures supérieure et inférieure
manquantes

3200

STRASBOURG

PENDANT LA RÉVOLUTION

EN PRÉPARATION

DU MÊME AUTEUR :

STRASBOURG AVANT LA RÉVOLUTION.
STRASBOURG APRÈS LA RÉVOLUTION.

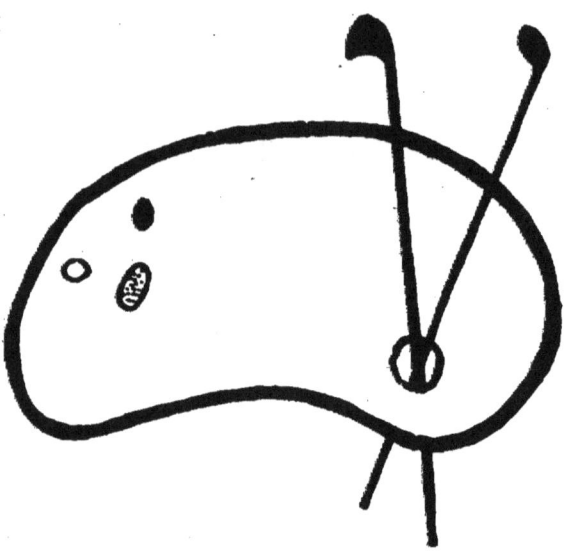

ORIGINAL EN COULEUR
NF Z 43-120-8

L'ALSACE FRANÇAISE

STRASBOURG

PENDANT

LA RÉVOLUTION

PAR

E. SEINGUERLET

PARIS

BERGER-LEVRAULT ET Cⁱᵉ, ÉDITEURS

5, RUE DES BEAUX-ARTS

MÊME MAISON A NANCY

1881

Tous droits réservés.

AUX ÉLECTEURS

DU DÉPARTEMENT DU BAS-RHIN

QUI DANS LA

DERNIÈRE HEURE DE LEUR EXISTENCE FRANÇAISE

ONT ACCORDÉ

QUARANTE MILLE SUFFRAGES A L'AUTEUR DE CE LIVRE

Témoignage de profonde gratitude
et d'inaltérable dévouement
d'un Français qui n'a pas cessé d'être Alsacien.

E. SEINGUERLET.

Paris, mai 1879.

AVANT-PROPOS

De nombreuses études ont été faites sur la Révolution française ; elle a inspiré de beaux ouvrages, de haute portée et de longue haleine, des livres où les vues d'ensemble abondent, où les détails ne manquent pas. Mais pour quiconque a étudié ces travaux, une vérité devient évidente : quel que soit le mérite des historiens, l'histoire vraie de la Révolution française n'existe pas encore.

C'est sur Paris seul, en effet, ou en seconde ligne, sur la Vendée et Lyon, que l'attention des auteurs s'est concentrée jusqu'à présent. De la Révolution dans l'Est, le Nord et le Sud, on ne sait rien ou presque rien.

Ce grand drame se compose pourtant de mille petits drames qui ne se jouèrent pas seulement sur la scène parisienne, mais qui eurent pour théâtre la France entière. Aussi ce drame a-t-il besoin, pour être compris, d'être suivi jusque dans les épisodes de la vie provinciale, trop négligée par nos historiens. Moins éclatantes, moins vastes, moins encombrées d'acteurs et d'événements, ces scènes plus modestes offrent une prise plus facile à des observations exactes que le théâtre principal. Ce n'est point qu'il faille voir les choses par le petit bout de la lorgnette, comme on dirait familièrement, mais il faut les voir sous un jour qui n'éblouisse pas trop les yeux et dans des proportions accessibles à nos organes.

En procédant de cette manière, on arriverait très-certainement à plus de vérité historique, et partant à plus de justice : qualité rare en telles matières, à une époque surtout où l'esprit de parti anime encore les écrivains qui les traitent. L'histoire de la Révolution se substituerait alors à la légende révolutionnaire ou contre-révolutionnaire, mais il faudrait que nos historiens eussent la modestie ou la patience de se cantonner, et de faire, chacun en leur coin de province, des études analogues à celle que nous avons entreprise sur Strasbourg.

L'examen des révolutions locales est indispensable à l'intelligence de la Révolution. C'est seulement lorsque les traits particuliers auront été arrêtés un à un qu'apparaîtra le tableau d'ensemble. L'histoire sera devenue plus humaine et nous la toucherons de plus près. Au lieu de ces figures fatales et parfois incompréhensibles qui se dressent dans un singulier isolement, qui nous écrasent de leur grandeur et semblent mues par des ressorts étrangers à notre nature, nous reconnaîtrons enfin des hommes, nous les regarderons de plain-pied, et ce qu'ils pourront perdre quelquefois en grandeur, ils le gagneront en vérité. Arriver à ce résultat par la série nécessaire des travaux partiels devrait être l'œuvre des sociétés savantes de province. Malheureusement elles manquent encore, pour la plupart, d'une qualité sans laquelle une telle entreprise ne saurait être menée à bien : l'impartialité, qui défend à l'historien de ne voir dans une époque que ce qu'il veut y voir. Le premier objet de l'histoire n'est-il pas la constatation des faits ? Se proclamer feuillant, girondin, jacobin, comme à la fin du dernier siècle, est fâcheux en politique et désastreux en histoire.

Au point de vue scientifique comme au point de vue français et au point de vue alsacien l'intérêt d'une histoire de Strasbourg n'a pas besoin d'être démontré. Les publications de ce genre, en effet, sont l'un des plus sûrs et puissants moyens de maintenir intact le lien moral qui doit réunir l'Alsace à la France. Rappeler à l'Alsace le rôle qu'elle a joué dans le grand événement de la Révolution française, les sacrifices de toute nature qu'elle s'est imposés avec un inépuisable héroïsme, les millions, les fatigues, le sang qu'elle a prodigués durant ces années épiques pour assurer le règne de la liberté et de l'égalité dans l'unité glorieuse de la nation française, c'est renouveler dans les cœurs alsaciens toute une tradition de nobles sentiments qu'il importe d'entretenir et de ne jamais laisser éteindre, c'est raviver dans les esprits tout un ensemble de pensées généreuses qui ne pourraient en être effacées, sans qu'un coup fatal soit porté au légitime orgueil qu'inspirent les annales alsaciennes aux enfants de l'Alsace.

Et n'est-ce pas aussi rappeler à la France tout ce qu'elle doit à ce pays, aujourd'hui séparé d'elle par des nécessités d'ordre extérieur, mais qu'elle n'a pas le droit d'oublier, à ce pays qui a pris une part si active, si dévouée, si généreuse aux faits historiques les plus considérables, les plus féconds dont elle ait été le théâtre, aux dangers les plus redoutables qu'elle ait courus, aux efforts les plus tragiques et aux succès les plus chèrement conquis dont elle ait jamais étonné le monde? N'est-ce pas dire à la France que laisser se rompre ou seulement se détendre les liens intimes qui la rattachent à une population si étroitement mêlée au meilleur de sa propre histoire, ce serait une chose indigne qu'elle ne saurait faire sans ingratitude et sans honte?

Les Allemands se sont efforcés et s'efforcent encore chaque jour d'altérer le caractère de notre histoire alsacienne; ils en effaceraient, si la chose dépendait d'eux, toute l'époque comprise entre 1648 et 1871, entre le traité de Westphalie, qui donna l'Alsace à la France, et le traité de Francfort, qui la lui arracha. C'est une annexion nouvelle qu'ils poursuivent; afin de s'assurer leur récente conquête, ils voudraient aussi conquérir notre passé; mais c'est trop d'ambition. A chaque pas ils rencontreront quelqu'un de nous autres Alsaciens, pour leur disputer le terrain pied à pied, et nous ne nous lasserons point de cette lutte, quelle que soit la difficulté que nous éprouvions aujourd'hui à reconstituer notre histoire, après l'odieuse destruction de notre bibliothèque nationale.

Tout écrivain, dit-on, a un livre où il a mis tout son talent : pour moi, je crois avoir mis dans celui-ci tout mon patriotisme de Français et d'Alsacien, et je n'ai qu'un désir, c'est qu'on le lise dans le même esprit que je l'ai écrit.

STRASBOURG
PENDANT LA RÉVOLUTION

CHAPITRE PREMIER

LA FIN DE L'ANCIEN RÉGIME

Strasbourg avant la Révolution. — Son régime politique, administratif et commercial en 1789. — Élections des députés aux États généraux. — Cahier des vœux du tiers état de la ville de Strasbourg. — Impopularité de la haute bourgeoisie, de la classe dirigeante. — Troubles intérieurs. — Le baron de Dietrich nommé commissaire royal. — Sac de l'hôtel de ville. — Fin de l'ancien régime strasbourgeois. — Après la nuit du 4 août, protestation du conseil des Échevins en faveur des anciens droits régaliens de Strasbourg. — Organisation d'une garde nationale. — Création de la *Société des Amis de la Constitution*. — Élections municipales et départementales. — Dietrich premier maire de Strasbourg. — Protestation de la noblesse allemande apanagée en Alsace contre les décrets du 4 août. — Le cardinal de Rohan donne le signal de l'émigration.

Le plus grand bienfait de la Révolution en Alsace fut d'accomplir la fusion de l'élément alsacien proprement dit avec l'élément français. Cette fusion ne s'était faite que dans les hautes classes, c'est-à-dire entre la noblesse locale, les bourgeois notables et les fonctionnaires royaux. Dans le reste de la population subsistait une sorte d'antagonisme, et c'est cet antagonisme même qui marque d'un caractère spécial la Révolution alsacienne. Du conflit sortit un peuple nouveau, tout français par les idées et par les sentiments. Ce qui pouvait rester à faire, la guerre le fit ; ce que les luttes politiques avaient pu laisser inachevé, le mélange du sang français et du sang alsacien, versés sous le même drapeau, l'acheva; et ce fut surtout de cette manière que se transforma le paysan, moins accessible aux influences qui avaient d'abord gagné les villes.

Strasbourg vit s'opérer dans ses murs une véritable transformation sociale. Malgré sa constitution républicaine, dont l'origine remontait à 1482, c'était chose bien nouvelle pour les Strasbourgeois, qu'un État fondé sur les droits de l'homme et du citoyen. La vieille constitution strasbourgeoise, bien qu'elle eût fait l'admiration d'Érasme, était loin de réaliser les larges idées de la Révolution française.

Cette organisation intérieure, fort compliquée, ne répondait plus aux besoins du temps.

Au sommet se trouvait le Magistrat, *das bestændige Regiment*, qui se composait de trois colléges, les Chambres des XIII, des XV et des XXI. Avant la réunion de Strasbourg à la France, les XIII étaient chargés des affaires extérieures et militaires de la République; mais, à partir de la capitulation, leurs attributions furent considérablement diminuées; ils durent se contenter du rôle plus modeste de simples négociateurs de la ville avec les autorités françaises. Les XV continuèrent, comme par le passé, à s'occuper des affaires intérieures, à veiller à l'exécution et au maintien des statuts et règlements. Il n'y avait pas, à proprement parler, de Chambre des XXI. Les magistrats qui portaient ce titre, et qui n'étaient qu'au nombre de quatre ou cinq, assistaient aux séances solennelles des autres colléges, et passaient à l'ancienneté dans les Chambres des XIII et des XV.

Ils formaient le corps où se recrutait le personnel gouvernemental de la République. Un tiers des siéges des XIII et des XV était attribué à la noblesse, et les deux autres à la bourgeoisie; tous les membres étaient nommés à vie. Ce partage par tiers, qui avait été la base du compromis survenu à la suite de la révolution de 1482, se retrouvait dans la composition du grand Sénat, *der grosse Rath*, et du petit Sénat, *der kleine Rath*, dont les attributions étaient exclusivement judiciaires. Le grand Sénat jugeait au criminel en dernier ressort, et servait de cour d'appel au petit Sénat et aux bailliages. Le petit Sénat jugeait les procès civils jusqu'à concurrence de 1,000 livres. Les sénateurs, à l'exception de ceux désignés par la noblesse de la basse Alsace, étaient élus par les échevins des vingt tribus ou corps de métiers, d'où il résultait que le mode de recrutement du corps judiciaire était l'élection à deux degrés.

Dans certaines circonstances déterminées, on réunissait les deux Sénats et les trois Chambres, et cette assemblée plénière était intitulée le Conseil et les XXI, *Rath und XXI*. C'est là que les ordonnances et les règlements recevaient leur sanction; c'est là qu'étaient traitées les affaires ecclésiastiques des protestants, en vertu du *jus circa sacra* reconnu par le traité de Westphalie; c'est là, enfin, qu'étaient élus les principaux employés de la ville, et, dans le choix de ses fonctionnaires, on appliquait la loi de l'alternative établie par le roi de France en 1687 entre les catholiques et les protestants, lorsque deux années auparavant, par un étrange contraste, avait eu lieu la révocation de l'édit de Nantes.

Le pouvoir exécutif proprement dit était confié à des

personnages nommés par les Chambres des XIII et des XV. On appelait *Stettmeister* les hauts fonctionnaires qui étaient choisis parmi les conseillers nobles, et *Ammeister* ceux qui étaient pris parmi les conseillers bourgeois. Les stettmeisters, aussi bien que les ammeisters, étaient au nombre de six; les premiers se relevaient alternativement de trois en trois mois, les autres, chaque année. Le stettmeister régent présidait le Sénat et les Chambres, promulguait les lois, dirigeait les affaires universitaires, etc...; mais ses attributions étaient plutôt honorifiques que réelles. Le véritable pouvoir exécutif était exercé par l'ammeister qui, sorti des rangs de la bourgeoisie, restait en régence pendant toute l'année; il expédiait les affaires courantes, veillait au maintien de l'ordre public, et jugeait en première instance les délits de peu de gravité.

Tout ce système, où régnait la plus complète confusion des pouvoirs, reposait sur l'organisation des tribus ou corporations des arts et métiers. Ces tribus étaient au nombre de vingt:

La première était celle des bateliers;

La seconde, celle des marchands;

La troisième, celle des bouchers;

La quatrième, celle des cabaretiers;

La cinquième, celle des drapiers;

La sixième, celle des meuniers, blatiers, chirurgiens;

La septième, celle des vendeurs de sel, regrattiers, cordiers;

La huitième, celle des orfèvres, peintres, vitriers, imprimeurs et relieurs;

La neuvième, celle des boulangers;

La dixième, celle des pelletiers ;
La onzième, celle des tonneliers et brasseurs ;
La douzième, celle des tanneurs ;
La treizième, celle des gourmets ;
La quatorzième, celle des tailleurs ;
La quinzième, celle des maréchaux ferrants, forgerons ;
La seizième, celle des cordonniers ;
La dix-septième, celle des pêcheurs ;
La dix-huitième, celle des charpentiers ;
La dix-neuvième, celle des jardiniers ;
La vingtième, celle des maçons et manœuvres ; cette dernière comprenait le prolétariat.

Tout bourgeois de Strasbourg, soit qu'il exerçât un métier ou remplît une fonction libérale, devait appartenir à une des vingt tribus. Chaque tribu avait un chef, *Oberherr*, nommé à vie et assisté de quinze échevins, *Schœffen*. « C'est là, dit un vieil écrivain anonyme dans une *Description historique et topographique de la ville de Strasbourg*, le séminaire de la magistrature ; et quand un homme a été déjà nommé échevin, il le demeure toute sa vie, à quelque dignité qu'il soit élevé par la suite. »

Ces quinze échevins, multipliés par vingt tribus, formaient les trois cents membres du conseil des Échevins, *Schœffenrath*, qui était consulté autrefois dans toutes les questions importantes, mais qui n'avait conservé de ses anciennes attributions que le droit d'élire les sénateurs depuis la réunion de Strasbourg à la France. Cette élection offrait la singularité d'avoir lieu le premier jeudi de janvier, à quatre heures du matin.

La population de Strasbourg était liée à cette forme de gouvernement par un serment qui datait également de 1482, et qu'elle renouvelait tous les ans, le premier mardi après les élections générales. Ce jour-là, le Magistrat et les bourgeois des vingt tribus se rendaient sur la place, devant la cathédrale, où, après lecture du concordat passé en 1482 entre la noblesse et le peuple, le stettmeister régent prêtait serment à l'ammeister; puis celui-ci, ainsi que le Sénat, les conseillers, les secrétaires, le prêtait au stettmeister, qui le réclamait ensuite du peuple. Tous les membres des tribus, tête nue, la main levée, répondaient : Je le jure.

Ces priviléges, laissés à Strasbourg après sa capitulation, ne s'exerçaient pas sans contrôle. En vertu de l'édit de 1685, un préteur royal fut investi de la mission de présider toutes les assemblées du Magistrat et de surveiller les autorités locales. Il avait droit de *veto* contre toute délibération et tout acte qui lui paraitraient contraires aux intérêts du roi. Mais il n'eut guère à faire usage de ce droit, si grand fut l'empressement des familles patriciennes, jalouses de sauvegarder de riches émoluments, à éviter le moindre soupçon d'opposition.

Au moment de la Révolution, le préteur royal jouissait, tout en sauvant les apparences, tout en respectant les formes de l'ancienne constitution, d'un pouvoir absolu, grâce au servilisme d'une oligarchie profondément corrompue. Cependant par plusieurs siècles d'une vie autonome et républicaine, les Strasbourgeois se trouvaient mieux préparés que la plupart des autres Français à la liberté dont ils possédaient déjà les mœurs et au gouvernement d'eux-mêmes qu'ils avaient pratiqué.

D'un autre côté, les priviléges considérables qui leur avaient été reconnus, les coutumes auxquelles ils étaient attachés et qui se reliaient au souvenir de leur indépendance, devaient faire naitre dans leurs esprits des résistances contre un mouvement qui, en centralisant tout, passait sur tout un même niveau. L'annexion à la France n'avait rien coûté à l'Alsace; elle n'avait rien enlevé aux Alsaciens, ni rien changé à l'état de choses antérieur. L'adhésion aux principes de 89, au contraire, ne pouvait être qu'une absorption; elle entrainait, avec la perte des avantages particuliers, le renoncement aux anciens usages et une véritable révolution économique. Restée en effet en dehors de la ligne des douanes françaises, l'Alsace jouissait d'une grande prospérité commerciale par le transit entre la Hollande et la Suisse.

« Strasbourg, a dit Kentzinger qui fut maire sous la Restauration, était dans toute l'étendue du terme un port franc et le commode entrepôt de toutes les marchandises qui, du nord de l'Allemagne et de la Hollande, traversaient l'Alsace pour passer dans le midi de la France, en Suisse et de là en Italie. On peut juger quelle activité ce transit donnait à son industrie, à ses opérations commerciales. C'est à la durée de cette époque que je ne crains pas de fixer l'apogée de sa prospérité. »

Le dévouement le plus patriotique ne pouvait effacer en un jour la mémoire d'une situation aussi exceptionnelle. Certaines appréhensions devaient en précéder le sacrifice et même certains regrets devaient le suivre. Ajoutez à cela le ressouvenir d'une autonomie dont Strasbourg se montrait fier.

« Quel est le Strasbourgeois, dit encore Kentzinger,

qui n'éprouve un sentiment intérieur de satisfaction à se reporter par la pensée au temps où sa ville natale jouait un rôle parmi les États libres et indépendants ; où elle était en relations suivies avec les grands souverains ; où elle était devenue le séjour d'agents et de ministres accrédités près d'elle ; où, en un mot, elle était comptée pour quelque chose dans la balance de la politique européenne ? Tous ces avantages, sans doute, étaient plus propres à satisfaire la vaine gloire qu'à procurer un bonheur réel ; mais il n'est peut-être pas de descendant d'anciens bourgeois ou de patriciens de Strasbourg qui, s'entretenant avec ses enfants de ce que leur ville était autrefois, ne dise avec un orgueil mal dissimulé :

........*Hæc olim meminisse juvabit.* »

Si ce sentiment s'exprime avec tant de force à l'époque de la Restauration, s'il persiste encore de nos jours, s'il soutient l'Alsace dans sa résistance contre l'assimilation allemande, il était nécessairement plus intense à l'époque de la Révolution. Il importe de le dégager dès le début de cette étude, car, si l'on venait à l'oublier, l'histoire de Strasbourg, en ces années de trouble, serait incompréhensible.

Ce sentiment, si naturel qu'il fût dans les cœurs alsaciens, inspirait de la défiance aux patriotes de l'intérieur de la France qui n'en mesuraient pas la portée exacte. Ils la croyaient beaucoup plus grande qu'elle ne l'était en réalité ; ils l'étendirent jusqu'à l'idée d'une séparation ; ils en firent un crime de haute trahison.

De là de cruelles méprises et de déplorables déchirements. Dans une si terrible période, sous l'impulsion du mouvement révolutionnaire et sous l'excitation fiévreuse de l'invasion, les malentendus tournaient vite à la rupture, à la guerre, aux dernières violences. Mais rien d'abord ne fit prévoir ces conflits, ces antagonismes.

Le 24 février 1789, les électeurs d'Alsace furent convoqués pour nommer des députés aux États généraux. Ces élections ne durèrent pas moins d'un mois. Elles eurent lieu de mars à avril dans toute la province. A Strasbourg, ce fut le 18 et le 23 mars, et les salles de vote furent les *poêles*, qui avaient été, sous l'ancienne constitution, les sections électorales des vingt tribus de la bourgeoisie. L'élection était à deux degrés; le nombre des électeurs au second degré ne fut que de cent vingt-six. Ces délégués choisirent, en dehors des députés, trente-deux commissaires chargés de rédiger le cahier des doléances du tiers état que l'on devait remettre aux députés. Ce document existe encore sous ce titre : *Cahier des vœux du tiers état de la ville de Strasbourg.*

Les deux premiers députés de Strasbourg furent l'ammeister Jean de Turckheim et Étienne-Joseph de Schwendt, syndic de la noblesse de la basse Alsace. Les bailliages d'Haguenau, de Wissembourg et de Schlestadt élurent Bernard, syndic du chapitre de Wissembourg, le bailli de Flachslanden, grand-croix de l'ordre de Malte, Hell, procureur syndic de la province d'Alsace, et le médecin Meyer. Le clergé avait délégué ses pouvoirs au cardinal de Rohan et aux abbés d'Andlau et d'Eymar. Les représentants de la noblesse étaient le maréchal de camp baron d'Andlau et le baron de

Rathsamhausen, colonel d'infanterie. Turckheim et Schwendt, qui appartenaient à de vieilles familles strasbourgeoises, étaient des hommes libéraux et modérés. Leurs fonctions ne furent point gratuites; elles furent même rétribuées plus largement que ne le comportent nos habitudes actuelles. On alloua aux députés trente livres par jour pour leurs dépenses et huit cents livres pour leurs frais de déplacement; sommes considérables alors, et dont la valeur, comme on sait, se trouverait à peu près doublée aujourd'hui.

Au nombre des vœux exprimés dans le cahier du tiers état strasbourgeois, on en remarque un qui devait naitre naturellement à Strasbourg, où fonctionnèrent les premières presses : ce fut un vœu en faveur de la liberté de la presse. Il était demandé également, avec une insistance spéciale, que le régime nouveau conservât les immunités stipulées en 1681 dans l'acte de cession à la France. La noblesse réclamait le maintien des droits seigneuriaux; la bourgeoisie entendait être exemptée de la milice; enfin, pour satisfaire les bouchers, il eût fallu diminuer les droits sur les bestiaux étrangers.

On le voit; quoique entrés à pleines voiles dans le grand courant national, quoique partisans très-décidés de la révolution qui se préparait, les Strasbourgeois n'arrivaient point à se détacher de leurs anciens priviléges, immunités et franchises. Cependant une organisation plus moderne, souhaitée par la masse de la population, ne devait pas tarder à remplacer le mécanisme suranné de la vieille constitution locale, et cette substitution se fit sans soulever de trop vives résistances.

Un vice radical avait ruiné depuis longtemps la popularité de l'ancien ordre de choses. Si les Strasbourgeois y renoncèrent sans regret, c'est que la plupart des hautes fonctions, au lieu de rester la récompense du mérite, étaient devenues l'apanage de quelques familles. Cette sorte d'hérédité dans les offices publics, ce népotisme bourgeois avait excité des mécontentements profonds dans la population. Tout récemment, un conflit grave avait éclaté entre la corporation des bouchers et la Chambre des XV. On avait pu craindre un instant que la tranquillité publique ne fût troublée, mais l'ordre avait été maintenu par la sagesse de l'administration française.

Pour mettre un terme à des compétitions d'où naissaient de petites émeutes, le Gouvernement nomma un commissaire royal chargé des fonctions délicates d'arbitre entre la Chambre des XV et la corporation des bouchers, avec laquelle les autres métiers avaient fait cause commune par esprit de corps. Le baron de Dietrich fut choisi pour cette mission conciliatrice. Ce fut le premier pas dans la vie publique de ce personnage, esprit élevé et libre, ami politique de Lafayette et de Bailly. L'importance du rôle qu'il fut appelé à jouer plus tard nous fait un devoir de donner dès maintenant quelques détails sur son origine et la première partie de sa vie.

La famille de Dietrich n'est pas d'origine alsacienne, comme semble l'indiquer son nom; elle est lorraine. Les Dietrich étaient des Didier. Quand ils vinrent s'établir à Strasbourg, où sans doute ils espéraient, étant protestants, jouir de plus de sécurité et de liberté dans l'exercice de leur culte, les Didier changèrent de nom. Le dernier des Didier qui mourut en Lorraine était conseiller d'État; ce fut son fils Dominique Didier qui, dans la seconde moitié du XVIᵉ siècle, émigra en Alsace. Il se fit appeler à Strasbourg Dominique Dietrich, épousa la fille d'un ammeister et mourut en 1623 dans sa patrie d'adoption.

Le petit-fils de ce Dominique, portant les mêmes nom et prénom, devint ammeister régent de la ville libre impériale. Il fut, en 1681, le négociateur de la capitulation qui fit de Strasbourg une cité française. Ses concitoyens, ses coreligionnaires surtout, le décrièrent comme un traître; mais la postérité n'a pas ratifié ce jugement; Dominique Dietrich fut si peu traître envers sa patrie que Louis XIV le fit interner à Guéret pendant plusieurs années et qu'il ne voulut jamais abjurer le protestantisme, comme le firent ses amis Obrecht et Gunzberg.

Malgré les colères et les haines auxquelles elle fut alors en butte et qui ne se dissipèrent qu'assez lentement, la famille de Dietrich continua à prospérer. Elle s'enrichit dans le commerce et l'industrie. Jean de Dietrich, le père du commissaire royal que nous allons voir à l'œuvre, avait été anobli à la fois par Louis XV et par l'empereur François Iᵉʳ. Il tint à donner à cet anoblissement une sorte de consécration en augmentant considérablement sa fortune territoriale. A la veille de la Révolution, en effet, il pouvait signer seigneur de Reichshoffen, d'Oberbronn et de Niederbronn, comte du ban de la Roche, etc., etc.... et comte de Dietrich. Sur ses vastes domaines, il faisait vivre du travail des forges et des mines qu'il exploitait 1,500 familles d'ouvriers. Il avait le droit de se dire et il se disait volontiers

« le particulier le plus riche en terres dans la province d'Alsace ».

Cette situation eut de l'influence sur les études du second de ses fils, Philippe-Frédéric, qui était son enfant de prédilection et justifiait cette préférence par des aptitudes supérieures. La minéralogie lui fut un sujet de travaux remarquables qui le mirent en rapport avec les sommités scientifiques de l'époque.

Son instruction était solide et étendue ; de nombreux voyages en France, en Italie, en Allemagne, en Hongrie, en Angleterre, contribuèrent à son développement intellectuel. Il nous reste de lui un livre estimé sur les minières et usines des Pyrénées et de la Lorraine. Il insérait des dissertations et des mémoires sur des sujets variés dans les gazettes et revues du temps.

Nommé d'abord correspondant de l'Académie des sciences, il en devint membre peu d'années avant la Révolution. Honoré de l'amitié de Turgot et de Condorcet, épris des idées philosophiques de son siècle, il était demeuré complétement étranger aux dogmes du christianisme. Toutefois, son caractère officiel de protestant l'empêcha de devenir chevalier de Saint-Louis. Ses liaisons parisiennes dataient du temps où il était secrétaire du ministère de la guerre.

C'était un homme de belle prestance, honnête et affable ; il parlait bien et aimait la représentation. Il avait de la bonté et était adoré de ses ouvriers. Lorsqu'il fut nommé commissaire royal, il était âgé de quarante ans.

Dietrich n'était pas le seul Strasbourgeois qui, à la veille de 89, entretînt des rapports suivis avec des personnages marquants de Paris, qui élevât son esprit au-dessus des mesquines compétitions locales et aspirât avec ivresse le premier souffle de la liberté. Il y avait à cette époque, à Strasbourg, une élite d'hommes en communion d'idées et de sentiments avec ceux que la Révolution allait mettre en évidence. On se réunissait chez Pasquay, riche négociant retiré des affaires, qui s'était fait construire un bel hôtel dans la rue des Serruriers. Ce groupe forma le noyau des amis politiques de Dietrich; nous citerons dans le nombre : Mathieu, qui devint procureur général syndic de la commune; François de Weitersheim, le premier colonel de la garde nationale; Thomassin, futur officier municipal; Saltzmann, qui fut rédacteur de la *Feuille de Strasbourg;* Hermann, plus tard juge de paix et commandant de la garde nationale; Levrault, futur procureur général syndic, et son ami Schœll, qui fut successivement libraire, diplomate et historien. Mirabeau était en relations avec ce cénacle patriotique, ainsi que le montre la lettre suivante adressée à Levrault à la veille de la convocation des États généraux.

Paris, le 16 août 1788.

.....Il n'est plus possible de douter que les États généraux auront lieu. Qui payerait le premier mai 1789, je vous le demande? Il est arrivé au Gouvernement ce que je lui ai prédit : *Si vous ne les voulez pas à pied, ils viendront à cheval.* On en a hâté l'époque jusqu'à la précipitation, et certes on s'en apercevra. Que feront-ils? Certainement beaucoup de sottises; mais qu'importe! Les nations ont, comme les enfants, leurs tranchées, leurs maux de dents, leurs rugissements ; elles se forment de même.

Les premiers États généraux seront tumultuaires ; ils iront trop loin peut-être. Les seconds assureront leur marche ; les troisièmes achèveront la Constitution. Ne nous défendons point du besoin d'en créer une tout entière : que tout soit juste aujourd'hui, tout sera légal demain. Surtout gardons-nous de l'érudition, dédaignons ce qui s'est fait, cherchons ce qu'il faut faire, et n'entreprenons pas trop. Consentement à l'impôt et aux emprunts, liberté civile, assemblée périodique, voilà les trois points capitaux qui doivent reposer sur une déclaration précise des droits nationaux ; le reste viendra assez vite.

Quant à mes vues particulières, je le dirai nettement à vous, mais à vous seul : *la guerre aux privilégiés et aux privilèges;* voilà ma devise. Les privilèges sont utiles contre les rois, mais ils sont détestables contre les nations, et jamais la nôtre n'aura d'esprit public tant qu'elle n'en sera pas délivrée. Voilà pourquoi nous devons rester, et pourquoi je serai personnellement, moi, très-monarchique. Eh ! de bonne foi, que serait une République composée de toutes les aristocraties qui nous rongent ? Le foyer de la plus active tyrannie. Vous l'apprendrez assez de la guerre intestine qui dévorera les États généraux, surtout si le Gouvernement s'obstine à ne pas les vouloir nombreux. Huit cents personnes (et au-dessous de ce nombre, il n'y a pas de représentation décente de la nation française) se mènent plus aisément que trois cents ; cinq ou six personnes déterminent toujours le troupeau, quelque gros qu'il soit. S'il est petit, des rixes particulières auront plus d'influence ; si, nombreux, ce sera le talent ; et sans corrompre (ceux que l'on peut corrompre ne valent jamais d'être corrompus) le Gouvernement peut et doit s'assurer ces cinq ou six hommes.

C'est une vue très-profonde et très-saine que la différence caractéristique de la Révolution qui se prépare et de celles qui l'ont précédée. Je suis à cet égard entièrement de votre opinion, et le développement de cette vérité sera l'objet du discours préliminaire que je prépare pour la traduction de l'histoire d'Angleterre de Mme Macauley. On y verra que ce serait reculer barbarement notre âge que de recourir à des révolutions violentes ; que l'instruction, grâce à l'imprimerie, suffit pour opérer toutes celles dont nous avons besoin, toutes celles que se doit l'espèce humaine, et que, de cette manière seule, les nations ne perdront rien à leurs acquisitions.

Votre lettre est bien sage et même bien forte sous ce point de vue ; elle montre que vous méditez beaucoup, or, je ne connais qu'un point de distance véritable entre les hommes : l'aptitude à la méditation. Rien de grand ne se fait que par cette aptitude.

MIRABEAU.

Cette lettre, qui ne figure pas dans la correspondance de Mirabeau, est fort remarquable. Elle renferme des aperçus très-profonds et très-justes sur la Révolution qui se préparait et donne d'avance l'explication du rôle joué plus tard par Mirabeau, de ses rapports avec la cour et en même temps de son ardeur révolutionnaire, qui tendait surtout à la destruction définitive des privilèges.

Ce fut sous la présidence de Dietrich qu'eurent lieu, au sein du Magistrat, du 11 au 20 juillet 1789, les débats sur l'état intérieur de Strasbourg. Au cours de cette discussion, survint une lettre des deux députés de la ville annonçant les graves événements arrivés à Paris du 12 au 14 juillet : la prise de la Bastille et la visite de Louis XVI à l'Assemblée nationale.

L'Alsace, jusque-là assez calme, fut saisie de la fièvre révolutionnaire. Les idées nouvelles qu'elle couvait se firent jour soudain avec une force inattendue. La victoire du peuple de Paris enflamma les esprits à Strasbourg. Elle vint à point encourager les efforts de ceux qui, peu nombreux alors, voulaient de larges réformes et un complet affranchissement.

La classe dirigeante de l'époque, l'aristocratie de la bourgeoisie, tenta de s'opposer au mouvement; elle s'y prit avec maladresse. Elle ne laissa entrevoir aucune disposition à céder, et ses résistances mal conçues, son inintelligence des nécessités de la situation, amenèrent une émeute et le pillage de l'hôtel de ville.

Ce vénérable édifice, construit par Specklé dans le style de la Renaissance allemande, date de 1585. Il est aujourd'hui le siége du principal cercle de la ville.

La première nouvelle de la prise de la Bastille arriva à Strasbourg un samedi, dans la soirée. Une partie de la population était rassemblée sur la place d'Armes, où elle admirait l'illumination d'un hôtel récemment construit, la *Maison Rouge*, qu'on inaugurait ce jour-là.

La grande nouvelle est accueillie par la foule avec enthousiasme, aux cris répétés de : *Vive la Nation!* Les enfants, qui veulent avoir leur part de l'allégresse publique, allument un grand feu à l'endroit où se dresse maintenant la statue de Kléber. Quelques centaines de bourgeois et d'artisans parcourent les principales rues en criant : *Des lumières! des lumières! ou gare aux vitres!* Les lampions, comme signe de réjouissance populaire, n'étaient pas encore d'un usage général; ils étaient réservés aux édifices publics. Les particuliers illuminaient en plaçant simplement des chandelles devant les fenêtres.

Tout se borna là pour la soirée, et le lendemain fut assez tranquille. Comme d'habitude, la foule endimanchée se répandit, après le service religieux, dans les jardins publics, les bals et les guinguettes des environs de la ville. Mais déjà civils et militaires avaient arboré la cocarde verte de Camille Desmoulins.

Cependant, à la sortie des brasseries, à onze heures du soir, après le couvre-feu, il se forma des rassemblements qui se portèrent, avec des intentions hostiles, devant les demeures des membres les plus impopulaires du Magistrat, entre autres, devant la maison de l'ammeister Lemp, dans la rue du Bouclier. On brisa les vitres, et l'on allait se livrer à de plus grands excès quand accourut, à la tête d'une patrouille d'Artois-Cavalerie, le baron de Klinglin, maréchal de camp, commandant pour le roi dans la province d'Alsace. Il était très-populaire à Strasbourg, où on l'avait surnommé *le père du peuple*, lors de son élection comme représentant de la classe des manants, *Schirmer*. Il n'eut point recours à la force ; par quelques bonnes paroles il arrêta la foule qui se dispersa aux cris de : *Vive Klinglin ! à bas le Magistrat !*

Mais il était évident que cela ne suffirait pas à ramener le calme dans les esprits, à dissiper l'irritation des habitants contre une administration détestée pour sa morgue et méprisée pour sa corruption.

C'était une révolution locale qui se préparait. Il s'agissait d'amener le Magistrat à céder aux vœux de la bourgeoisie, à consentir à une série de réformes urgentes, qu'on proposait d'introduire dans la constitution décrépite de 1482. Ces réformes avaient été discutées entre un comité de représentants de la bourgeoisie et des délégués du Magistrat ; mais ces derniers s'étaient appliqués à traîner les pourparlers en longueur. On voulut mettre les circonstances à profit pour contraindre le Magistrat à capituler. Le lundi, de grand matin, les délégués du Magistrat se réunirent à l'hôtel de ville, tandis que ceux de la bourgeoisie tenaient séance à quelques pas de là, au poêle de la tribu des Marchands, situé dans la maison du Miroir.

La population, prévenue, se porta en masse devant l'hôtel de ville, sur le Marché-aux-Herbes, pour appuyer par des démonstrations hostiles la démarche de ses représentants. Elle réclamait à grands cris l'abolition de l'accise et l'acceptation pure et simple du programme des réformes. Une députation de la tribu des bouchers formula les mêmes demandes au commissaire royal, le baron de Dietrich, et à l'ammeister régent, Mathieu Zœpfel.

Cependant, les délégués du Magistrat ne pouvaient se résoudre à faire les concessions que l'on exigeait d'eux, et les négociations entre le Miroir et l'hôtel de ville n'aboutissaient pas, malgré les exhortations de Dietrich, qui avait pris le rôle de conciliateur. A cinq heures de l'après-midi, les représentants de la bourgeoisie notifièrent, par l'intermédiaire du commissaire royal, aux délégués du Magistrat une sorte d'ultimatum conçu dans les termes les plus menaçants : « Au cas, disaient-ils, où le Magistrat prolongerait ses résistances, le peuple était résolu à détruire l'hôtel de ville et le Magistrat lui-même ; il ne fallait pas compter sur les troupes, car elles avaient promis de faire cause commune avec la population. » Les représentants exigeaient une soumission pleine et entière, signée par tous les membres du Magistrat; ils réclamaient en plus la remise des clefs de l'hôtel de ville et des caisses publiques comme garantie de la parole donnée.

Au moment où Dietrich s'acquittait de ce message, les fenêtres de l'hôtel de ville volèrent en éclats. C'était le peuple qui perdait patience et appuyait de cette manière les exigences de ses représentants. Cette manifestation ne rencontra aucune opposition de la part des troupes qui occupaient les issues de la place.

La mesure était comble. Les paroles comminatoires du commissaire royal, les cris de colère de la multitude, et plus encore l'attitude indifférente des autorités militaires vainquirent l'obstination du Magistrat. Effrayés par les menaces de mort qui de la place montaient jusqu'à eux, les délégués se réfugièrent sous une escorte de cavalerie au Miroir, cherchèrent asile dans le camp ennemi; et là, dans une salle mise à leur disposition, ils signèrent une capitulation sans conditions. Ils souscrivirent à toutes les demandes de la bourgeoisie sans la moindre restriction. Cet arrêté fut aussitôt rendu public sur le Marché-aux-Herbes et jusque dans les quartiers les plus reculés, au son des timbales et des trompettes, comme il était d'usage dans les circonstances solennelles. La foule, satisfaite, se retira paisiblement, et la ville fut illuminée en l'honneur de la victoire du peuple. Sur la façade de l'hôtel du baron de Klinglin, dans la rue des Pierres, on lisait sur un transparent ces mots à l'adresse du Magistrat :

Patrem te dicunt cives, dicentque nepotes.

La soirée ne fut pas troublée, mais une députation de bourgeois riches sollicita pourtant, auprès du maréchal de Rochambeau, commandant supérieur de la province, l'autorisation de s'armer et d'organiser des patrouilles pour le maintien de l'ordre. Le maréchal, ancien compagnon d'armes de Lafayette en Amérique, repoussa cette demande, qui était un acte de défiance envers la garnison.

Le Magistrat fut appelé le lendemain, 21 juillet, à ratifier la décision prise la veille par ses délégués. Il n'y eut pas d'opposition ; toutes les hésitations disparurent, tous les scrupules furent levés par l'avocat général Fischer et par le commissaire royal. Ils déclarèrent qu'il fallait éviter toute cause de conflit, car on ne pouvait compter sur le concours des troupes, qui était acquis à la bourgeoisie. Dietrich rapporta que les représentants ne s'étaient pas gênés pour dire à Klinglin : « C'est à nous et non à vous que les troupes obéiront. »

Toute velléité de résistance disparut. Le Magistrat se résigna, et vota à l'unanimité l'acte de concession qui fut affiché par les soins de la bourgeoisie victorieuse.

Mais toute défiance n'était pas dissipée dans la population. On n'ignorait pas que la caste des privilégiés n'avait cédé que contrainte et forcée. On colportait certains propos de membres du Magistrat qui faisaient douter de la sincérité de leur conversion ; on redoutait un retour offensif de leur part. Tout à coup, vers trois heures de l'après-midi, le bruit se répandit en ville que le Magistrat était revenu sur sa décision, qu'il retirait sa parole, et que le prix des denrées ne diminuerait pas.

La journée était brûlante ; chacun se tenait chez soi ;

les rues échauffées par un soleil ardent étaient désertes. En un instant, elles furent remplies d'une multitude de gens du peuple, d'ouvriers armés de marteaux et de leviers, d'hommes et de femmes exaspérés qui criaient : *A l'hôtel de ville! à bas le Magistrat!*

La garnison prend les armes; les portes de la ville sont fermées; les places et carrefours occupés militairement; et de fortes patrouilles de grosse cavalerie parcourent les rues. Un régiment et un détachement de cavalerie entourent l'hôtel de ville. Pour assurer le maintien de la tranquillité, les autorités militaires pouvaient disposer d'un régiment d'artillerie à pied, dit Régiment de Strasbourg, de quatre régiments d'infanterie (Royal-Infanterie, Alsace-Infanterie, Hesse-Darmstadt-Infanterie, et La Fère-Infanterie) et de deux régiments de grosse cavalerie (Royal-Cavalerie et Artois-Cavalerie); ensemble de forces plus que suffisant.

Mais les troupes restèrent l'arme au pied devant l'émeute qui grandissait. On a accusé le général de Klinglin d'avoir montré, dans cette journée, une certaine complaisance envers les émeutiers. Il aurait dit aux personnes qui l'entouraient et qui le poussaient à agir : « Mes enfants, mes chers enfants, prenez patience, calmez-vous. Tout ira pour le mieux. Ayez confiance en moi. » A un autre moment, il aurait même encouragé la foule par ces mots : « Faites ce que vous voudrez, excepté tuer et brûler. »

Nous devons un récit de l'émeute à un témoin étranger. Ce récit est sincère sans être impartial. L'auteur est Arthur Young, qui faisait en France un voyage, dont le but principal était l'étude de la situation agricole et des conditions économiques du pays. Il passait par Strasbourg, et il assista à ce petit drame révolutionnaire, grimpé sur le toit d'une échoppe située en face de l'hôtel de ville : place très-commode pour bien voir, ainsi qu'il le remarque lui-même.

« S'apercevant, dit-il, que la troupe ne répondait que par des paroles, les perturbateurs prirent de l'audace et essayèrent de faire voler en éclats, avec des pinces en fer, la porte de l'hôtel de ville, tandis que d'autres appliquaient des échelles d'escalade. Après un quart d'heure, délai qui permit aux magistrats de s'enfuir par les portes de derrière, la populace enfonça tout et se précipita à l'intérieur comme un torrent, aux acclamations des spectateurs. Dès ce moment, ce fut une pluie de fenêtres, de volets, de chaises, de tables, de sofas, de livres, de papiers, etc., etc..., par toutes les ouvertures du palais qui a soixante-dix à quatre-vingts pieds de façade. Il en suivit une autre de tuiles, de planches, de balcons, de pièces de charpente, enfin de tout ce qui peut s'enlever de force dans un bâtiment.

« Les troupes, tant à pied qu'à cheval, restèrent impassibles. D'abord elles n'étaient pas assez nombreuses ; plus tard, quand elles furent renforcées, le mal était trop grand pour qu'on pût faire autre chose que de défendre aux arrivants d'avancer, mais en laissant ceux qui le voulaient se retirer avec leur butin. On avait mis en même temps des gardes à toutes les issues des monuments publics.

« Pendant deux heures, je suivis les détails de cette scène en différents endroits, d'assez loin pour ne pas craindre les projectiles, d'assez près pour voir écraser devant moi un beau garçon d'environ quatorze ans, qui donnait quelque chose à une femme que son expression d'horreur me fit croire être sa mère. Je remarquai plusieurs soldats avec leurs cocardes blanches au milieu de la foule, qu'ils excitaient sous les yeux des officiers du détachement. Il y avait aussi des personnes bien vêtues, dont la présence parmi les émeutiers ne me causa pas peu de surprise.

« Les archives publiques furent entièrement détruites; les rues environnantes étaient jonchées de papiers. C'était une barbarie gratuite. »

Tel est le récit du voyageur anglais. Il existe un autre document qui en confirme l'exactitude : une gravure contemporaine représentant le sac de l'hôtel de ville. Au premier plan se trouve l'échoppe sur laquelle était hissé le touriste anglais.

Le pillage ne dura pas moins de cinq heures. Non-seulement de très-belles et précieuses archives furent jetées au vent, mais la grande bannière de la ville fut lacérée, détruite.

A la fin, l'émeute victorieuse dégénéra en une immense orgie, lorsqu'on eut enfoncé les portes des riches caves municipales. On répandit ce que l'on ne put boire; treize cents pièces de vin furent ainsi anéanties; des crus précieux et presque séculaires couraient en ruisseaux sur le sol.

Pendant ce temps, le Magistrat essayait d'obtenir du maréchal de Rochambeau une répression armée. Mais le maréchal s'y refusa : « Vous voulez donc, répondait-il aux délégués qui l'imploraient, que mes soldats tuent de bons citoyens? »

A ceux qui ne pouvaient supporter le spectacle de la garnison sous les armes, impassible à côté d'hommes qui se livraient à de déplorables excès, les officiers des nombreux détachements militaires qui entouraient le lieu du tumulte répondaient : Nous avons ordre de ne pas agir.

Enfin, à huit heures du soir, le maréchal, cédant à de nouvelles instances appuyées par le prince Maximilien de Deux-Ponts, plus tard roi de Bavière, donna ordre à une compagnie du régiment d'Alsace de faire évacuer l'hôtel de ville. De son côté, le prince de Hesse-Darmstadt, colonel du régiment de ce nom, avait fait de son chef avancer un détachement de ses troupes, qui chassa les émeutiers des archives, de la chancellerie et de la cave, où l'on marchait à mi-jambe dans le vin. Les deux détachements se rencontrèrent sur l'arcade qui réunissait alors, d'un côté de la rue des Serruriers à l'autre, les corps de bâtiment de l'hôtel de ville.

« Jamais révoltés, a dit Hermann dans ses *Notices historiques, statistiques et littéraires sur la ville de Strasbourg*, n'avaient été plus dociles : on leur criait de cesser, ils cessaient; de partir, ils partaient. Poussés par une cinquantaine d'hommes de la troupe de ligne vers l'issue de l'hôtel de ville, ils s'y poussaient encore plus d'eux-mêmes. » Bien mieux, on vit un homme, au milieu de la foule qui venait de briser la caisse de la trésorerie, faire défiler un à un les émeutiers, et ceux-ci se laisser fouiller à la porte.

Cependant la soirée ne se passa pas sans troubles. On saccagea quelques maisons, des villas appartenant à des membres impopulaires du Magistrat, et on brûla les magnifiques carrosses de la ville sur la place d'Armes.

Pour prévenir le retour de pareils désordres et répondre à un vœu de la bourgeoisie, on organisa dès le lendemain une garde civique, qui fut appelée à faire le service d'ordre conjointement avec la troupe de ligne. Ce fut à cette circonstance que Strasbourg a dû l'honneur d'avoir pris l'initiative de la création d'une garde nationale en France.

Le Magistrat ouvrit une enquête contre les pillards; mais comme il manquait complétement d'autorité, il fut dans la nécessité de se montrer très-indulgent. La seule victime expiatoire fut un ouvrier charpentier allemand qui avait volé soixante-six louis : il fut pendu dès le 23 juillet à un gibet élevé sur la place d'Armes.

L'émeute civile fut suivie d'une petite sédition militaire. Le soulèvement populaire eut, quelques jours plus tard, le 6 août, son contre-coup dans la garnison. Les soldats des régiments français se mutinèrent les premiers. Ils allèrent devant les casernes des Allemands qu'ils entraînèrent. Tous parcoururent les rues aux cris de : *Vive la Nation! vive le Tiers état!* Ils fraternisèrent, verre en main, avec les bourgeois. Ce désir de fraterniser fut poussé si loin, qu'un enterrement, étant venu à passer, les soldats l'arrêtèrent, et tout le convoi funèbre dut boire à la santé de la Nation.

Pour ramener l'ordre, les autorités militaires qui, paraît-il, étaient des gens d'esprit, eurent recours simplement à la fermeture des brasseries et débits de vin; c'était couper le mal à la racine, et la mesure réussit à souhait.

La révolution strasbourgeoise des 21 et 22 juillet a eu sa légende. La rumeur publique s'est plu à attribuer le sac de l'hôtel de ville, cette sorte de prise de la Bastille à Strasbourg, à la complicité du général de Klinglin avec l'émeute. Le général, petit-fils de l'ancien préteur royal qui avait été poursuivi pour malversations et qui était mort en prison avant le jugement, espérait, d'après la tradition, pouvoir enlever, à la faveur de l'émeute, les pièces du procès pour les anéantir. Il a pris la peine de se défendre contre cette accusation, en établissant qu'il ne pouvait ignorer que le dossier était déposé aux archives du parlement de Grenoble qui, quarante ans auparavant, avait instruit l'affaire.

D'après d'autres récits, il nourrissait une haine implacable contre le Magistrat, cause de la chute de son grand-père et de son père; c'était une vengeance de famille qu'il aurait poursuivie. Mais, en admettant qu'il fût capable d'un pareil sentiment, aurait-il exercé cette vengeance contre les successeurs innocents des ennemis de son père?

Le baron de Klinglin était un bon militaire, et dans sa vie privée, un galant homme. Au début de la Révolution, il avait eu le tort de rechercher, plus que ne le comportaient ses fonctions de lieutenant du roi, la faveur de la basse classe, dont il avait brigué la représentation lors de la rédaction du programme de réformes. C'est sans doute ce qui a donné naissance aux imputations dirigées contre lui, mais cela ne saurait suffire pour l'accuser d'avoir trahi le premier de ses devoirs. S'il n'a pas agi, c'est qu'il n'en avait pas reçu l'ordre.

Le général était placé, comme on sait, sous le commandement supérieur du maréchal de Rochambeau qui, lui, n'avait aucun motif personnel de résister aux instantes prières des délégués des XIII, des XV et des XXI; et pourtant le maréchal se refusa absolument à faire intervenir la force armée en faveur des autorités municipales de Strasbourg. Il ne pouvait se tromper sur le caractère propre de l'émeute; l'attitude prise par les quarante représentants de la bourgeoisie ne lui laissait aucun doute à ce sujet. Il n'ignorait pas que le mouvement insurrectionnel était dirigé, non contre le pouvoir royal, mais contre la domination d'une caste avilie par le népotisme, odieuse à ses concitoyens, et qui n'était plus en état d'offrir le moindre appui aux autorités françaises. Il n'avait aucun intérêt à prendre en main la défense d'une oligarchie détestée et méprisée. Il devait, au contraire, éviter d'aliéner à son Gouvernement les sympathies des masses; aussi se garda-t-il avec grand soin de se mêler à ces dissensions intestines, et n'intervint-il qu'au moment où le mouvement populaire avait accompli son œuvre.

Ce qui tend à prouver que ce furent des raisons politiques qui déterminèrent le maréchal de Rochambeau à se tenir sur la réserve et à laisser les événements suivre leur cours, c'est la conduite parfaitement concordante de la plus haute autorité civile, du baron de Dietrich, investi des fonctions de commissaire royal extraordinaire. Il ne s'est pas départi sans doute du rôle de conciliateur qui lui était imposé par les circonstances, mais il n'a pas cessé de se montrer favorable aux revendications de la bourgeoisie. Dans une brochure intitulée *La Bande de Brigands*, et qui porte pour épigraphe *Difficile est satyram non scribere*, l'auteur, qui est grand partisan du Magistrat, accuse Dietrich « de ne pas avoir cherché à réconcilier le Magistrat avec la bourgeoisie, et d'avoir poussé Strasbourg à la ruine en sacrifiant sa constitution et ses priviléges ».

La prise de l'hôtel de ville fut en effet le coup de mort de l'ancien régime à Strasbourg. Le 11 août, le Magistrat et les échevins, sentant qu'il ne leur restait qu'une autorité nominale, qu'un semblant de pouvoir, donnèrent leur démission en corps, ou, pour mieux dire, abdiquèrent. Telle fut la fin de l'ancienne constitution de Strasbourg, qui avait subsisté pendant plus de quatre siècles, non sans quelques troubles intérieurs, mais sans effusion de sang, dans les limites d'une sage liberté politique et religieuse.

Le 13, la municipalité était reconstituée. On conserva provisoirement les anciennes formes; la bourgeoisie élut un nouveau collége d'Échevins, qui procéda à la formation d'un nouveau Magistrat. Ce corps subsista pendant environ sept mois, jusqu'à la création des municipalités. La charge d'ammeister régent fut dévolue à Poirot, qui était aimé de la bourgeoisie; et un certain nombre de membres de l'ancien Magistrat, qui jouissaient du renom de probité et qui étaient rompus aux affaires, furent élus dans la nouvelle administration. « La Révolution qui s'est accomplie, dit Poirot en prenant possession du pouvoir, sera le retour de la concorde parmi les bourgeois de Strasbourg. »

Un des premiers actes de cette administration, fut d'arborer la cocarde aux couleurs nationales et de faire chanter le *Te Deum* décrété par l'Assemblée nationale, après le grand événement de la nuit du 4 août. Mais, sous les vieilles formes qu'on avait conservées, survivait le vieil esprit local; on ne tarda pas à en avoir la preuve.

C'était le 11 août, au moment même où disparaissait l'ancien Magistrat, qu'était arrivée à Strasbourg la lettre des deux députés annonçant ce qui s'était fait le 4 à Versailles. Au cours de la mémorable séance de nuit de l'Assemblée nationale, Jean de Turckheim et Joseph de Schwendt avaient déclaré que « Strasbourg, la vieille république, la vieille ville libre sous le protectorat des rois de France, était prête, elle aussi, à déposer, comme les autres villes, sa part de priviléges sur l'autel de la patrie ». Mais ils avaient cru devoir faire quelques réserves, eu égard à la situation spéciale que l'acte de cession de 1681 créait à Strasbourg. « Les députés de Strasbourg, avaient-ils dit à l'Assemblée, se soumettent pour leurs commettants à l'égalité entière de répartition des impôts, sous la seule réserve de l'administration et des priviléges de leur ville, à laquelle ils se réfèrent sur ces objets, consignés dans les capitulations et relatifs à sa situation si importante et si précieuse au royaume. »

Rewbell, député de Colmar, n'eut pas ces scrupules. Il montra une ardeur patriotique plus vive, plus désintéressée; « Au moment, s'écria-t-il, où chaque province sacrifie ses priviléges, il y a peu de mérite pour nous à le faire; car cela signifie que nous nous unissons plus étroitement aux Français, et ce nom est le plus beau qu'on puisse porter. »

La grande majorité de la population, et particulièrement la petite bourgeoisie des villes et des campagnes, accueillit avec enthousiasme la proclamation des principes d'égalité et de liberté. Elle ne marchanda point le sacrifice des immunités locales. A Strasbourg aussi on l'accepta résolûment. Ce fut un des mérites de Dietrich d'avoir poussé ses concitoyens dans cette voie patriotique.

Mais les débris reconstitués des anciens corps municipaux ne pouvaient se résoudre au renoncement. A la date du 1ᵉʳ octobre, dans l'exposé des conditions auxquelles Strasbourg voulait souscrire, on établissait une distinction entre les droits féodaux de l'intérieur de la France, et les droits régaliens de l'ancienne ville libre. On demandait pour elle « la possession tranquille et imperturbable des biens ecclésiastiques et des fondations protestantes, telles que le chapitre de Saint-Thomas, l'Université, le collége Saint-Guillaume, le maintien du droit d'élire son Magistrat dans les différents colléges de justice et d'administration, la confirmation du dernier ressort en justice criminelle, et jusqu'à concurrence de 1,000 livres en matière civile, la faculté de conserver ses maitrises et corporations d'arts et métiers, le maintien de la ligne de douane sur la frontière de la Lorraine, la libre navigation du Rhin, le droit de n'admettre que de son plein gré un individu à la participation des droits et avantages de la commune, etc... ». De cet acte, délibéré par le collége des Échevins, il résultait que Strasbourg voulait bien jouir des avantages de la nouvelle France politique, mais sans abandonner, au sein de la fusion générale qui s'opérait alors, aucun de ses priviléges.

Cette résistance, bien extraordinaire à cette heure d'entrainement général, avait rendu si difficile la situation des députés de Strasbourg, que Turckheim donna sa démission. Joseph de Schwendt, d'un esprit moins timoré que son collègue, resta à son poste, et soutint à contre-cœur, il est vrai, les prétentions des échevins. Le 20 décembre 1789, l'Assemblée passa, comme de juste, à l'ordre du jour.

Turckheim était la personnification la plus élevée d'une fraction de la bourgeoisie strasbourgeoise, qui ne voyait pas s'accomplir sans de vifs regrets l'anéantissement des anciennes franchises municipales, ni sans de fortes appréhensions l'enfantement, qu'on prévoyait devoir être pénible, d'un nouvel état de choses. C'est de ces gens-là que parlait Mirabeau lorsqu'il écrivait à son jeune ami Levrault : « Dites donc à vos mécontents que nous sommes bien persuadés que le passage du mal au bien est quelquefois pire que le mal même, mais qu'il est inévitable. »

Deux ans plus tard, Turckheim émigrait, et ses principaux partisans étaient internés à trente lieues de la frontière, ou enfermés comme suspects dans les prisons de Strasbourg.

Cependant, la population strasbourgeoise entrait de plus en plus dans le courant révolutionnaire. Comme il convenait dans une ville frontière, on s'occupa tout d'abord de compléter l'organisation de la garde civique ; on n'attendit pas le décret de l'Assemblée constituante, qui ordonnait la formation des gardes nationales dans tout le royaume, pour soumettre la garde civique à une refonte complète.

A l'exception des domestiques, tous les habitants de 18 à 60 ans furent astreints à ce service d'ordre public ; ils formèrent sept bataillons et un escadron. Les officiers furent nommés par les compagnies, et les sous-officiers et caporaux par les capitaines. L'uniforme ressemblait à celui de la garde nationale de Paris ; il était bleu, à parements rouges et blancs ; les boutons étaient ornés de fleurs de lis et on y lisait : *Garde nationale strasbourgeoise.*

Sur la proposition unanime du corps d'officiers, le grand Sénat nomma au commandement en chef le baron Charles de Weitersheim, un ami de Dietrich. Levrault fut envoyé à Paris pour hâter la livraison des armes, et nous savons par une lettre du comte de La Tour du Pin, ministre de la guerre, que le roi y fut tout d'abord opposé, et qu'il ne céda que sur les instances patriotiques du délégué strasbourgeois. Rochambeau reçut l'ordre de livrer 4,000 fusils, dont la distribution eut lieu, le 25 novembre 1789, sur la place du Marché-aux-Herbes. Jour pour jour, cent huit ans auparavant, la bourgeoisie de Strasbourg avait été désarmée en vertu de la capitulation du 30 septembre 1681.

Les gardes nationaux manifestèrent tant de zèle, que, six mois plus tard, ils firent bonne figure à côté des beaux régiments de ligne à la fête de la Fédération. L'entrainement d'ailleurs fut tel, que ceux qui étaient dispensés du service par leur âge formèrent un corps de vétérans qui, armés de piques, veillaient à l'exécution des règlements de police, et un bataillon de vélites, de jeunes gens âgés de 12 à 18 ans, qui se préparaient, en jouant, à participer aux grandes luttes de la France contre l'Europe coalisée.

Ce ne fut pas le seul emprunt que Strasbourg fit à Paris. Dès le 8 janvier 1790, une réunion populaire fut organisée dans le poêle des Cordonniers, et peu après elle fut transférée dans les vastes salles du Miroir, au siége de l'ancienne tribu des Marchands. Cette réunion, qui s'appela dans le principe *Société de la Révolution*, changea de nom au bout d'une vingtaine de jours. Le 11 février, elle adopta comme définitif le titre de *Société des Amis de la Constitution*.

Ce fut la plus vivace, la plus influente et la plus patriotique des réunions populaires de Strasbourg. Encouragée à sa naissance par Dietrich, qui remplissait encore les fonctions de commissaire royal, cette société compta au nombre de ses membres les personnages les plus considérables de la ville. Sur la liste de ses soixante-six membres fondateurs, on relevait, au milieu de l'élite de la population civile, les noms de vingt-six officiers de tout grade appartenant la plupart à l'artillerie, au génie et au régiment d'Alsace.

Dans son numéro du 27 janvier, la *Feuille politique* de Strasbourg, qui avait remplacé l'ancienne *Gazette* privilégiée, organe officiel du Magistrat, exposa en quelques lignes le programme des fondateurs : « Il s'est constitué à Strasbourg, sous le nom de *Société de la Constitution*, une société qui a pour but de maintenir la Révolution, de surveiller d'un regard vigilant ses ennemis, et d'écarter autant qu'il sera en son pouvoir, les obstacles qu'elle rencontrera. Elle veut la paix, la tranquillité et l'union ; elle considère comme le plus saint des devoirs l'exécution des décrets de l'Assemblée sanctionnés par le roi ; elle a choisi le nom qu'elle porte, afin de pouvoir s'affilier à la *Société de la Constitution* de la capitale. Son existence et son but ne sont point un mystère ; ils ont été notifiés à l'ammeister régent. »

L'organisation de la Société fut copiée sur celle de Paris. Elle eut un bureau composé d'un président et de plusieurs secrétaires chargés de la correspondance, qui ne tarda pas à être très-active. On institua des comités appelés à étudier les questions et à présenter des rapports à l'assemblée.

Les séances furent publiques au bout de quelques jours; mais une enceinte spéciale fut réservée aux membres qui, seuls, avaient le droit de participer aux débats et aux votes. Commerçants et artisans y coudoyaient, dans la partie réservée au public, sous-officiers et soldats. On lit dans une lettre en date du 25 septembre 1790, adressée aux comités de la constitution et de la guerre de l'Assemblée nationale : « Nous avons ouvert à Strasbourg des conférences publiques en français et en allemand, afin d'éclairer le peuple sur les décrets de l'Assemblée. Nous avons augmenté le nombre des conférences françaises à cause de la garnison. Notre entreprise a réussi; sur les deux mille auditeurs habituels, nous comptons six à sept cents militaires. »

L'affluence était grande; les auditeurs remplissaient les salles du Miroir et refluaient dans les corridors, les escaliers et jusque dans la cour. Il arriva plus d'une fois qu'un orateur, éclairé par deux chandelles, dut prononcer du haut d'une fenêtre du premier étage une allocution pour répondre aux impatiences de la foule. La presse, encore peu développée, ne suffisait pas à satisfaire une curiosité publique vivement surexcitée.

L'un des premiers mérites de ce club fut de répandre, avec les idées démocratiques et les sentiments patriotiques, l'usage de la langue française dans les rangs de la petite bourgeoisie et de la classe ouvrière. L'enseignement du français avait été jusqu'alors écarté systématiquement par les clergés des deux confessions chrétiennes, par les prêtres catholiques aussi bien que par les pasteurs protestants, également jaloux de conserver le monopole de l'instruction populaire.

Les principaux orateurs des Amis de la Constitution étaient au début : Noisette le jeune, doué d'un remarquable talent oratoire; Levrault, à peine âgé de trente ans, et qui, malgré son âge, remplissait les fonctions d'avocat général; Frédéric Saltzmann, licencié en théologie protestante et publiciste; Champy et Arbogast, professeur de mathématiques, qui devint membre de la Convention. Les orateurs de l'opinion la plus avancée ne furent pas des Alsaciens; ce furent des Français de l'intérieur, des *Welches,* pour employer une expression locale familière à Voltaire, ou encore des Allemands. Parmi ces derniers, on remarqua plus tard un prêtre doué d'une éloquence entraînante, qui enthousiasmait l'auditoire par des discours pleins d'ardeur révolutionnaire et de foi humanitaire. C'était Euloge Schneider, qu'à l'époque la plus terrible de la Révolution, on trouvera investi des redoutables fonctions d'accusateur public près le tribunal révolutionnaire.

On nous a conservé le texte du serment que prêtaient les Amis de la Constitution à leur entrée dans la Société : « Je jure d'être fidèle à la Nation, à la Loi et au Roi, et de maintenir de tout mon pouvoir la Constitution décrétée par l'Assemblée nationale et acceptée par le Roi. Je jure de défendre et de soutenir de ma fortune et de mon sang, tout citoyen qui aurait le courage de se dévouer à la dénonciation des traîtres à la patrie et des conspirateurs contre la liberté. »

Le président ajoutait : *Vivre libre ou mourir !* et le récipiendaire devait répéter : *Vivre libre ou mourir !*

Si, au seuil de la Révolution, nous voyons la délation, que réprouve le sentiment de l'honneur, encouragée, préconisée, élevée à la hauteur d'une vertu civique, ne nous hâtons pas de condamner ceux qui ont cru devoir recourir à cette arme-là. Dans la lutte engagée pour la défense des idées nouvelles, alors déjà il n'était plus permis de se montrer très-scrupuleux dans le choix des moyens défensifs. La défiance, la plus légitime défiance, s'imposait à tous les bons citoyens. A l'instigation de la cour, de la noblesse et du clergé, tous ceux qui avaient vécu des abus de l'ancien régime organisaient par toute la France un immense complot, une ligue contre l'œuvre de la Constituante; ils menaçaient d'étouffer la Révolution dans son berceau.

A ce moment, l'Assemblée nationale accomplissait le travail gigantesque de la transformation d'une monarchie absolue en une monarchie démocratique; et l'on sait avec quelle rapidité, quelle hardiesse et quelle habileté elle exécuta son œuvre. Elle prit pour base de la nouvelle Constitution les droits de l'homme et du citoyen : la liberté de conscience et de la presse; l'égalité de tous les citoyens devant la loi; la sûreté des personnes et de la propriété; la résistance à l'oppression. Elle déclara que la puissance souveraine résidait dans la nation. On sépara le pouvoir législatif du pouvoir exécutif et du pouvoir judiciaire. A l'Assemblée nationale, le droit de faire les lois; au roi, leur sanction;

à la magistrature et au Gouvernement, leur exécution. Jamais œuvre de rénovation pareille n'avait été accomplie à aucune époque de l'histoire.

Après avoir posé ces principes, qui forment aujourd'hui le patrimoine commun de tous les peuples libres, l'Assemblée avait voté la loi municipale du 14 décembre 1789. Elle fut la première application du principe démocratique en supprimant toute distinction entre les villes et les campagnes.

Au commencement de 1790, il fut procédé en Alsace à l'élection des nouvelles municipalités; celle de Strasbourg dura du 3 février jusqu'aux premiers jours de mars. Le corps électoral fut partagé en sections de 4,000 électeurs. Tout se fit avec le plus grand calme, — avec sérénité, dirions-nous de nos jours, — car la France, si souvent décriée par des Français comme ingouvernable, a été de tout temps, même aux époques les plus agitées de son histoire, le pays où les élections se sont accomplies avec le plus d'ordre, de respect du scrutin, d'obéissance à la loi.

Les membres de la première municipalité de Strasbourg furent: L. Spielmann, plus tard procureur impérial au tribunal de Strasbourg; Hervé, plus tard receveur municipal; Saum, un moment maire; Fischer, ancien avocat général; Ottmann; Weber; Wunderer; F. de Turckheim, banquier, plus tard président du directoire de la Confession d'Augsbourg; Metzler, avocat général; Pasquay; Laquiante, notaire; Thomassin; Poirot, le dernier ammeister; Grun; Humbourg; Brackenhoffer, futur maire de Strasbourg; Dorsner; Michel Mathieu, qui devint procureur de la commune, et Levrault, qui fut son substitut. Rumpler, de Dorlisheim, fut nommé greffier, et il eut pour substitut Hermann, qui devint maire de Strasbourg. Ces choix prouvent une grande maturité d'esprit public; la plupart de ces conseillers étaient, quelle que fût leur opinion, des hommes de réelle valeur.

Frédéric de Dietrich fut le premier maire de Strasbourg. Il eut une forte majorité contre l'ancien ammeister Poirot, qui, d'origine française, représentait le parti catholique. Poirot obtint 2,286 voix; F. de Dietrich en eut 9,685, lors des élections primaires. Les autres nominations ne donnèrent lieu à aucune difficulté, pas plus celle des dix-huit membres du conseil municipal que celle des trente-six notables.

Les fonctions de maire n'étaient point gratuites. Les appointements pour la première année avaient été fixés à 24,000 livres et à 15,000 pour la seconde; les frais d'installation étant faits une fois pour toutes. Le procureur communal avait 3,000 livres, et son substitut 2,000.

La municipalité ainsi constituée fut installée le 18 mars; cette cérémonie, qui marquait le commencement de l'ère nouvelle à Strasbourg, fut entourée d'une certaine pompe. Le cortége des autorités civiles et militaires se rendit, entre deux haies de gardes nationaux, à la place d'Armes, où s'élevait une estrade. Le procureur de la commune, Mathieu, prononça un discours dans lequel il commença par rappeler que l'Alsace était réunie à la France depuis plus d'un siècle; il fit valoir ensuite les avantages du nouvel état politique qui allait rendre cette union encore plus intime. Après cette harangue, le maire invita les membres du conseil municipal à prêter le serment civique, ce qu'ils firent au son des cloches et au bruit des salves d'artillerie. Alors des milliers de mains s'élevèrent du sein de la multitude avec un cri immense : Nous aussi, nous aussi, nous voulons prêter serment !

Le maire en lut la formule devant tout ce peuple redevenu silencieux et recueilli, et d'unanimes acclamations s'échappèrent de toutes les poitrines : Nous le jurons ! vive la Loi ! vive la Nation ! vive le Roi !

C'est ainsi que Strasbourg français et révolutionnaire renouvelait le beau jour du serment, le *Schwœrtag*, de l'ancienne ville libre impériale.

Avant de descendre de l'estrade, le maire exhorta ses concitoyens à effacer d'un baiser fraternel toute trace de divisions politiques et religieuses, et l'on vit le spectacle touchant d'une population qui s'embrassait avec les démonstrations les plus vives et les plus cordiales. Le même jour, Dietrich, invité par un pasteur à renouveler le serment civique au pied de l'autel du Temple-Neuf, prononça, avec un accent pénétrant, les paroles suivantes : « Concitoyens, mes frères ! le serment que j'ai prononcé ce matin devant Dieu et devant le peuple, je le répète dans ce lieu sacré ; je maintiendrai, je défendrai la Constitution de toutes les forces de mon être, de tout mon bien, de tout mon sang, de toute ma vie ; prêt à vivre, prêt à mourir pour la Nation, pour la Loi, pour le Roi ! Tous mes efforts n'auront pour but que d'assurer le bien-être et les droits de tous les citoyens ! Ce n'est qu'en faisant des heureux que je le puis être moi-même ! »

Et ce serment ne fut pas une vaine formule. Ce langage, qui aujourd'hui nous semble déclamatoire, était tout simple pour les hommes de cette époque; il n'exprimait rien qui ne fût senti par les cœurs.

Dès la première séance du conseil municipal, l'un des membres demanda et obtint la publicité des débats. C'était une nouveauté, car l'ancienne constitution de Strasbourg entourait d'une sorte de mystère les délibérations des corps constitués, qu'on appelait « les Chambres secrètes ».

Les autres élections de district et de département eurent lieu également dans l'ordre le plus parfait. Strasbourg nomma six membres du directoire de district et onze du directoire départemental.

A la suite de la renonciation faite dans la nuit du 4 août, surgit en Alsace une question spéciale qui créa plus tard de graves complications. Un certain nombre de princes allemands étaient apanagés en Alsace : c'étaient le prince palatin de Deux-Ponts, le margrave de Bade, le landgrave de Hesse-Darmstadt, le comte de Hanau, l'évêque de Spire, le comte de Linange, le comte de Horbourg-Wurtemberg, etc., etc.... Ces princes n'avaient pas fait, comme la noblesse française, le sacrifice de leurs priviléges. Ils élevèrent des réclamations internationales qui donnèrent lieu à de longues négociations; ils ouvrirent une porte à l'ingérence étrangère.

Ces princes prétendirent qu'il n'y avait pas de rapport entre leurs droits et ceux de la noblesse française. Les leurs, disaient-ils, étaient garantis par les traités de Westphalie et de Ryswick. Dans la séance du 9 octobre 1789, Rewbell dénonça à la tribune de l'Assemblée constituante cette noblesse étrangère comme réfractaire aux décrets de la nuit du 4 août. De son côté, l'empereur Léopold II intervint en faveur des princes; il pria Louis XVI d'annuler les décrets de l'Assemblée, en ce qui touchait le haut clergé et la noblesse d'Alsace.

Le plus mécontent des mécontents du haut clergé était le triste héros de l'affaire du Collier, Son Altesse Sérénissime et Éminentissime, Mgr Louis René-Édouard de Rohan-Guéménée, cardinal de la Sainte-Église romaine, prince-évêque de Strasbourg, landgrave d'Alsace, prince du Saint-Empire, proviseur de Sorbonne, etc.... Ses domaines en Alsace, à l'époque de la Révolution, avaient quatorze lieues carrées et renfermaient 25,000 habitants. Ils comprenaient les bailliages de Ruffach, de Dachstein, de Mutzig, de Schirmeck, de Markolsheim, de Benfeld, de Wasselonne, du Kochersberg et de Saverne. Ils lui rapportaient annuellement 350,000 florins, environ 800,000 livres. Outre ses possessions en Alsace, il étendait son autorité princière et épiscopale sur 108 villes, bourgs et villages du margraviat de Bade. Il était appuyé dans sa lutte par son chapitre, composé de membres qui appartenaient aux plus nobles maisons de France et d'Allemagne, entre autres, le prince de Hohenlohe-Bartenstein, évêque de Léros.

Le premier à émigrer fut le cardinal de Rohan. Il s'en était allé à Ratisbonne se plaindre de la perte de ses priviléges au Reichstag, où il se trouvait avoir le droit de siéger. Mais le président de l'Assemblée nationale, dont le cardinal faisait également partie, ne comprit pas qu'on pût être député à la fois en France et à l'étranger. Il lui représenta combien sa conduite le déconsidérait comme Français, comme membre de l'Assemblée, et l'engagea à y revenir au plus tôt occuper son siége. C'est par sa démission que le cardinal répondit. « Au reste, ajoutait-il avec une désinvolture de grand seigneur, il ne pouvait revenir en France, n'étant point en état de payer ses dettes. »

A partir de ce moment, il ne cessa d'adresser appel sur appel à la noblesse française pour l'exhorter à l'émigration. Il fit organiser aux environs de sa résidence épiscopale d'Ettenheim, dans le pays de Bade, un corps militaire, qui prit le nom de *Légion noire*, et qui, sous le commandement de Mirabeau le jeune, était destiné à combattre la Révolution en France. Ce cardinal savait mieux trouver de l'argent pour fomenter la guerre civile que pour désintéresser ses créanciers.

Quant aux princes allemands, on usa d'abord de ménagements à leur égard; l'Assemblée nationale leur accorda en principe une indemnité pour leurs biens, qu'elle déclara biens nationaux. Mais, sur le rapport de Merlin, de Douai, elle leur enleva tous les priviléges. Les princes n'acceptèrent pas le décret; et la question, longtemps pendante, ne fut définitivement tranchée que par le traité de Lunéville.

CHAPITRE II

ENFANTEMENT PÉNIBLE D'UN NOUVEL ORDRE POLITIQUE ET SOCIAL.

Formation des départements du Haut et du Bas-Rhin. — Strasbourg, chef-lieu départemental. — Fête de la Fédération. — Motion de la Société des Amis de la Constitution en faveur de la diffusion, à bref délai, de la langue française. — L'émancipation des juifs et les résistances qu'elle rencontre. — Première émission d'assignats. — Menées hostiles du corps d'officiers. — La noblesse alsacienne proprement dite n'émigre pas ; mais le haut clergé catholique pousse à la résistance contre les lois ecclésiastiques, la vente des biens nationaux, la suppression des congrégations religieuses et la constitution civile du clergé. — Déchirements au sein de la population catholique. — Rapide développement de la presse. — Avortement d'une *Union des catholiques romains*. — Tentatives de rébellion dans les campagnes et même à Strasbourg. — Les frondeuses strasbourgeoises. — Adhésions des clergés protestant et israélite à la Révolution. — Arrivée de trois commissaires de l'Assemblée nationale chargés de rétablir le calme dans les esprits. — Brendel élu évêque constitutionnel. — Strasbourg illuminé spontanément à la nouvelle de l'arrestation de Louis XVI à Varennes. — Arrivée des commissaires chargés de recevoir des officiers le serment imposé à l'armée. — Deux mille gardes nationaux strasbourgeois rétablissent à Rosheim et à Molsheim l'ordre troublé par des excitations cléricales. — Luckner nommé au commandement en chef des cinquième et sixième divisions militaires. — Déclaration de Pillnitz. — Destruction du fort Blanc. — Enrôlement des volontaires. — Élections pour l'Assemblée législative. — Dissensions au sein de la Société des Amis de la Constitution, qui se subdivise en deux clubs : celui du *Miroir* et celui de l'*Auditoire*. — Déclaration de guerre à l'empire d'Allemagne.

Dans la nouvelle division du royaume, l'Alsace, coupée en deux, formait les départements du Haut et du Bas-Rhin. Elle devait renoncer à son nom, à ce nom qu'elle avait été si fière de porter durant des siècles, auquel l'attachaient tant de souvenirs. Strasbourg, l'ancienne république souveraine auprès de laquelle étaient accrédités des agents diplomatiques des principaux États de l'Europe, ne fut plus qu'un chef-lieu départemental.

Ce ne fut pas un mince sacrifice, mais le sentiment national et démocratique qui entraînait la population fit consentir à tout.

Le Bas-Rhin fut divisé en quatre districts : Strasbourg, Benfeld, Haguenau et Wissembourg. Chaque district avait une administration propre, subordonnée à l'administration du département. Chaque commune avait une municipalité ayant un maire à sa tête.

La nouvelle municipalité créa un ordre administratif nouveau. Elle abolit les tribus et partagea Strasbourg en douze sections; elle institua six commissaires de police, et chaque commissaire fut assisté de deux adjoints et d'un secrétaire. Tous ces fonctionnaires furent nommés à l'élection.

Cette réorganisation intérieure de Strasbourg coïncidait avec un grand mouvement de fraternisation et d'unification dans la France entière, mouvement admirable d'où sortirent les réunions des gardes nationales et la fête de la Fédération, qui marque l'un des plus beaux jours de la Révolution. L'initiative partit du Midi. Ce mouvement fut une protestation éclatante contre les menées antirévolutionnaires. Dans l'Est, Metz d'abord, puis Strasbourg furent choisis comme lieux de réunion des gardes nationales d'Alsace et de Lorraine.

Ce fut le 13 juin qu'on célébra à Strasbourg la fête de la Fédération. Pour la première fois, flottèrent aux quatre tourelles et à la flèche de la Cathédrale des drapeaux tricolores arborés devant le maire, au milieu de l'enthousiasme universel. Les troupes demandèrent comme un honneur de prendre part à la manifestation patriotique, à côté des gardes nationales.

Le colonel de Weitersheim, d'une ancienne famille alsacienne, reçut le commandement supérieur de ce qu'on appelait « l'armée confédérée ». Il choisit pour major général M. de Laroque, major de Boulonnais-Infanterie. Les détails de la fête furent réglés par une commission mixte d'officiers de l'armée et de la garde nationale, et où figuraient, à côté de M. de Bonnafoux, lieutenant-colonel commandant le régiment de Strasbourg-Artillerie, des délégués civils : Allard, major de la garde nationale de Metz; Hugonet, délégué de Bar-le-Duc; Richard, de Saint-Dié; Jacob, de Reims; Arbey, de Dôle; Galland, capitaine d'artillerie, délégué de Nantes.

Le comte de Chaumont, aide de camp de Lafayette, vint remettre à Dietrich une lettre par laquelle le général des gardes nationales de Paris s'excusait de ne pouvoir assister à la fête des gardes nationales de Strasbourg. Le nombre des gardes nationaux venus de Lorraine, de Bourgogne et de Champagne, s'élevait à plus de deux mille.

Hors la porte de l'Hôpital s'étend une prairie appelée la Plaine-des-Bouchers, *Metzgerau*. Bordée par la rivière de l'Ill, elle présentait alors de nombreux accidents de terrain. Les canonniers du régiment de Strasbourg-Artillerie, aidés comme plus tard à Paris de la population, sans distinction d'âge, ni de sexe, ni de classe, aplanirent le sol en quelques jours.

Au milieu de la Metzgerau fut dressé un autel rustique à la Patrie. Il s'élevait sur une butte de soixante pieds de long, trente pieds de large et huit pieds de hauteur entièrement revêtue de gazon. Aux quatre angles on avait planté des chênes ornés de flammes aux couleurs de la nation. C'est là que fut célébrée la cérémonie civique qui eut à la fois un caractère patriotique et religieux. En face de l'autel de la Patrie s'étendait, sur une longue ligne, toute la force armée qui participait à la fête : la garnison avait la droite; la garde nationale de Strasbourg, la gauche, et le centre était occupé par les gardes nationales confédérées du Haut et du Bas-Rhin, du Jura, de la Loire, de la Haute-Marne, de la Haute-Saône, du Doubs, de la Meuse, de la Meurthe, de la Moselle et des Vosges.

Une flottille débarqua non loin de la butte quatre cents jeunes femmes et jeunes filles vêtues du vieux costume strasbourgeois. Elles portaient des corbeilles de fleurs et de fruits, car elles appartenaient à la riche corporation des jardiniers. Elles les offrirent à Mme de Dietrich et aux dames de la municipalité rangées près de l'autel : « Que ces fleurs que nous avons l'honneur de présenter à Mme la maire, chérie pour ses nobles sentiments, pour sa vertu et son patriotisme, et aux autres dames de la municipalité, soient les témoins de notre véritable estime. Que le mélange des couleurs vous assure que le blanc est l'image de la pureté de nos cœurs; le bleu, de notre constance; le vert, le symbole de notre espérance, et le rouge, le feu ardent qui nous anime pour implorer le Créateur de l'Univers qu'il veuille bénir la France. »

A la candeur de ce compliment, on voit que c'était une fête de famille. La corporation des pêcheurs présenta au maire deux carpes du Rhin, pesant chacune vingt-cinq livres, dont elle fit hommage à la Patrie. La corporation des cultivateurs parut avec une charrue sur laquelle on voyait une gerbe de blé, « prémices des champs et symbole de la richesse des nations », qui fut offerte par des enfants ornés de bouquets aux trois couleurs. Puis vint une députation d'Ittenheim, conduisant une seconde charrue attelée de quatre forts chevaux; sur l'avant-train était un canon; derrière, s'élevait un faisceau d'armes et d'instruments aratoires surmonté du bonnet de la Liberté avec cette inscription : « C'est à l'Assemblée nationale, au Roi, au généreux courage de nos braves frères d'armes de Paris, que nous devons la liberté, âme de l'agriculture. Présenté à l'autel de la Patrie, le 13 juin 1790. »

Ce n'était point un emprunt fait aux fêtes parisiennes du même genre; c'était une réminiscence d'un vieil usage local, la reproduction des cortéges corporatifs de l'ancienne république strasbourgeoise, dont on avait eu pour la dernière fois le brillant spectacle lors du séjour de Louis XV à Strasbourg. Bien des cortéges semblables ont figuré aux solennités de la Révolution, ont défilé devant Napoléon Ier, Charles X, Louis-Philippe, Napoléon III, mais aucun, de l'aveu des contemporains, n'a eu la grandeur sereine, la sincérité des sentiments, l'élévation patriotique de cette fête sans pareille de la Fédération.

Après ce cortége agricole défila le bataillon des vélites de la garde nationale, parfaitement exercé et équipé. Ces jeunes gens avaient à leur tête un fils du baron de Dietrich. On les appelait les *Enfants de la Patrie*. Ils exprimèrent, eux aussi, le désir de prêter le serment civique, et le maire les félicita de leur patriotisme :

« Redoublez d'efforts, dit-il, pour vous rendre dignes de cette faveur, afin qu'à l'âge où la loi vous admettra à prêter ce serment, vous ne le prononciez qu'avec le sentiment profond de vos devoirs et les qualités nécessaires pour les remplir. »

On déploya la bannière de la Fédération. A ce signal, l'armée confédérée présenta les armes, et plus de cent drapeaux vinrent se ranger au pied de l'autel de la Patrie. Des salves d'artillerie annoncèrent la bénédiction des drapeaux.

La cérémonie eut un caractère vraiment élevé. Après la messe et les prières des autres cultes, M. de Weitersheim, chanoine de Saint-Pierre-le-Vieux et prébendier de l'Oratoire de la Toussaint, prononça un discours qu'il termina par ces mots : « Venez, *amis de Dieu* ; venez, zélés défenseurs de la patrie, vous les soutiens de notre liberté ; venez, approchez-vous de cette enceinte sacrée ; conduits par vos drapeaux, témoins de votre union fraternelle, venez jurer sur l'autel de la Patrie d'être à jamais fidèles à Dieu, à la Loi, au Roi. Ce serment solennel d'une union étroite et parfaite élèvera votre courage ; vous détruirez les ennemis de la patrie ; vous anéantirez les complots des détracteurs de la Constitution ; vous protégerez nos concitoyens, et, à l'exemple des braves soldats, nos chers confédérés, vous serez les soutiens de l'État, les défenseurs de la Liberté et la gloire de la Nation. »

Ce discours fut suivi d'une allocution allemande de Blessig, prédicateur renommé, professeur de théologie à l'Université protestante, et notable de la commune de Strasbourg : « O Dieu tout-puissant, s'écria-t-il, jette un regard favorable sur cette armée; elle va s'unir par le pacte le plus sacré; c'est avec toi qu'elle formera sa première alliance. O toi, le principe et la fin de tout bien, c'est pour la première fois que tu vois rassemblés en ton nom des milliers d'hommes armés qui annoncent hautement à toutes les nations qu'ils détestent les conquêtes, puisqu'elles sont comme les chaînes du despotisme, toujours teintes de sang et de larmes. »

— « Cinq siècles se sont bientôt écoulés, dit Huber, pasteur de la communauté calviniste, depuis cette nuit mémorable où trente-trois Suisses, rassemblés dans une prairie solitaire sur les bords du lac des Quatre-Cantons, — sans autres témoins que les astres de la nuit et le Dieu fort qui les créa, — jurèrent *de vivre libres et de mourir unis, de sauver leur patrie, de protéger les opprimés et d'assurer leur liberté et celle de leur postérité*. Citoyens français, c'est aussi dans une vaste prairie, c'est sous les yeux du Dieu de la nature que vous vous êtes réunis pour prêter le serment d'union et de liberté. »

Commencée par une messe, la cérémonie religieuse fut close par un choral qu'exécutèrent des jeunes filles protestantes.

A un signal de trois coups de canon, la prestation du serment commença. Le maire prononça la formule consacrée par l'Assemblée nationale : « Nous jurons d'être fidèles à la Nation, à la Loi et au Roi; de maintenir de toutes nos forces la Constitution décrétée par l'Assemblée nationale et acceptée par le Roi. »

Après le serment individuel des chefs, l'armée entière leva la main droite, et des milliers de voix crièrent :

Je le jure ! « Sans doute, dit le compte rendu officiel de la fête, cet élan de patriotisme s'est fait entendre sur l'autre rive du Rhin. Puisse-t-il apprendre aux despotes que la liberté est le plus ferme soutien des empires ! »

La journée se termina par une illumination de la ville et de la flèche de la cathédrale.

Ce n'est pas tout : la fête eut mieux qu'un lendemain ; elle se continua pendant trois jours. Chaque soir, le poêle du Miroir, siège de la Société des Amis de la Constitution, fut transformé en salle de bal. Parmi les incidents que présentèrent ces jours de fête, celui qui produisit le plus d'émotion dans la population strasbourgeoise, jusqu'alors divisée par des croyances religieuses en partis hostiles, ce fut le baptême de deux enfants, l'un catholique, l'autre luthérien, sur l'autel de la Patrie, devant la garde nationale et l'armée. Après la cérémonie, les deux prêtres, le pasteur protestant et le curé catholique, sous l'inspiration d'un sentiment vraiment évangélique, se précipitèrent dans les bras l'un de l'autre et se donnèrent le baiser de paix et de fraternité.

Dès le 14 juin, les gardes nationaux et leurs hôtes s'étaient rendus sur les bords du Rhin. Ils avaient planté au pont de Kehl un drapeau tricolore avec cette inscription : *Ici commence le pays de la liberté !*

Le drapeau, hélas ! a reculé ; mais plus que jamais il importe de maintenir l'inscription.

Ces expansions de sentiments généreux, ces manifestations d'amour patriotique, tiraient tant de force de leur sincérité qu'elles transportaient les étrangers eux-mêmes. La fête de la Fédération avait attiré à Strasbourg un nombre considérable d'Allemands : le spectacle qu'ils eurent sous les yeux les charma, les séduisit, les entraîna, et ils fraternisèrent avec les habitants, comme les hôtes français

Cette fête de la Fédération eut pourtant une signification particulière qui ne devait guère toucher les Allemands; elle fut une réponse à ceux qui accusaient l'Alsace de sentiments séparatistes; elle fut un pacte d'union plus intime que par le passé entre les Alsaciens et les autres Français, affranchis d'un même joug et également désireux de fonder un État libre.

Ce patriotisme s'affirma dans la Société des Amis de la Constitution par la préoccupation de jour en jour plus vive de répandre le français, la langue nationale.

A une des séances de la Société, l'un des membres influents, Philibert Simond, qui fut plus tard député à la Convention, lut un rapport, au nom du comité de l'instruction, sur la nécessité d'introduire à bref délai l'usage de la langue française dans les deux départements du Rhin. Les conclusions de ce rapport étaient : 1° que l'on donnât aux citoyens de l'intérieur qui parlaient le français et qui avaient mérité de la patrie, la préférence pour l'achat des biens nationaux en Alsace, et réciproquement, que l'on favorisât l'achat de biens dans l'intérieur de la France par les citoyens qui parlaient l'allemand ; 2° que l'on transportât un nombre égal de citoyens parlant le français, de l'intérieur du royaume dans les deux départements du Rhin; et de citoyens parlant allemand, en France.

Ces conclusions furent adoptées, mais la Société ne continua pas moins, comme par le passé, à tenir alternativement ses séances en allemand et en français. Ce ne fut que plus tard que les jacobins firent abolir l'usage de la langue allemande dans les réunions populaires et au temple de la Raison. Il y avait là un excès de zèle ; ce n'était pas le meilleur moyen d'instruire le peuple que de lui parler exclusivement la langue française qu'il ne comprenait pas encore. La disproportion était énorme, d'un sur trois cents, entre ceux qui parlaient le français et ceux qui n'employaient que le dialecte alsacien. Naturellement les efforts des citoyens pour la diffusion de la langue nationale étaient soutenus par l'administration départementale. Un arrêté ordonna que toutes les impressions en allemand fussent faites avec des caractères latins.

Une autre question émut vivement la population alsacienne, surtout dans les campagnes. Ce fut la requête des juifs à l'Assemblée nationale, demandant, au nom du droit nouveau, l'abolition de la législation plus que séculaire dont ils étaient les victimes. Jusqu'alors ils avaient été livrés sans défense à toutes les suspicions et à toutes les vexations. Il n'y avait pas de ghetto à Strasbourg, par la raison qu'il était interdit à tout juif d'habiter l'intérieur de la ville et même d'y passer une nuit. Une seule famille israélite était exceptée de cette règle, la famille Cerfbeer, qui avait acheté ce privilége au prix de 200,000 livres. Chaque soir, l'heure de quitter la ville était annoncée aux juifs à son de trompe, du haut de la cathédrale. Et ce n'étaient là que les petites misères de leur vie. Bien d'autres persécutions pesaient sur ces malheureux : ils n'avaient nulle part droit de cité; il ne leur était permis de posséder des immeubles que pendant un temps déterminé; outre les impôts ordinaires, ils payaient le *Judezoll,* impôt spécial, véritablement dérisoire, qui était censé leur assurer la protection du roi. C'était un reste de la législation féodale germanique, qui rangeait les juifs au nombre des serfs de la Chambre impériale. On comprend qu'ils eussent grande hâte d'échapper à cette oppression, de s'affranchir de cette servitude.

Dès le 14 octobre 1789, une députation des juifs d'Alsace et de Lorraine se présenta à la barre de l'Assemblée nationale, dans une des dernières séances tenues à Versailles, pour exposer l'indigne situation qui leur était faite, et réclamer qu'il y fût mis un terme. Elle revendiqua par l'organe de son orateur, Berr-Isam-Berr, le titre de citoyen pour les juifs comme pour les autres Français : « Partout persécutés, partout avilis, et cependant toujours soumis, jamais rebelles, objet chez tous les peuples d'indignation et de mépris quand ils n'auraient dû l'être que de tolérance et de pitié, les juifs se sont permis d'espérer que, malgré ses travaux, l'Assemblée ne rejettera pas leurs vœux, ne dédaignera pas leurs plaintes, et écoutera avec quelque intérêt les timides réclamations qu'ils osent former au sein de l'humiliation profonde dans laquelle ils sont ensevelis. »

Ces accents si humbles, si touchants, émurent l'Assemblée, qui prit la requête en considération.

La question se présenta incidemment lorsque l'Assemblée définit la condition des non-catholiques, et elle passionna les débats pendant les séances du 21, du 23 et du 24 décembre. Le comte de Clermont-Tonnerre, un de ces grands seigneurs qui avaient été élevés à l'école de Voltaire et qui avaient embrassé avec ardeur et sincérité la cause de la Révolution, plaça immédiatement la question au-dessus des intérêts particuliers, dans la région sereine des principes. Il conclut en proposant la formule suivante de décret : « L'Assemblée nationale décrète qu'aucun citoyen actif réunissant les conditions d'éligibilité ne pourra être écarté du tableau des éligibles, ni exclu d'aucun emploi public, à raison de la fonction qu'il exerce (c'était le bourreau qui était visé) ou du culte qu'il professe. »

La motion du grand seigneur libéral fut vivement combattue par un plébéien parvenu, par l'abbé Maury. Il fit valoir des considérations analogues à celles qu'on a invoquées récemment en Roumanie contre l'émancipation des juifs : « Ils possèdent en Alsace, dit-il, douze millions d'hypothèques sur les terres; dans un mois, ils seraient propriétaires de la moitié de la province; dans dix ans, ils l'auraient entièrement conquise; elle ne serait plus qu'une colonie juive. »

C'est Robespierre, presque inconnu alors, qui répondit à Maury dans des termes où se révélait l'homme des principes inflexibles : « On vous a dit sur les juifs des choses infiniment exagérées et souvent contraires à l'histoire. Les vices des juifs naissent de l'avilissement dans lequel vous les avez plongés; ils seront bons quand ils pourront trouver quelque avantage à l'être. Je pense qu'on ne peut priver aucun individu de cette classe des droits sacrés que leur donne le titre d'homme. Cette cause est la cause générale; il faut décréter le principe. »

A Robespierre succéda La Fare, évêque de Nancy :

« Pour être juste, dit-il, je dois convenir que les juifs ont rendu de grands services à la Lorraine, et surtout à la ville de Nancy; mais il est des situations impérieuses; mon cahier m'ordonne de réclamer contre la motion qui vous a été faite. L'intérêt même des juifs exige cette réclamation. Le peuple les a en horreur; ils sont souvent, en Alsace, les victimes de mouvements populaires. Il y a quatre mois, on voulait, à Nancy, piller leurs maisons; je me transportai dans le lieu de la sédition; je demandai quelles plaintes on avait à former; les uns prétendirent que les juifs étaient accapareurs de blé; d'autres qu'ils s'étendaient trop, qu'ils achetaient les plus belles maisons, et que bientôt ils posséderaient toute la ville. Un des séditieux ajouta : Oui, Monsieur, si nous venions à vous perdre, nous verrions un juif devenir notre évêque. »

Adrien Duport, qui fut une des lumières de la Constituante, proposa une nouvelle rédaction de la motion, à laquelle se rallia le comte de Clermont-Tonnerre : « Il ne pourra, disait-il, être opposé à aucun Français, soit pour être citoyen actif, soit pour être éligible aux fonctions publiques, aucun motif d'exclusion qui n'ait pas été prononcé par les décrets de l'Assemblée, dérogeant à tous les lois et règlements contraires. »

Deux épreuves par assis et levé furent sans résultat. On procéda à l'appel nominal, et 408 voix contre 403 repoussèrent la proposition Duport.

Cet échec n'était pas de nature à décourager les partisans de l'égalité religieuse. Le prince de Broglie rouvrit la lutte le lendemain, en proposant une rédaction nouvelle, qui se rapprochait de celle de Duport, sur l'admissibilité aux emplois. Rewbell, animé sans doute de sentiments démocratiques, mais imbu des préjugés alsaciens, se prononça énergiquement contre l'émancipation immédiate. Il représenta combien la prévention contre les juifs était profonde en Alsace; il exprima la crainte que si l'Assemblée ne tenait pas suffisamment compte de ce préjugé, la tranquillité ne fût pas maintenue dans la province d'Alsace. « La conduite des juifs en tous les temps, dit-il en terminant, a laissé des traces de haine tellement empreintes dans les esprits, qu'il serait imprudent de leur accorder, au moins quant à présent, les mêmes droits qu'aux autres citoyens. »

Mirabeau fut du même avis ; Mirabeau, qui deux ans auparavant avait publié un opuscule sur la *Réforme des juifs,* qui avait fait, à propos du philosophe Moses Mendelssohn, un éloquent plaidoyer en faveur de l'égalité civile et politique des juifs, fut déterminé à se prononcer contre la motion Duport par des considérations politiques, par des raisons d'opportunité. « Les juifs et les protestants, avait dit le grand orateur, inévitablement damnés dans l'autre monde, comme chacun sait, se sont très-passablement arrangés dans celui-ci, sans doute par une compensation due à la bonté de l'Être suprême. »

L'Assemblée céda, quoique à regret, et la solution de la question juive fut réservée.

A Strasbourg, les opinions étaient partagées, mais en deux fractions fort inégales; les idées de justice ne dominaient pas le plus grand nombre. La majorité de la population, la plupart des vieux Strasbourgeois, ne voulaient pas qu'on accordât aux juifs la qualité de citoyens *actifs* pour nous servir de l'expression consacrée. La minorité, composée, il est vrai, des gens éclairés et vraiment libéraux, se montrait seule favorable aux justes revendications des juifs.

Un volumineux réquisitoire avait paru à Strasbourg sous le titre : *Les juifs d'Alsace doivent-ils être admis aux droits de citoyens actifs? Lisez et jugez.* Après avoir réédité les innombrables imputations dirigées contre les juifs, l'auteur proposait de les disperser dans les quatre-vingt-trois départements que l'Assemblée venait de créer, et de les employer au desséchement des marais. Le texte était faible, mais, plus que le texte, une gravure coloriée placée en tête de cet opuscule, peint assez exactement dans sa naïveté les sentiments de la population alsacienne envers les juifs. Ce dessin représente trois juifs en costume sordide, à face patibulaire, auxquels un « philosophe » dit en désignant un arbre chargé d'instruments de travail et de musique :

Quittez un vil trafic, renoncez à l'usure ;
Aux arts et aux métiers, joignez l'agriculture.

C'étaient là certainement d'excellents conseils en mauvais vers, mais encore fallait-il mettre les juifs à même de les suivre. C'est ce dont se souciait le moins la grande masse de leurs détracteurs. En cette circonstance, on vit encore la Société des Amis de la Constitution prendre une généreuse initiative, s'efforcer de réagir contre les préventions populaires.

Cette question, qui passionnait les esprits, revint à plusieurs reprises dans les débats du club des Jacobins. Le club de Paris ne s'expliquait pas l'opposition que rencontrait en Alsace l'émancipation des juifs, alors que le décret du 28 janvier 1790, émancipant les juifs d'origine portugaise, avait été fort bien accueilli dans le reste de la France. Il demanda des éclaircissements au club strasbourgeois, qui confia le soin de rédiger un rapport sur la question de l'état civil des juifs à Brunck, l'éminent philologue. Ce rapport, favorable aux juifs, fut adopté dans la séance du 27 février, et envoyé à Paris pour être communiqué à l'Assemblée constituante.

Cette décision était conforme à une résolution précédente. La Société avait pris déjà, quelques jours auparavant, l'initiative d'un acte de tolérance, en admettant dans son sein le juif Max Berr. Le discours du récipiendaire est accompagné dans le procès-verbal de la séance du 20 janvier de la note suivante : « La Société croit s'honorer par le premier témoignage donné publiquement en Alsace du mépris d'un injuste préjugé. »

Le conseil municipal de Strasbourg n'eut pas le même courage ; il se mit à la remorque de l'opinion. Dans une adresse en date du 7 avril, il protesta contre une pétition remise à l'Assemblée au nom des vingt mille juifs établis en Alsace, et répartis entre quatre mille familles. Leurs principaux centres de population étaient : Bergheim, Bischheim, Dürmenach, Haguenau, Hegenheim, Mutzig, Niederhagenthal, Wintzenheim, Zillisheim ; et il est à remarquer qu'aucun lieu de résidence n'en renfermait plus de quatre cents.

Mais ce qui prouve que le conseil municipal avait agi conformément aux vœux de la population strasbourgeoise, c'est qu'avant de prendre une décision, il avait consulté les électeurs primaires, et que les douze sections s'étaient prononcées presque à l'unanimité contre l'extension aux juifs de la qualité de citoyens actifs.

Cette adresse provoqua, dans la séance du 15 avril, de très-vifs débats au sein de l'Assemblée nationale. Rewbell réclama encore l'ajournement de la discussion jusqu'au lendemain de l'organisation des pouvoirs publics. Un membre s'associa à cette demande, tout en exigeant qu'on fixât la date du débat, afin d'arrêter un soulèvement populaire contre les juifs dont l'existence était journellement menacée. L'Assemblée vota l'ajournement, mais elle ne prit pas moins, sur la proposition de Rœderer, député de Metz, la résolution équitable de placer expressément les juifs sous la protection de la loi, et de rendre les municipalités et les gardes nationales responsables du préjudice qui pourrait leur être causé à l'avenir. Ce n'était là qu'un simple palliatif, et non un remède efficace.

Ce ne fut qu'à la veille de se séparer, ce ne fut qu'au dernier moment que la Constituante se décida à trancher une question qui provoquait de si vives résistances en Alsace. Peu de jours après le vote de la Constitution, dans la séance du 27 septembre 1791, Duport mit l'Assemblée en demeure de prendre une résolution définitive, de faire cesser l'inégalité de condition infligée aux juifs. « La question de l'existence politique des juifs, dit-il, a été ajournée. Cependant les Turcs, les Musulmans, les hommes de toutes les sectes sont admis à jouir en France des droits politiques. Je demande que l'ajournement soit révoqué, et qu'en conséquence il soit décrété que les juifs jouiront en France des droits de citoyens actifs. »

L'Assemblée répondit par une salve d'applaudissements. Rewbell voulut parler, mais Regnault de Saint-Jean-d'Angély, impatienté de son obstination, lui ferma impétueusement la bouche en disant : « Je demande que l'on rappelle à l'ordre tous ceux qui parleront contre cette proposition, car c'est la Constitution elle-même qu'ils attaqueraient. »

L'Assemblée adopta par acclamation la motion de Duport; toutefois sur la proposition de Rewbell, appuyé par Victor de Broglie, elle vota un amendement destiné à protéger les nombreux débiteurs des juifs contre les conséquences de l'émancipation, afin de prouver aux débiteurs alsaciens que l'Assemblée n'était pas moins bien intentionnée pour eux que pour leurs créanciers. « Les juifs, s'écria le député de Colmar, sont dans ce moment en Alsace créanciers d'environ douze à quinze millions tant en capital qu'en intérêts. Si l'on considère que la réunion des débiteurs ne possède pas trois millions, et que les juifs ne sont pas gens à prêter quinze millions sur trois millions de vaillant, on sera convaincu qu'il y a au moins sur ces créances douze millions d'usure. »

Rewbell conclut à la nécessité d'une liquidation générale de ces dettes, à une sorte de jubilé comme il en existait dans la loi mosaïque. Les juifs furent tenus de fournir aux directeurs des départements du Haut et du Bas-Rhin un état de leurs créances qui, après scrupuleux examen, devait être transmis à la prochaine représentation nationale.

La Constituante, arrivée au terme de sa tâche laborieuse, adopta le grand principe de l'émancipation complète et immédiate des juifs dans la mémorable séance du 28 septembre 1790. Ce jour-là, cette assemblée française, prenant une généreuse initiative, a bien mérité de l'humanité !

Cependant vers cette époque, il se produisit dans la Société des Amis de la Constitution à Strasbourg, une sorte de refroidissement à l'endroit des juifs. L'opinion publique, si défavorable aux juifs, avait-elle réagi sur elle ? Nous ne saurions l'affirmer, mais le revirement ne fut pas douteux.

En dépit de sa précédente déclaration, la Société n'admit point d'autre israélite que Max Berr, et bon nombre de ses membres s'étaient opposés à l'émancipation. Ces démocrates reprochaient vivement aux juifs, non moins vivement que leur pratique de l'usure, leur répugnance pour les travaux manuels. Il y en eut aussi qui s'élevèrent contre les usages de leur culte, contre la célébration du sabbat, contre l'abstinence de certains aliments. D'autres, qui ne désespéraient pas de les amener au niveau commun, voulaient que l'on commençât par les contraindre à épouser des chrétiennes. Dans un *Avis aux Alsaciens*, l'auteur allait jusqu'à demander « qu'il fût mis un terme à leur énorme population qui menaçait d'engloutir le reste des habitants ». Des esprits plus politiques prétendaient que les juifs formaient un État dans l'État. Ils leur reprochaient d'être non une secte, mais une nation, avec des lois religieuses et civiles particulières.

Partout, à la ville et dans les villages, malgré la bonne volonté et les généreuses aspirations des partisans éclairés de la Révolution, il subsistait des restes de l'antique préjugé, une animosité très-vive qui s'affirmait en toutes circonstances.

Dans les campagnes, la haine contre les juifs était ardente ; l'ignorance mêlée au fanatisme religieux et au désir de se venger d'exactions usuraires, poussa contre eux à des excès odieux, à de révoltantes dévastations.

Les juifs, d'ailleurs, il faut bien le reconnaître, firent peu d'efforts pour s'élever dans l'estime de leurs concitoyens. Ils n'essayèrent pas de modifier leur position sociale ; ils continuèrent comme par le passé à se livrer au trafic, dédaignant le travail des champs et de l'atelier, qui eût été une réhabilitation aux yeux de leurs concitoyens. Ils achetèrent des biens nationaux, mais ce fut pour les revendre et non pour les exploiter. Ils auraient dû être les premiers à s'inscrire au nombre des défenseurs d'une Révolution qui les avait délivrés d'une double servitude, et pourtant il n'y en eut que très-peu qui s'enrôlèrent, même dans les rangs de la garde nationale.

Leur conduite fut telle qu'elle leur aliéna les sympathies qu'ils avaient d'abord rencontrées. C'est ce dont témoigne M. Véron-Réville, ancien conseiller à la cour de Colmar, auteur d'une *Histoire de la Révolution française dans le département du Haut-Rhin :* « L'administration et les sociétés populaires, dit-il, soutinrent à cette époque les droits des israélites contre les haines et les préjugés des populations, et, si plus tard elles cessèrent de leur témoigner le même intérêt, c'est qu'aux plus mauvais jours de la Révolution ils se livrèrent à un agiotage effréné, tant sur les assignats que sur les biens nationaux et sur les subsistances. »

ENFANTEMENT PÉNIBLE D'UN ORDRE POLITIQUE. 65

Il se rencontra pourtant un homme à Strasbourg qui prit leur défense, qui plaida tout au moins les circonstances atténuantes en leur faveur. Après avoir établi, dans un discours prononcé le 16 juillet 1793 au club des Jacobins, qu'il est permis à chacun de vénérer Dieu à sa façon, que devant la loi il n'y avait ni juifs ni chrétiens, que la morale de l'Ancien Testament était pure, il ajoutait : « Il est donc bien démontré qu'on peut être juif sans cesser d'être bon citoyen ; il est démontré que le judaïsme ne fait pas forcément d'un homme un fainéant et un fripon. Si jusqu'à ce jour un grand nombre de juifs ont vécu dans la fainéantise et la fraude, qui faut-il en accuser ? Était-il possible qu'une nation qui, depuis de longs siècles, est retenue dans un complet esclavage, privée du moindre droit politique, ne dégénère pas dans ses mœurs et que sa moralité ne s'altère pas ? Il était interdit aux juifs avant la Révolution d'être artisans ou cultivateurs. On les a contraints ainsi au trafic pour ne pas mourir de faim. Survint la Révolution. Il leur fut permis comme aux autres citoyens d'exercer un métier ou de cultiver la terre. Pourquoi ne le firent-ils pas ? La réponse est bien simple : les adultes parmi eux n'avaient rien appris, et les enfants furent repoussés par les chrétiens qui auraient dû les prendre en apprentissage. Les rapports réciproques des juifs et des chrétiens furent encore empêchés de part et d'autre par le fanatisme. Que le fanatisme et sa fille l'intolérance soient bannis du milieu de nous, vous verrez bientôt tout prendre une autre forme.... Devant la loi comme devant la raison l'on ne connaît que l'homme, le citoyen, l'on ne reconnaît ni baptême, ni circoncision. Nous sommes des croyants dans nos temples, mais sur la place publique et dans nos assemblées populaires nous sommes des citoyens. » Celui qui tenait ce langage plein de sens, celui qui prédisait si clairement la position que les juifs prendraient dans la société française régénérée par la Révolution, n'était autre qu'Euloge Schneider, le futur accusateur public du tribunal révolutionnaire.

Ce qui tendait à surexciter l'opinion publique contre les juifs, c'est que le trafic des assignats et des subsistances auquel ils se livraient augmentait la misère de la classe laborieuse. La pauvreté fut telle en Alsace que la perception des impôts nécessita des mesures extraordinaires. En divers endroits il fallut envoyer des garnisaires.

Les assignats ne remédièrent point au mal. L'émission de ce papier-monnaie n'était par elle-même qu'un palliatif insuffisant; elle fut une plaie par suite de la spéculation éhontée qui s'en empara dès le principe. Le papier dédaigné, l'argent disparu, c'était la mort de l'industrie et du commerce; c'était le dénûment, c'était la faim pour le plus grand nombre.

Il n'est pas douteux qu'agioter en pareilles circonstances sur les fonds publics de manière à les déprécier, c'était, qu'on le voulût ou non, faire acte de mauvais citoyen, ébranler le nouvel ordre de choses, donner des armes à ses ennemis. Aussi tous les spéculateurs n'étaient-ils pas poussés par le seul amour du gain. Il y en avait parmi eux qu'on pourrait appeler des agioteurs politiques. Ceux-ci étaient les agents de l'émigration. Au service d'hommes qui plaçaient leur espoir dans l'excès même des maux de leur patrie, ils avaient pour mission de déconsidérer les valeurs nationales. Aidés de convoitises plus ou moins inconscientes, d'un concours d'événements vraiment fatal, ils n'y réussirent que trop bien.

Pour hâter la dépréciation des assignats, on les contrefit au delà de la frontière, et on inonda l'Alsace de ce faux papier-monnaie; pour augmenter le trouble des esprits, les princes émigrés émirent à leur tour des assignats, garantis, disaient-ils, par les propriétés des partisans de la Révolution, qui devaient être confisquées après la victoire de la contre-Révolution.

A mesure que l'agitation intérieure augmentait, l'émigration prenait de plus grands développements et les rapports de la France avec les autres puissances, principalement avec l'Allemagne, devenaient de plus en plus tendus. Les émigrés poussaient à l'intervention étrangère. Ils étaient presque tous concentrés à Coblentz, à Worms, à Ettenheim, et leur nombre était d'environ 25,000. Par des manœuvres continuelles, par des menaces, des écrits violents, ils entretenaient l'inquiétude en Alsace.

La frontière n'était défendue que par un corps d'armée de 35,000 hommes, commandé par des officiers la plupart fort mécontents du nouvel état de choses et surtout de la nouvelle organisation militaire.

Ils prenaient si peu de souci de dissimuler leur animosité, que Reichardt, ancien maître de chapelle de Frédéric II, en fut vivement frappé lors d'une visite à Strasbourg. Il l'a consigné dans ses *Lettres confidentielles sur la France*, publiées en 1792 à Berlin. Après avoir décrit une parade passée par le maréchal de Luckner sur la place d'Armes, admiré la belle tenue des troupes françaises, il ajoute : « Mais ce qui produisit sur moi une pénible impression, ce fut de voir les visages pleins d'irritation, de rancune et de haine de la plupart des officiers. Ils affectaient de ne pas regarder les gardes nationaux qui, par centaines, assistaient à la revue en spectateurs. Si la guerre éclate, soyez convaincu que bon nombre d'entre eux prendront les armes contre le peuple français. »

Fils de hobereaux, ces officiers ne pouvaient manquer d'être particulièrement sensibles à l'abolition des titres de noblesse, qui constituaient à peu près toute leur fortune. Ils s'efforçaient de faire partager leur mécontentement aux soldats et de les pousser à la révolte. Les excitations venues de l'étranger les enhardissaient à se mutiner, en leur présentant le nouvel état de choses comme nécessairement éphémère.

Mais ce fut contre eux-mêmes que tourna cette agitation factieuse. Déjà, à Nancy, les soldats avaient chassé leurs officiers. Il en fut de même à Wissembourg, où les chefs voulurent interdire à leurs hommes d'aller au club. Parmi les soldats, il n'y eut pas d'émigrants, si ce n'est dans le régiment de cavalerie Royal-Allemand et dans celui de Saxe-Hussards; mais ce n'étaient pas des Français qui désertaient, c'étaient des Allemands qui rentraient chez eux. A Strasbourg, dès que les officiers nobles comprirent le peu d'action qu'ils avaient sur leurs troupes, au lieu de leur tenir tête, ils préférèrent émigrer. Ils avaient espéré entraîner la noblesse d'Alsace par leur exemple, mais elle ne les suivit pas.

Cette noblesse, d'ailleurs, était peu nombreuse. Elle avait été fort éprouvée à diverses époques. Schœpflin a donné la nomenclature des familles nobles éteintes depuis le XIIe siècle : le nombre en était de plus de cinq cents. A la fin du XVe siècle, il restait en Alsace quatre-vingt-neuf familles ou branches de familles nobles, inscrites dans les deux curies nobles de Strasbourg et comprenant ensemble cent quatre-vingt-quinze individus. Au moment de la Révolution, ces familles ou branches de familles étaient réduites au chiffre de quarante-sept, et encore un assez grand nombre d'entre elles était de noblesse récente, comme les Turckheim, les Schwendt, les Dietrich, etc....

L'ancienne constitution républicaine de Strasbourg assurait aux nobles un tiers des places dans les hauts conseils de la ville. Associés ainsi depuis des siècles à la vie politique et municipale, ils se trouvaient mieux préparés à comprendre les idées nouvelles et à accepter leur avénement. Ils éprouvèrent moins de répugnance à voir le peuple arriver aux affaires, et ne s'opposèrent point, comme les nobles des autres provinces, au mouvement de régénération intérieure qui entraînait la nation. La caste étant moins loin de la foule, ne la méprisait pas et n'en était point haïe. Il existait même un certain antagonisme entre cette noblesse locale et les détenteurs des grandes seigneuries, quelle que fût leur origine, soit française, soit allemande : les ducs de Valentinois, les princes de Rohan-Soubise, les princes de Broglie, les comtes de Périgord, les comtes de Meuse-Choiseul, etc., pour la France; et les ducs de Wurtemberg, les ducs de Deux-Ponts, les comtes de Linange-Dabo, les princes de Hohenlohe, les landgraves de Hesse-Darmstadt, les princes-évêques de Spire, les princes de Nassau-Sarrebrück, etc., pour l'Allemagne.

Ce fut le haut clergé qui donna le signal de la résistance ; ce fut le cardinal de Rohan qui en demeura l'âme.

Les revirements d'opinion ne sont pas rares aux époques agitées, surtout en temps de révolution ; mais jamais on ne vit changement plus soudain ni plus imprévu que celui qui s'est opéré dans l'esprit des catholiques d'Alsace au sujet du cardinal de Rohan, après son émigration. A la veille de 89, ce prince de l'Église était décrié pour ses mœurs et perdu de dettes. On lui reprochait sa morgue sacerdotale et son insupportable orgueil aristocratique ; on disait qu'il n'aimait que les femmes et les chiens, qu'il dissipait ses immenses revenus en mille folies comme, par exemple, à reconstruire le palais de Saverne détruit par un incendie, sous l'épiscopat d'un de ses oncles auquel il avait succédé.

Le clergé de Haguenau ne l'avait pas moins nommé député aux États généraux, où il avait été un des premiers à manifester des sentiments hostiles à toute innovation. Cette hostilité avait sa raison d'être. Peu d'hommes furent plus gravement atteints que lui par la révolution qui se préparait. Pour Rohan, la Révolution s'annonçait comme devant être la ruine : plus de train princier, plus de fêtes somptueuses, plus de dilapidations. Il eût fallu se ranger, il préféra émigrer.

Retiré à Ettenheim, au siège épiscopal de son diocèse d'outre-Rhin, il se posa en adversaire ardent de la Révolution. Coup sur coup, il protesta contre toutes les réformes introduites par la Constituante. Ce cardinal, qui avait scandalisé les cours de Vienne et de Versailles par les désordres d'une vie dissolue, devint le plus bouillant défenseur de l'orthodoxie. Ce fut lui qui donna au clergé alsacien le signal d'une opposition qui ne tendait à rien moins qu'à provoquer, dans un pays de religion mixte, une guerre civile religieuse entre catholiques et protestants.

La situation particulière qui avait été faite au clergé catholique d'Alsace par les traités lors de la réunion de cette province à la France, facilita singulièrement la rébellion contre les lois ecclésiastiques votées par l'Assemblée constituante. L'Alsace était placée en 1789 sous la juridiction spirituelle du cardinal de Rohan, évêque de Strasbourg, de Joseph de Roggenbach, gentilhomme allemand, évêque de Bâle, et du comte de Waldersdorf, évêque de Spire. De plus, l'évêché de Strasbourg était placé sous l'autorité métropolitaine de l'archevêque de Mayence. C'était en qualité de prince de l'empire d'Allemagne que Rohan avait été siéger au banc des princes ecclésiastiques de la diète de Ratisbonne. Au commencement de la Révolution, l'Alsace française dépendait donc, au spirituel, de hauts dignitaires ecclésiastiques allemands, et c'est ce qui explique le soin avec lequel on avait proscrit l'enseignement du français dans les écoles catholiques, qui étaient sous l'absolue dépendance du clergé et des communautés religieuses. De là vint aussi que, de l'aveu des historiens catholiques, nulle part en France les décrets qui avaient trait à la réorganisation du clergé ne rencontrèrent autant d'obstacles et de résistance qu'en Alsace.

A la voix de l'évêque de Strasbourg, ban, arrière-ban du clergé, tout se leva ardent, résolu à la lutte pour sauver la religion qu'on proclamait menacée. Cette opposition violente se manifesta dès le 30 novembre 1789, au lendemain du décret qui mettait tous les biens ecclésiastiques à la disposition de la nation. Ces biens étaient, il est vrai, très-considérables : l'Alsace possédait 18 abbayes de chanoines, 58 couvents et 572 paroisses fondées. Les deux tiers des terres de toute la province étaient la possession du clergé tant catholique que protestant.

Le clergé du diocèse de Strasbourg signa une protestation, qui n'était qu'un appel à l'intervention étrangère. Les signataires déclaraient que le clergé d'Alsace pouvait et devait réclamer à l'appui de ses droits l'exécution des traités en vertu desquels l'Alsace avait été réunie à la France, et qui, d'après eux, formaient un titre particulier d'autant plus précieux qu'il constituait la base du droit public de l'Europe. Ils ajoutaient qu'enlever les biens possédés en Alsace par des princes ecclésiastiques étrangers et par des abbayes d'Allemagne, ce serait soulever les réclamations de tout le corps germanique. En invoquant la foi des traités, le clergé non-seulement provoquait l'empire d'Allemagne à intervenir dans les affaires intérieures de la France, mais encore il prenait une position à part ; il séparait son sort de celui du clergé du royaume.

Des tentatives de résistance se produisirent aussitôt dans les campagnes ; des paysans, excités par les curés, voulurent empêcher les commissaires de procéder à la vérification des biens qui appartenaient à l'Église catholique, et l'on vit des municipalités refuser leur concours.

Le clergé ne négligea aucun moyen d'intimidation,

ni les instigations, ni les exhortations, ni les menaces de punitions temporelles et spirituelles, afin d'empêcher l'achat des biens nationaux. Pour soulever les paysans catholiques, on se joua d'un des sentiments les plus respectables chez l'homme, l'attachement à la foi religieuse. On leur dit que l'Assemblée voulait les faire protestants. Les esprits s'enflammèrent ; les vieilles querelles entre catholiques et protestants qui étaient assoupies, se réveillèrent sous cette nouvelle forme. Adversaires et partisans de l'aliénation s'attaquèrent à grands coups de brochures et de pamphlets, écrits pour la plupart en allemand à l'adresse des gens de la campagne ; et grâce à tout ce bruit, on réussit à ralentir beaucoup la vente des biens nationaux, jusqu'au jour où l'Assemblée nationale donna une forte impulsion aux achats, en créant les assignats et en facilitant les paiements par douzièmes.

La suppression des couvents et des congrégations religieuses, la prohibition des vœux monastiques, ne rencontrèrent pas dans les départements du Haut et du Bas-Rhin la même opposition que la confiscation des biens du clergé. Le cardinal de Rohan et le grand chapitre ne s'intéressèrent que médiocrement au sort des moines et des religieuses ; et lorsque, dans la séance de l'Assemblée du 13 février, l'abbé d'Eymar, grand vicaire de l'évêché de Strasbourg, crut pouvoir dire qu'il était chargé d'exprimer le vœu de la province entière d'Alsace, qui demandait la conservation de quelques maisons religieuses, il s'attira un démenti de plusieurs députés alsaciens, entre autres du prince de Broglie et de Gobel, évêque de Lydda, qui protestèrent contre l'inexactitude de son assertion. Les autorités municipales, ne rencontrant aucune opposition factieuse, usèrent de grands ménagements dans l'exécution de la mesure, et en 1792 il existait encore à Strasbourg quatre couvents de femmes et une commanderie de Malte.

Mais la lutte fut reprise avec une violence croissante par le clergé d'Alsace, après les décrets du 12 juillet et du 17 novembre 1790, sur la constitution civile du clergé et sur le serment constitutionnel. Cette réorganisation de l'Église gallicane d'après les principes de l'Église primitive, cette réforme d'abus séculaires, inspirée par les jansénistes de l'Assemblée, cette décision de faire du prêtre un fonctionnaire public, soumis, comme les autres fonctionnaires, à l'élection et à l'obéissance des lois, portèrent au comble l'indignation et la colère du clergé alsacien. La résistance se transforma en rébellion ouverte contre la loi.

Tous les prêtres ne refusèrent pas le serment constitutionnel par fanatisme politique. Un certain nombre, il faut le reconnaître, obéit à des scrupules de conscience, s'abstint par discipline et par crainte de commettre un péché mortel. Ceux-ci quittèrent la France et vécurent à l'étranger dans l'indigence et la solitude, sans participer à aucune menée séditieuse, jusqu'au jour où ils purent rentrer et reprendre possession de leur cure. Cette réserve, cette résignation contrasta d'autant plus nettement avec les ardeurs contre-révolutionnaires de la partie militante du clergé d'Alsace, fanatisée au plus haut degré.

Ce qui encourageait tout particulièrement le clergé dans ses résistances, c'est que la réforme entreprise par l'Assemblée nationale survenait au lendemain de l'insuccès d'une réforme analogue tentée en vain, comme on sait, en Autriche par Joseph II. On concluait de cet échec à un dénoûment semblable en France.

Le signal de la résistance fut donné par l'émigré d'Ettenheim. A une invitation de concourir à l'établissement de la constitution civile du clergé que lui avait adressée le procureur général syndic du département, le cardinal de Rohan répondit par une déclaration de guerre, par un refus d'obéir aux décrets de l'Assemblée, « contraires à la discipline générale ou particulière de l'Église et émanant de la puissance civile, tribunal incompétent pour déterminer aucune matière de ce genre sans le concours de la puissance ecclésiastique ». Le cardinal s'éleva tout particulièrement contre l'article IV du décret du 12 juillet, qui atteignait l'Alsace d'une manière spéciale. Cet article interdisait en effet à toute église ou paroisse de France et à tout citoyen français de reconnaitre, en aucun cas et sous quelque prétexte que ce fût, l'autorité d'un évêque ordinaire ou métropolitain, dont le siége serait établi sous la domination d'une puissance étrangère. D'un trait de plume, la Constituante avait aboli le pouvoir spirituel qu'exerçaient en Alsace les évêques de Bâle et de Spire. Elle avait affranchi du même coup le diocèse de Strasbourg de la dépendance de la métropole de Mayence. Rohan proclama qu'il ne reconnaissait d'autre autorité que celle du pape, et d'autre juridiction que celle de l'archevêque de Mayence.

La constitution civile du clergé avait supprimé le grand chapitre de la cathédrale de Strasbourg. Ce dernier répondit par une *Défense solennelle et Protestation* adressée à l'autorité départementale. Il est curieux de voir à quel point le haut clergé catholique poussait le mépris de la loi, et dans quel langage il s'adressait aux autorités constitutionnelles.

L'auteur de ce factum, le prince de Hohenlohe-Bartenstein, qualifie la vente des biens ecclésiastiques de vol et de pillage; il déclare que le chapitre s'est mis sous la protection de l'Empire et de toutes les puissances signataires des traités de Westphalie, et il avertit le directoire du Bas-Rhin qu'il regarde comme nul et de nulle force tout ce qui pourra à l'avenir être décrété concernant les choses ecclésiastiques.

Une autre fois, le procureur général syndic ayant réclamé à ce même personnage les archives du ci-devant grand chapitre, le prince de Hohenlohe se contenta de lui répondre que dans peu de jours l'armée allemande reconstituerait l'ancien ordre de choses, et remettrait chacun en sa position antérieure.

Le prince de Hohenlohe, évêque de Léros, grand-écolâtre, etc., était Allemand, et ne se croyait pas tenu d'observer, vis-à-vis des autorités françaises, la même mesure dans la forme que le cardinal de Rohan. C'était, d'ailleurs, l'élément allemand qui n'avait cessé de dominer dans le ci-devant grand chapitre, même après la réunion de Strasbourg à la France. Une seule concession avait été faite en 1687. Ce chapitre avait statué que sur les 24 canonicats dont il se composait, 8 seraient réservés à des seigneurs français.

En même temps, il avait renouvelé les anciens statuts d'après lesquels le récipiendaire allemand devait produire des preuves de seize quartiers paternels et maternels, tous princes ou comtes, tant en ligne directe que collatérale, ayant voix et séance aux diètes générales de l'Empire. Le candidat français devait faire les mêmes preuves, à la différence que, du côté du père, il devait être issu de princes ou de ducs, et du côté de la mère, d'une noblesse très-ancienne et illustre de noms et d'armes. C'était donc une des compagnies les plus aristocratiques d'Europe, et l'on avait coutume de dire que le chapitre de Constance était le plus grand, celui de Bâle le plus gai, celui de Spire le plus dévot, celui de Mayence le plus digne, celui de Cologne le plus riche, et celui de Strasbourg le plus noble.

Ce corps, comme on voit, était digne de figurer au premier rang des ennemis de la Révolution en Alsace. Il n'y manqua pas. Retiré à Ettenheim auprès du cardinal de Rohan, il ne cessa d'encourager ses résistances, de tramer contre la France des intrigues aux cours étrangères, et de pousser les émigrés à envahir l'Alsace.

Les appels à l'insubordination et à la révolte se succédèrent coup sur coup dans des documents émanés directement du cardinal, tels que instructions pastorales, mandements, protestations, lettres, ou dans des écrits anonymes, des pamphlets, allemands pour la plupart, qui furent répandus partout, malgré la vigilance déployée par les autorités municipales et les membres de la Société des Amis de la Constitution. En réponse à une adresse des administrateurs du district de Strasbourg, parut une critique de la constitution civile du clergé, où l'on excitait les prêtres à s'opposer à la nouvelle organisation, les fonctionnaires des départements, des districts et des municipalités, à ne pas prêter la main à l'exécution des décrets, les électeurs, à ne pas voter pour les prêtres assermentés, les vrais catholiques, à regarder comme des intrus les évêques, les curés, les vicaires qui entreront dans le bercail contre toutes les formes prescrites par les saints canons.

Ces appels passionnés ne restèrent pas sans écho. Une agitation parfois tumultueuse se produisit dans les localités où dominait l'influence des prêtres insoumis. Il y eut un déchirement que les catholiques éclairés et libéraux essayèrent en vain de prévenir. Réunis aux protestants, ils formaient le parti constitutionnel, et s'efforçaient de prémunir leurs coreligionnaires de la basse classe des villes et des campagnes, contre les menées séditieuses des prêtres réfractaires.

Les Sociétés des Amis de la Constitution, organisées dans les petites villes et les bourgs du Bas-Rhin sur le modèle de celle de Strasbourg, et affiliées entre elles, furent des centres actifs de propagande constitutionnelle. A l'action de la chaire et du confessionnal, elles opposèrent celle de la tribune et de la presse. Les journaux prirent un rapide développement : la *Gazette strasbourgeoise*, de Saltzmann, ne suffit plus; on vit se fonder l'*Histoire du temps présent*, de Simon et Meyer ; le *Journal hebdomadaire patriotique ;* la *Chronique strasbourgeoise*, d'Hermann ; l'*Ami du peuple et du paysan*, rédigé par quelques gardes nationaux. Les patriotes s'appliquaient à éclairer la population sur les intentions de l'Assemblée constituante, par tous les moyens de propagande dont ils disposaient. Les sociétés populaires formaient avec les gardes nationales, le plus ferme, le plus solide appui du nouvel ordre de choses.

La majorité de la population alsacienne était acquise incontestablement aux principes constitutionnels, mais même à Strasbourg, il existait un groupe assez fort d'opposition. Stimulés par les excitations venues d'Ettenheim, les partisans de l'ancien régime, et particulièrement les adversaires de la constitution civile du clergé, essayèrent de se constituer en une société rivale du club du Miroir. Environ 1,500 à 2,000 citoyens actifs des sept paroisses catholiques de Strasbourg se réunirent les 16 et 17 janvier 1791 dans la chapelle du séminaire et prirent le titre caractéristique d'*Union des catholiques romains*.

Ces efforts n'aboutirent qu'à un avortement. Dès sa première séance, la réunion avait résolu d'envoyer des adresses au pape et au roi, et de présenter au directoire du département une requête pour l'exhorter à faire les représentations les plus fortes à l'Assemblée nationale, sur les malheurs dont elle menaçait l'Alsace. Des protestations et des provocations se produisirent ; on excita la haine des catholiques contre les protestants; on tendit la main aux ennemis de la Révolution réunis sur la rive droite du Rhin ; on alla même jusqu'à proposer d'envoyer des émissaires dans les campagnes, pour soulever les paysans contre la Révolution. L'audace de ce langage amena la fermeture immédiate de la Société à peine formée.

Rome approuva hautement cette attitude hostile; dans un bref aux catholiques de Strasbourg, en date du 16 avril 1791, le pape n'eut que des éloges pour le cardinal de Rohan et pour son clergé. « Nous écrivons, dit-il, dès maintenant à votre évêque. Nous approuvons et nous louons, comme ils méritent de l'être, son courage, sa sagesse, sa constance, tout ce qu'il a écrit, tout ce qu'il a fait à cette occasion. Nous le reconnaissons pour votre véritable pasteur auquel vous devez uniquement adhérer, et dont vous devez écouter la voix, comme vous devez rejeter et fuir tout autre, quel qu'il soit, qui vous serait imposé par une élection illégitime, par la fraude et par la violence. Tel est le jugement que nous, qui, par la volonté divine, occupons la chaire de saint Pierre, prononçons. »

Ces exhortations ne s'adressaient pas au clergé qui, comme un régiment bien discipliné, obéissait aveuglément aux ordres venus d'Ettenheim. A Strasbourg, sur soixante ecclésiastiques, trois seulement prêtèrent le serment constitutionnel, et, dans tout le Bas-Rhin, il n'y eut que trente-quatre prêtres assermentés contre trois cent soixante-dix réfractaires. S'il n'eût dépendu que du cardinal de Rohan et de son clergé, la population se serait soulevée, et l'Alsace eût été une Vendée cléricale.

Il y eut des tentatives de rébellion non-seulement dans les campagnes, mais même à Strasbourg. Lors du transport des archives de la fondation de Saint-Pierre-le-Vieux au dépôt du district, il éclata le 3 janvier 1791 une sorte de sédition populaire. On vit des femmes de qualité aller de caserne en caserne se mêler aux soldats, les animer à la révolte. Ces provocations eurent peu d'effet : les soldats, qui étaient presque tous gagnés à la Révolution, répondirent par des quolibets, et la foule, composée d'ouvriers sans travail et de femmes du peuple fanatisées, se dispersa sans qu'on fût dans la nécessité de recourir à la force. L'ordre public fut promptement rétabli par l'arrivée de quelques gardes nationaux, et par l'intervention paternelle de l'autorité municipale.

Les frondeuses ne furent pas poursuivies; on se contenta de les chansonner :

> Dans les casernes nos matrones
> Paraissent sans être poltronnes,
> Et rien ne peut les effrayer,
> Ni cavalier, ni grenadier.
> Pour combler la bigoterie,
> Il leur manquait l'artillerie;
> Vous qui tirez les plus gros coups,
> Ah! Messieurs, secourez-nous.

> Après cette belle équipée,
> La sainte troupe est renvoyée,
> En témoignant son déplaisir
> De ne pouvoir rien obtenir;
> Mais osait-elle jamais croire
> Qu'un soldat flétrirait sa gloire,
> Ou qu'il se trouve un enragé,
> Pour les reliques du clergé.

Le catholicisme était seul à repousser la Révolution; les autres cultes l'acceptaient, se soumettaient sans murmurer à la loi. Ni les pasteurs, ni les professeurs de l'Université protestante n'avaient songé à refuser le serment, et les rabbins des deux départements s'étaient empressés d'obéir aux décisions de l'Assemblée. Les protestants, en général, se montrèrent partisans des idées nouvelles. Au reste, ils n'avaient point, comme les catholiques, des priviléges à perdre ou des dommages matériels à subir à l'avénement du nouvel ordre de choses; ils avaient conservé la propriété des biens réservés à leur culte, non pas en vertu des traités, mais parce que ces biens, sécularisés depuis la Réforme, n'avaient ni la nature, ni la qualité de biens ecclésiastiques. Il arriva même qu'une certaine partie des biens des églises catholiques profita aux communautés protestantes. Mais il est juste de constater, dès maintenant, qu'on ne vit point les protestants devenir les persécuteurs du catholicisme. Ses ennemis les plus acharnés, à Strasbourg, furent des catholiques et même d'anciens prêtres, tels qu'Euloge Schneider, Simond, Taffin, Clavel, Kæmmerer, Anstett, etc.

Cependant, après les ardeurs premières, il se produisit une sorte de refroidissement chez les protestants, qui formèrent l'élément modéré dans le cours de la Révolution à Strasbourg. A l'exception de deux pasteurs, Stuber, attaché à l'église Saint-Thomas, et Engel à l'église réformée, tous deux membres actifs du club des Jacobins, les autres pasteurs et leurs troupeaux se tinrent à égale distance des ennemis de la Révolution et des sectaires de la Terreur.

Les menées des émigrés, l'opposition violente et obstinée des catholiques romains avaient divisé les esprits et jeté le trouble dans la cité. L'admirable sérénité des premiers jours avait fait place à la défiance ou à la haine. Enfin la situation de l'Alsace parut assez grave à Paris pour que l'Assemblée nationale crût devoir envoyer à Strasbourg des commissaires royaux, chargés de veiller à l'exécution de ses décrets. Ces commissaires, au nombre de trois, furent Mathieu Dumas, ancien aide de camp de Rochambeau en Amérique, colonel d'un régiment d'infanterie et plus tard général de division; Hérault de Séchelles, alors juge au tribunal du district de Paris, plus tard membre de la Convention, et Foissey, président du tribunal du district de Nancy et plus tard député à la Législative.

L'un des principaux opposants à l'exécution des décrets était Mathieu, procureur général syndic de la commune. Le premier soin des commissaires fut de lui retirer ses fonctions. Cet acte de vigueur produisit son effet, comme tout acte pareil accompli à propos. Il fit évanouir, dès le principe, toute idée de résistance.

Le 6 mars 1791, François-Antoine Brendel, professeur de droit canon au séminaire et notable de Strasbourg, homme instruit, modeste et simple, fut proclamé évêque par l'élection populaire. Protestants et catholiques, tous les citoyens, sans distinction de culte, avaient pris part au vote. Au dépouillement du scrutin, on trouva, par suite d'une facétie cléricale, cinq suffrages pour le juif Cerfbeer. Aussitôt nommé, le nouvel évêque se rendit à Paris pour recevoir l'institution canonique de l'archevêque Gobel et de l'évêque d'Autun. Le 25 mars, il fut installé solennellement à Strasbourg. Il renouvela le serment constitutionnel devant le maitre-autel, et célébra pontificalement la grand'messe en présence des autorités civiles et militaires. On chanta un *Te Deum*, et un poète local, Claude Champy, collaborateur d'un journal modéré, la *Feuille de Strasbourg*, célébra dans une ode l'installation de l'évêque constitutionnel. Cette cérémonie religieuse exaspéra les catholiques romains. Brendel ne tarda pas à être en butte aux outrages de la faction; et le fanatisme fut poussé au point que les commissaires royaux durent, afin de protéger l'évêque, lui donner asile dans leur propre hôtel.

L'élection du 6 mars avait naturellement provoqué une protestation de l'émigré d'Ettenheim. Sous peine d'excommunication, le cardinal de Rohan interdisait aux fidèles et au clergé tout rapport avec le nouvel évêque. La plupart des prêtres obéirent. Un jour même, un curé du nom de Jæglé injuria grossièrement Brendel en pleine cathédrale; il souleva contre lui les catholiques romains, qui se trouvaient en nombre, et ce ne fut qu'à grand'peine qu'on lui sauva la vie.

Le siège épiscopal occupé, il s'agissait de pourvoir aux cures dont les titulaires avaient refusé le serment. Le nombre de ces cures était grand, mais les candidats étaient rares et peu de vacances purent être comblées. Les moines, chassés de leurs couvents, ne se soucièrent point de devenir curés; ils préféraient la position qui leur était faite de « pensionnaires ecclésiastiques ». Car la Révolution, équitable jusque dans ses entraînements, leur allouait, pour les aider à vivre, une subvention de 500 livres par an et elle en accordait une de 700 livres aux nonnes.

La tranquillité rétablie, le mandat des commissaires expirait : Mathieu Dumas, Hérault de Séchelles et Foissey quittèrent l'Alsace.

Tout à coup se répandit la nouvelle de la fuite du roi, survenue le 20 juin. Cet événement excita à Strasbourg et dans toute l'Alsace une vive et profonde émotion. La Société des Amis de la Constitution se déclara en permanence; les autorités militaires prirent à la hâte des mesures de sûreté. Il fut interdit de passer le Rhin, et de nombreuses patrouilles de gardes nationaux parcoururent les environs de Strasbourg. Mais l'arrestation de Louis XVI à Varennes fut bientôt connue et la joie succéda à l'inquiétude des esprits. Le dimanche 26 juin, en présence des autorités, le retour du roi à Paris fut célébré par une revue des troupes de la garnison et de la garde nationale; le soir, Strasbourg illumina.

La tentative de Louis XVI pour quitter Paris et la France avait reporté plus vivement l'attention sur les menaces venues du dehors : une invasion était possible; il fallait que la nation fût sûre des forces qu'elle voudrait lui opposer. On se préoccupait donc beaucoup des sentiments de l'armée. La discipline paraissait affaiblie et l'on redoutait que les manœuvres des émigrés n'eussent abouti à démoraliser les troupes.

A Strasbourg, la population se défiait tout particulièrement des régiments allemands et suisses; elle poussait cette défiance si loin qu'elle avait exigé que le service de la citadelle fût confié exclusivement à la garde nationale. Cette dernière fournit chaque jour 600 hommes, jusqu'à l'arrivée d'un régiment français qui n'éveillait aucun soupçon.

C'est à ce moment que l'Assemblée nationale nomma trois commissaires nouveaux, mais trois commissaires militaires, chargés de recevoir en son nom le serment imposé à l'armée. Custine, Chasset et Régnier arrivèrent à Strasbourg le 27 juin 1791. Ils ne mirent ni retard, ni faiblesse dans l'exécution de leur mandat; tous les officiers qui refusèrent le serment furent aussitôt congédiés. Ces mesures, commandées par l'opinion publique et par la situation, calmèrent les inquiétudes relatives aux troupes.

Il restait d'autres appréhensions à dissiper. Celles-ci venaient de l'état des campagnes. Si les paysans du Bas-Rhin n'avaient été guidés que par le bon sens et par leur intérêt, ils se seraient ralliés avec entrain à la Révolution qui avait diminué les charges des campagnes plus que celles des villes. Les cultivateurs riches et éclairés d'Alsace ne s'y étaient pas trompés; ils s'étaient empressés d'acquérir des biens nationaux, et manifestaient un grand zèle pour le maintien du nouveau régime. Mais les paysans pauvres, les journaliers, moins instruits, moins éveillés, plus dociles, obéirent à la voix des prêtres qui les excitaient à la résistance, surtout dans les anciens domaines des princes-évêques de Strasbourg et de Spire.

En de certains endroits, par exemple à Rosheim, à Molsheim, qui avait été autrefois le siège d'une Université catholique fondée par les jésuites, l'autorité civile était absolument méconnue; la surexcitation était telle qu'on ne pouvait plus s'y montrer avec la cocarde aux trois couleurs.

Le 15 juillet, 2,000 gardes nationaux, munis d'artillerie, sortirent de Strasbourg pour aller rétablir, dans ces campagnes troublées, l'ordre et le respect de la loi. Les sentiments de résistance cléricale ne se soutinrent pas devant cette démonstration armée. Avant l'arrivée de la colonne, les communes opposantes avaient fait leur soumission. On désarma les habitants et on expulsa les capucins, accusés par les paysans eux-mêmes d'avoir été les fauteurs de la rébellion.

Il n'y eut pas seulement, durant cette période, des

tentatives de révolte contre les décisions de l'Assemblée ; les divergences d'opinions politiques firent naître aussi des démêlés de commune à commune. L'histoire locale a conservé le souvenir de Sufflenheim marchant contre Sessenheim, de Geispolsheim contre Fegersheim.

Ce même été, Luckner, désigné au choix du Gouvernement par son élection au grade de général de la garde nationale, fut nommé au commandement des cinquième et sixième divisions militaires. Il n'avait rien de ce qui séduit la foule : il était petit, vieux et cass'. Il avait des traits vulgaires, et portait, sous un régime où tous les ordres moins un avaient été supprimés, trois décorations étrangères; mais l'activité qu'il déploya dans ses fonctions, la discipline qu'il imposa aux troupes, les rapports cordiaux qu'il entretint avec la garde nationale, lui donnèrent l'ascendant dont il avait besoin pour rétablir la paix et la confiance dans les esprits.

La nomination de Luckner coïncida avec un grave événement politique : la déclaration faite, le 27 août, par Léopold II, et connue sous le nom de déclaration de Pillnitz. L'empereur d'Allemagne s'engageait avec le roi de Prusse à rétablir en France l'ancien ordre de choses. A cette prétention insolente, la France répondit par des mesures militaires. Les plus urgentes étaient la mise en défense des places fortes de la frontière. Cependant, ce fut ce moment qu'on saisit de préférence à Strasbourg pour démolir le fort Blanc, bâti sur l'emplacement du vieux château mérovingien de Kœnigshofen. En effet, cette forteresse, construite après la réunion de la ville à la France, avait été élevée plutôt en défiance des Strasbourgeois que contre les ennemis du dehors.

C'était une sorte de Bastille. La destruction en était réclamée depuis longtemps, et à la veille des redoutables complications que tout faisait prévoir, on crut l'heure opportune de donner à la ville cette satisfaction.

La destruction du fort Blanc fut une vraie fête populaire, une de ces fêtes spontanées que le peuple seul sait improviser. Les habitants de tout âge, de tout sexe et de toutes conditions, commerçants, artisans, militaires, professeurs, jeunes filles et jeunes femmes, armés de pelles, de pioches et de piques, travaillèrent au renversement de la citadelle.

Un redoublement d'ardeur patriotique fut le prix de cette marque de confiance donnée par la France à l'Alsace. Strasbourg tint à honneur de participer à l'appel adressé par l'Assemblée constituante à la nation. Le 29 juillet, 5,000 ou 6,000 gardes nationaux se réunirent, pour organiser un corps de volontaires, devant l'hôtel de ville, qui n'était autre que l'ancien palais épiscopal des princes de Rohan acquis par la commune.

Le conseil municipal siégeait sur une estrade ornée de trophées guerriers. Dans une chaleureuse allocution, Dietrich invita la jeunesse de Strasbourg à suivre l'exemple de Nancy et d'autres villes. On vit alors les fils des familles notables se presser sur l'estrade et signer l'engagement. Un bataillon de 600 hommes fut formé sur l'heure et 24,000 livres furent souscrites pour venir en aide aux familles laissées derrière eux par les volontaires.

La mission de l'Assemblée constituante touchait à sa fin. Les élections pour la Législative eurent lieu avec le plus grand ordre, non à Strasbourg, mais à Haguenau, où les électeurs du second degré se réunirent pour arrêter leur choix. Les neuf députés furent : Jacob Mathieu, procureur général syndic, qui avait été député du tiers état; Brunck, président du directoire du département ; Koch, professeur d'histoire à l'Université ; Wilhelm, membre du directoire du département; Massenet, cultivateur à Heiligenstein ; Ruhl, membre du directoire du département ; Arbogast, professeur de mathématiques à l'école d'artillerie ; Briche, capitaine d'artillerie ; Noblat, commissaire des guerres à Landau. Ce dernier n'ayant pas accepté fut remplacé par le premier suppléant, Lambert, publiciste, membre du directoire du département. Les deux autres suppléants furent Xavier Levrault, qui fut élu procureur général syndic en remplacement de Mathieu, et Isidore Kuhn.

Ces élections devinrent pour les Strasbourgeois l'occasion d'une fête d'un caractère particulier. Le 14 septembre, les électeurs et les nouveaux élus, accompagnés du général de Luckner et de la municipalité, précédés de la musique de la garde nationale, se rendirent au fort Blanc, déjà à demi démoli. Là, les principaux fonctionnaires et les députés du Bas-Rhin prirent la pioche et aidèrent à l'œuvre de destruction.

Pendant la période de l'Assemblée législative, la France fit l'essai périlleux de la monarchie organisée sur des bases démocratiques. La tranquillité fut bannie ; des luttes continuelles s'engagèrent entre les monarchistes constitutionnels, qui formaient la fraction la plus modérée de la nouvelle Assemblée, et les républicains, qui commençaient à laisser voir quelles étaient leurs aspirations et où tendaient leurs efforts. Comme la France entière, l'Alsace fut, durant cette période, troublée, divisée, déchirée.

A Strasbourg, la désunion se mit au sein de la Société des Amis de la Constitution. Les modérés se groupèrent autour du maire, de même qu'à Paris les feuillants se séparèrent des jacobins. Il y eut désormais deux clubs. Des 423 membres qui composaient la Société au moment où se fit la scission, 286 restèrent fidèles au poêle du Miroir; les 137 autres allèrent tenir séance à l'auditoire du Temple-Neuf. Les uns et les autres gardèrent officiellement le titre primitif d'Amis de la Constitution, mais le public prit l'habitude d'appeler les premiers le club des Jacobins et de donner aux seconds le nom même du lieu où ils se réunissaient.

De ce jour, l'esprit de parti ne fit que s'exalter, et il gagna jusqu'à l'enfance. On vit, hélas! se fonder un club de jeunes gens, âgés de moins de dix-huit ans. Les divisions s'accentuèrent; les passions devinrent plus violentes.

Cependant le patriotisme, qui n'était pas moins puissant à l'*Auditoire* que chez les jacobins, conseillait l'apaisement, la conciliation. Il y eut à diverses reprises des tentatives de rapprochement. Un jour même, sur la proposition de Dietrich, les membres du club modéré se transportèrent en masse au Miroir, dans la réunion qu'ils avaient quittée; mais les propositions qu'ils apportaient furent ajournées. C'était un rejet déguisé. Toutefois les jacobins eux-mêmes avaient fait d'abord, paraît-il, quelques démarches pour amener une fusion. C'est du moins ce qui semble ressortir d'une lettre de Robespierre, dont nous citerons les principaux passages:

« Nous avons appris, Frères et Amis, avec douleur, la défection d'une partie de ceux qui étaient membres de votre Société. Nous avons reconnu cet esprit de discorde et d'intrigue qui depuis trop longtemps cherche à multiplier les ennemis de la liberté et de la paix publique...

« Vous avez soutenu dignement le caractère des amis de la patrie en invitant à la réunion ceux qui avaient eu le tort de se séparer de vous...

« Frères et Amis, s'il nous était permis de citer notre propre exemple, nous dirions que nous sommes sortis victorieux d'une épreuve aussi rude. Mais le patriotisme, aussi infatigable qu'éclairé, que vous avez fait éclater jusqu'ici, prouve que vous êtes faits pour donner l'exemple et non pour le recevoir. »

La lettre se termine par ces mots : « Continuons de semer dans le cœur des hommes les principes de la justice et de l'égalité. Nos enfants, notre postérité, si ce n'est nous, recueilleront la liberté et la paix; et le bonheur du monde sera notre récompense. »

Le club de l'Auditoire, en butte aux accusations que le mot *modérantisme* résumait à cette époque, était au fond une assemblée de patriotes. Il ne faut pas le juger d'après les paroles de ses adversaires, mais d'après son propre langage. Nous aurons lieu bientôt d'en citer des exemples qui lui feront honneur. Il nous suffira, pour l'instant, de rappeler que ses membres, à leur réception, devaient renouveler le serment civique et y ajouter l'engagement solennel « de mourir plutôt que de renoncer à la liberté », avec cette clause « que par aucune influence la Constitution ne pourra être altérée ».

Pour les jacobins, cela n'était pas assez. Quiconque n'était pas exalté autant qu'eux-mêmes leur semblait tiède, et partout où ils croyaient voir de la tiédeur, ils soupçonnaient de la trahison. Leur zèle était devenu maladif ; c'était un accès continu de fièvre.

A force de bon vouloir, ils effrayaient les autorités. Le conseil municipal faisait de vains efforts pour les maintenir dans une modération relative. Il décida qu'à tour de rôle chacun de ses membres assisterait officiellement, ceint de son écharpe, aux séances de leur club.

Mais ce contrôle, dépourvu de sanction, ne pouvait guère être efficace. L'un des principaux meneurs du parti était un journaliste, nommé Charles Laveaux, qui rédigeait le *Courrier de Strasbourg*. On le fit arrêter, un jour, à la suite d'une harangue de la dernière violence ; mais le jury l'acquitta.

Tandis que Strasbourg était en proie à ces dissensions intestines, arrivait le dénoûment prévu de la crise où était engagée la politique extérieure. L'ultimatum de l'Autriche exigeait pour la continuation de la paix, la restitution au clergé des biens de mainmorte et une indemnité aux princes allemands dont les domaines avaient été vendus comme biens nationaux. La réponse à ces exigences ne se fit pas attendre : le 20 avril 1792, le gouvernement français déclara la guerre.

CHAPITRE III

EXCITATIONS A LA GUERRE CIVILE.

Tentatives cléricales de susciter en Alsace un parti séparatiste. — Attitude patriotique des clubs du *Miroir* et de l'*Auditoire*. Naissance de la *Marseillaise* dans l'atmosphère enflammée des clubs. — Son acte de naissance authentique. — Fête de l'acceptation de la Constitution par le roi. — Menées des émigrés : Coblentz et Ettenheim. — Tentative d'invasion à Rhinau. — Sérieuses mesures de défense. — Attaques dirigées contre Dietrich, accusé de modérantisme. — Lettre de Roland au maire de Strasbourg. — Manifestation du conseil municipal en sa faveur. — Agitation pour et contre l'établissement de la République. — Arrivée de commissaires investis surtout d'une mission militaire. — Épuration de l'état-major général. — Kellermann. — Dissolution du conseil municipal. — Citation de Dietrich à la barre de l'Assemblée. — Sa fuite et son arrestation à Saint-Louis. — Élections pour la Convention. — Avénement de la République. — Élections municipales. — Acquittement de Dietrich. Il est maintenu en état d'arrestation et conduit à Paris. — Épuration du conseil municipal. — La Convention donne gain de cause aux modérés. — Avénement du jacobinisme.

La déclaration de guerre à l'Autriche, c'était la lutte de la France contre l'Europe, de la Révolution voulant maintenir son œuvre contre les monarchies alarmées et résolues à la détruire. Le péril était immense, et sans l'admirable élan, le fier enthousiasme qui souleva la nation, l'issue n'eût pas été douteuse : la Révolution, née de la veille, isolée, entourée d'ennemis, était condamnée à périr. Mais une foi invincible animait le cœur des patriotes ; serrés autour du drapeau tricolore, devenus soldats pour rester citoyens, ils triomphèrent, mais on sait à quel prix !

Ce n'est pas seulement du dehors que venait le danger ; à l'intérieur, les ennemis des idées nouvelles se faisaient les ennemis de la patrie, les agents de l'étranger. Ils appelaient l'invasion comme une délivrance ; ils préconisaient la trahison comme un devoir.

Ces agissements odieux étaient plus à craindre en Alsace qu'ailleurs. Là, en effet, ils pouvaient réveiller d'antiques souvenirs d'autonomie; ils pouvaient détourner de la France les esprits que la Révolution avait blessés à divers titres, susciter un parti séparatiste. C'était là le but que poursuivaient, soit dans l'ombre, soit au grand jour, les meneurs de la réaction. De ces efforts antipatriotiques, de ces excitations criminelles subsistent des preuves nombreuses et irrécusables dans des écrits qui étaient répandus avec profusion, principalement dans les casernes et les campagnes.

Ces écrits, pour la plupart anonymes, n'étaient propres qu'à attiser les plus mauvaises passions contre-révolutionnaires. Il y éclate une violence au moins égale à celle des plus violentes productions démagogiques. Sans doute, il convient de reconnaitre que l'emportement et la brutalité du langage étaient des défauts communs aux deux partis; mais ce qui est propre aux pamphlets royalistes, ce qui émeut douloureusement une âme française, ce sont les appels continuels à l'étranger contre la nation.

Un écrit intitulé *Ultimatum*, débute par ces mots : « Infernal club, lâches persécuteurs, votre règne va finir. L'orage gronde sur vos têtes; la foudre, partant des quatre coins de l'Europe, va vous réduire en poudre. Tremblez, on vous connait tous! Vos chefs n'échapperont pas à la vengeance de la loi qu'ils ont violée et de l'humanité qu'ils ont outragée.... Vous apprendrez, mais trop tard, motionneurs infâmes et cruels, que la patience outragée des honnêtes gens trouve des vengeurs, etc.... »

L'extrait suivant d'un autre pamphlet fera voir dans quels termes on s'adressait aux troupes et à quels arguments on avait recours. Le *Dîner patriotique*, publié en français et en allemand, réunit à la même table un courtier, le fils d'un agioteur, un capitaine de la garde nationale et un procureur syndic de la campagne, tous partisans de la Révolution, puis un sergent, un caporal, un grenadier, un chasseur de la garde royale, que les premiers ont formé le dessein de convertir à leurs doctrines.

— « Allons, camarades, à la santé de la Nation ! s'écria le capitaine de la garde nationale.

Le grenadier. — Volontiers, mais il me semble dans l'ordre de commencer par le Roi, qui est le chef suprême.

Le procureur syndic. — Je ne crois pas cela, Messieurs ; la Nation est toute-puissante. C'est elle, à ce que dit l'Assemblée nationale, qui fait les lois et les rois. Ainsi, buvons à sa santé !

Le sergent. — S. n. d. D...! Vous aurez bien de la peine à nous persuader cela, à nous autres. Vous nous prenez, je crois, pour des f.... bêtes. Nous savons fort bien que la couronne de France est un patrimoine, etc... Or, si le Roi est en tout et partout le propriétaire, le chef suprême et le premier, nous devons donc d'abord boire à sa santé. »

Entre temps, le procureur syndic révolutionnaire explique au sergent ce qu'il faut entendre par liberté : « La liberté, dit-il, consiste à tuer le gibier, à couper du bois dans la forêt la plus voisine, à être soldat-citoyen, à écrire contre les gens de qualité, contre la religion, contre les mœurs de l'ancien régime, à former des comités de recherches et à dénoncer ceux dont la figure déplaît. »

Mais, après une conversation assez longue, le procureur syndic se laisse persuader par les arguments des soldats; il boit à la santé du roi. Les soldats vainqueurs n'entendent pas s'endormir sur ce premier succès. Ils jurent de pendre les tyrans, c'est-à-dire les partisans de la Révolution et le grenadier termine par ces mots : « Ça viendra, ça viendra! Vous verrez, Messieurs, que l'on va crier *Vive le Roi !* en arborant la cocarde blanche, signe de tout bon Français et que l'on mettra à la lanterne cette b....esse de Société des Amis de la Constitution, ces bandits du poêle des Cordonniers !

Le sergent. — Il est étonnant qu'il y ait parmi ces enragés tant d'officiers, surtout d'artillerie; cela ne fait honneur ni aux individus, ni au corps, car enfin c'est une assemblée de brigands.

Le caporal. — Laissez faire. Encore un peu de patience, et vous verrez votre maire et plusieurs membres de la municipalité, le président du district, presque tout le directoire et la plupart de ces puants, de ces bandits du poêle des Cordonniers, qui seront hachés, pendus ou roués. »

La prose ne suffit pas toujours à cette triste propagande; on eut recours à la poésie. Voici la dernière strophe d'un pamphlet ultra-royaliste en vers allemands, à chanter d'après le menuet *Exaudet :*

« Le moment approche pour nous de recevoir le salaire de nos actions, de tomber comme des traîtres, des assassins, des malfaiteurs dans les mains du bourreau. Les corbeaux voltigeront autour de nous pour se repaître de nos corps, frétillant, dansant, chantant le *Ça ira*. Noble existence! »

Le français se prêtait aussi bien que l'allemand à ces sinistres plaisanteries, si nous en jugeons par ces deux couplets :

> Vous avez séduit, corrompu
> Un peuple doux, bon, ingénu :
>   C'est ce qui nous désole. (*bis*)
> Mais sans crier « ça ira ! »
> Lui-même vous lanternera :
>   C'est ce qui nous console. (*bis*)

> Si cet avis n'opère pas
> Sur vos cœurs vils et scélérats,
>   Tant pis ! Ça nous désole. (*bis*)
> Mais ce qu'on vous dit se verra :
> Tout démocrate périra ;
>   C'est ce qui nous console. (*bis*)

Une brochure dirigée contre le général Victor de Broglie porte cette épigraphe : *Barbara et crudelis Gallorum omnia profanantium rabies*. Elle est adressée : *Au sieur Victor de Broglie, député parjure de la noblesse d'Alsace.*

Après avoir énuméré les actes du prince de Broglie comme membre de l'Assemblée provinciale, comme bailli d'épée à Colmar et comme député aux États généraux, l'auteur qui signe *Julius Alsata*, s'exprime ainsi : « Depuis que vous êtes à l'Assemblée nationale, il ne s'est pas passé de semaine qu'on ne vous ait vu monter à la tribune pour être le grêle et glapissant organe de l'imposture et de la calomnie. Sachez, Victor Broglie, que vos intrus peuvent bien s'emparer par force des postes qu'ils ont usurpés, mais qu'ils n'auront jamais l'assentiment des peuples; que les baïonnettes assureront pour un instant leur empire dans nos temples profanés, mais qu'elles ne sauraient forcer les fidèles à participer à leurs sacriléges; que vous pouvez proscrire les prêtres, tyranniser leurs consciences, renouveler les atrocités des Dèces et des Dioclétiens, mais que vos persécutions rendront leur foi plus vive, leur attachement à la religion plus senti, leur soumission à leurs guides plus docile... Suivez le conseil de Clément Dumas, envoyez-nous les 20,000 brigands qui vous embarrassent dans la capitale; joignez-y 20,000 à 30,000 baïonnettes nationales; mettez tout à feu et à sang. Si vous ne pouvez lier l'Alsace à la Constitution, qu'elle devienne un séjour de désolation; qu'elle ne soit plus qu'un vaste désert. Venez achever l'œuvre de notre destruction, que les forcenés commissaires n'auront peut-être pas pu couronner! »

On répandait dans les casernes des appels à la révolte. « Supplions, disait en juin 1790 un prétendu soldat à ses camarades, supplions les princes de ne pas dédaigner un asile au milieu de nous; un camp français est le séjour qui convient aux enfants d'Henri IV et du grand Condé. Tournons nos yeux vers ce monarque qui au lieu d'un trône n'a qu'une prison, et jurons de le délivrer. Signons tous et ces demandes et ce serment; invitons les différents corps de l'armée à s'unir à nous, et après avoir tant de fois sauvé la France de ses ennemis, sauvons-la d'elle-même. »

Dans un autre écrit du même esprit, intitulé : *Avis aux troupes* (décembre 1790), l'auteur renouvelle les mêmes provocations, mais sur un ton plus pressant, plus irrité : « Que sont-ils devenus ces soldats tant de fois vainqueurs, ces héros de Bergen et de Friedberg? Je vois encore, je reconnais leurs généraux, au noble parti qu'ils ont adopté. Fidèles à leurs lauriers, leur gloire les suit partout et se maintient sans tache. Mais vous, soldats infidèles, vous vous couvrez d'opprobre aux yeux des nations. Votre nom, ce nom de soldats français, qui rappelait et réunissait jadis toutes les idées d'honneur, de force, de valeur et de gloire, ne présente plus à l'Europe étonnée que celle de la honte, de la faiblesse, du brigandage et du déshonneur. Malheureux! rougissez, mais réparez vos torts; il en est temps encore..... Indignez-vous contre vous-mêmes ; livrez à la rigueur des lois, accablez de votre mépris, de vos coups, s'il le faut, les scélérats qui veulent faire de vous des lâches et des assassins ; détestez vos erreurs ; aimez, chérissez, servez votre unique maître ; portez vos regards sur des princes toujours les plus fermes appuis du trône, aujourd'hui sa seule ressource. C'est à ces princes dont les noms fameux dans l'histoire vous retracent les victoires célèbres que vos pères remportèrent en combattant sous leurs drapeaux ; c'est à ces princes, descendants de Henri IV, que vous devez vous réunir, pour contribuer à rendre au Roi sa liberté, sa puissance, au militaire sa considération, à la France son bonheur! »

Aux bourgeois des villes, gens d'humeur moins martiale, qui regrettent l'ancienne situation privilégiée de la province d'Alsace, on prêche la résistance passive, on recommande le refus de l'impôt. « Réclamez hautement, l'exécution des traités, lit-on dans un opuscule, *Ouvrez enfin les yeux, braves Alsaciens;* réclamez vos priviléges, et pour le faire avec force et succès, réunissez-vous et déclarez que vous ne payerez plus aucun impôt. Annoncez que si jusqu'à ce jour votre amour de la paix vous a fait obéir aux décrets de l'Assemblée nationale, usurpatrice des pouvoirs que vous ne lui avez pas confiés, dès à présent, vous regardez les décrets émanés d'elle comme non avenus, et que désormais vous n'en reconnaitrez plus aucun. Exprimez avec énergie le vœu formel d'avoir une constitution particulière qui maintienne vos priviléges et vous préserve des dangers et des maux, suites de la guerre, que doit sous peu nécessairement attirer sur l'Alsace l'infraction des traités. »

Ainsi, non contents de pousser au renversement de l'ordre établi, les partisans de l'ancien régime évoquent devant de paisibles bourgeois, comme une menace, l'invasion qu'ils désirent ardemment. Ce furent ces excitations autonomistes, ces revendications d'une constitution particulière qui firent croire aux patriotes français à l'existence d'un parti séparatiste en Alsace.

Dans les campagnes, on était tenu à moins de réserve que dans les villes. On poussait sans détour à la guerre civile au nom de la religion menacée. « Citoyens, chers concitoyens, s'écriait-on en février 1791, la religion de nos ancêtres est profanée, notre clergé exilé, nos saints temples fermés, les autels pillés, le tabernacle du Dieu vivant ébranlé, etc... Une guerre de religion est sur le point d'éclater, dans laquelle combattront citoyens contre citoyens, commune contre commune, et des flots de sang couleront. Déjà, dans la plus grande partie de l'Alsace et de la Lorraine allemande, les villages catholiques se sont ligués et forment une telle puissance que rien ne saurait leur résister : Nous sommes dix contre un. »

« Nous sommes de misérables gueux, faisait-on dire en allemand à un paysan dans un autre pamphlet, si nous ne nous opposons pas à toutes ces infamies; nos enfants et nos petits-enfants nous maudiront d'avoir vendu nos biens à ces voleurs parisiens. Qui sait, si cela continue ainsi, si nos enfants ne perdront pas la vraie religion, et si dans l'enfer ils ne nous arracheront pas les cheveux! Tonnerre de Dieu! il est temps, grand temps que l'on s'arme. »

Ces pamphlets, imprimés à l'étranger par les soins des prêtres émigrés, trahissaient pour la plupart leur origine. On affectait d'y prendre la forme des enseignements de l'Église, la forme la plus familière aux paysans. Dans un *Catéchisme strasbourgeois pour l'instruction des grands enfants d'Alsace*, publié en allemand, se trouvaient des demandes et des réponses dans le goût des suivantes :

— « *Quelles sont les marques distinctives d'un Français?* Un visage arrogant et enragé, une cocarde nationale, un uniforme et des armes, ou bien, le regard triste et abattu et les culottes en lambeaux.

— *Y a-t-il deux espèces de Français?* Oui, il en existe deux espèces : les citoyens actifs, et les citoyens passifs, c'est-à-dire, les uns qui persécutent, pillent et assassinent impunément, les autres qui se laissent persécuter, piller et tourmenter patiemment.

— *Qu'est-ce que la Constitution ?* Un verbiage rempli de mensonges, d'absurdités, d'injustices, composé par quelques centaines de fripons.

— *Combien y a-t-il de vertus cardinales nationales, et quelles sont-elles ?* Il y en a au moins une douzaine. Ce sont : 1° l'orgueil, 2° l'avarice, 3° la débauche, 4° l'envie, 5° la gloutonnerie et l'ivrognerie, 6° l'incrédulité, 7° la persécution, 8° le parjure, 9° la rapine, 10° le meurtre, 11° la rage, 12° la lâcheté. »

Le dernier chapitre traitant de l'expiation termine ainsi ce catéchisme contre-révolutionnaire :

— « *Quelle est donc l'expiation forcée ?* En subissant une peine méritée.

— *Quelle est cette punition ?* En pendant et brûlant tous les méchants obstinés.

— *Mais qui sera juge dans cette question ?* Les anciennes lois du royaume.

— *Qui les fera exécuter ?* Le Roi.

— *Qui remettra entre les mains du Roi son pouvoir ?* Les princes français et tous les Français valeureux.

— *Qui les assistera ?* Toutes les puissances qui se sont coalisées à cet effet. »

Il n'y eut pas seulement des excitations à la guerre civile, il y en eut aussi à l'assassinat. Lors de l'arrivée à Strasbourg des trois commissaires royaux, Dumas, Hérault de Séchelles et Foissey, parut un *Avis aux Strasbourgeois qui ont droit de chasse en cette ville*. Il se terminait par ces mots : « Les bons chasseurs sont invités à se mettre à l'affût; le passage des bêtes féroces est déjà connu : elles se rendent presque chaque soir de leur tanière au trou pestilentiel de la Constitution. Une grande récompense est promise par le comité de la police à celui qui délivrera la ville de ces hideux animaux. »

Dans un autre opuscule dirigé contre Dietrich, il est fait également appel à l'assassinat. « Jamais Arabe, disait-on du maire, ne fut plus cruel ; jamais Turc ne fut plus despote et ne sut extraire la quintessence de la tyrannie comme cette âme de boue, ce cœur avide de sang, cette tête à jamais proscrite. N'y aura-t-il pas un homme assez ami du bien et de l'humanité pour brûler la cervelle ou pour enfoncer le fer vengeur dans le cœur de ce scélérat ? »

C'est là le langage, c'est là le ton ; mais le côté particulièrement odieux, c'est, on ne saurait trop y insister, l'attaque furieuse contre le patriotisme, l'appel à l'étranger, qui se répète comme un refrain dans le plus grand nombre de ces pamphlets.

En réponse à une proclamation des commissaires de l'Assemblée en date du 18 mars 1791, un pamphlétaire royaliste s'écrie en allemand : « Les honnêtes gens trop longtemps humiliés vont se lever pour abattre vos têtes ; ils demanderont l'assistance à tous les souverains garants de nos traités. Nous nous joindrons à eux, nous ouvrirons nos portes à nos libérateurs, et nous leur livrerons les infâmes auteurs de nos souffrances. »

C'est un maire qui entre en scène : il dit qu'il tient du curé la nouvelle que 30,000 Prussiens et 100,000 Autrichiens sont en marche vers la France, que le roi d'Angleterre lui-même, quoique ayant dépensé plusieurs millions pour fomenter la Révolution, donnera son appui aux princes dépossédés, et que tout cela fait espérer l'invasion... « Que le tonnerre de Dieu, s'écrie-t-il, écrase celui qui tirerait un seul coup de fusil contre les Impériaux, qui ne viendront chez nous que pour nous débarrasser de ces s... coquins de Welches... Nous devrions exterminer en masse ces s... coquins de Welches, car il n'y a point de bonheur à espérer parmi eux... Je donnerai tout mon vin aux Autrichiens et je boirai avec eux à la santé de leur empereur. Vivent les Autrichiens et les Allemands ! »

On poussait l'impudence jusqu'à mettre dans la bouche de soldats français des appels à l'étranger. A l'issue d'un nouveau *Dîner patriotique* un carabinier s'écrie : « Hé f...! que les Alsaciens se secouent une bonne fois et que cela finisse ; sans quoi, après les avoir tondus, on les égorgera.

Le caporal. — Ils n'ont qu'à donner le branle ; ils seront soutenus, j'en réponds. N'est-ce pas, camarades ?

Le carabinier. — Oh! f...! j'en réponds aussi; d'ailleurs ils n'ont pas besoin de ça. Ils n'ont qu'à dire : nous ne voulons pas. Qui est-ce qui les forcera ? Ce n'est pas moi. Je suis royaliste, et s. n. d. D. j'en fais montre. En outre, voilà tout l'Empire qui va arriver au secours des Alsaciens, et toute l'Europe au secours du Roi. »

Ces appels à la révolte ne laissèrent pas d'être entendus et amenèrent plus d'une victime. Un forestier d'Epfig, entre autres, fut condamné à mort pour s'être écrié, disait l'accusation, à l'approche des ennemis sur le sol de la liberté: « Grâce à Dieu, si les Autrichiens viennent, j'aiderai aussi à écraser les patriotes. » A Schlestadt, furent exécutés deux vignerons, André Gall et Gabriel Engel, pour s'être réjouis en disant, le premier : « Les coquins ne régneront pas toujours » ; le second : « Si les Prussiens arrivaient, je sacrifierais volontiers douze et même vingt-quatre mesures de vin pour les recevoir. »

Ces mots étranges, *Pardieu, il est grand temps que les Alsaciens se dressent sur leurs pieds de derrière*, sont le titre d'un autre pamphlet royaliste et séparatiste, écrit du style le plus trivial. L'auteur anonyme conseille aux Alsaciens « de se munir de fusils, de beaucoup de plomb et de poudre, et de fabriquer quatre cents cordes de chanvre pour pendre à une grande potence tous les députés à l'Assemblée nationale. »

Autre factum, mêmes sentiments, même style : « Nous voulons l'ancien régime qui nous enrichissait, et nous ne voulons pas du nouveau qui nous ruine. Nous voulons le retour de nos princes, de nos grands seigneurs et de tous les gens riches qui nous faisaient vivre. Nous souhaitons l'arrivée des émigrés, des Allemands, des Espagnols, des Prussiens, des Russes, des Piémontais, des Suisses qui viendront mettre la paix au milieu de nous et replacer notre vertueux Roi sur le trône, qui chasseront les rongeurs, les hâbleurs, les discoureurs, les menteurs, les calomniateurs qui ont tout mis sens dessus dessous et nous ont plongés dans la misère, etc., etc. »

Plus tard, dans un libelle également anonyme, petite feuille volante répandue dans toute la province, on lisait les conseils suivants : « Appelons à notre secours le vainqueur de Friedberg et les Autrichiens qui sont à nos portes ; n'attendons pas le moment très-prochain de leur entrée forcée. Ils n'ont qu'un pas à faire, prévenons-les ; allons au-devant d'eux ; ouvrons-leur nos portes, fermons-les aux volontaires patriotes ; et, loin d'être traités en ennemis, nous serons protégés et nous aurons la gloire d'avoir contribué à notre propre honneur et à celui de tout le royaume. »

Pour justifier ces paroles, cette conduite, les habiles du parti avaient recours à des arguments diplomatiques ; ils invoquaient, comme on a vu, les clauses du traité de Westphalie. C'était, disaient-ils, pour faire maintenir ces clauses qu'ils en appelaient aux sabres allemands et aux baïonnettes autrichiennes. Une *Lettre du maire de *** au maire de ***** sur ce sujet, conclut ainsi : « Soyez bien convaincus, chers frères, que, si nous voulons nous affranchir de ces voleurs welches, notre cri de ralliement devra être le traité de Westphalie : le traité de Westphalie sous le rapport de nos contributions ; le traité de Westphalie pour le maintien de nos biens ecclésiastiques ; le traité de Westphalie pour la liberté plénière de l'exercice du culte ; le traité de Westphalie pour la liberté de notre commerce ; en un mot, le traité de Westphalie pour tout ce qui peut être salutaire à nos corps et à nos âmes et pour notre délivrance de l'esclavage français. »

D'où viennent de telles excitations, il n'est que trop aisé de le sentir, nous l'avons dit : un souffle clérical respire dans toute cette page et dans la plupart des autres. Les patriotes ne s'y trompaient pas. Dans une lettre du directoire provisoire du Bas-Rhin à l'Assemblée nationale, nous relevons le passage suivant : « Il existe malheureusement des esprits subjugués, qui croient défendre la religion, lorsqu'ils ne font qu'obéir aveuglément aux impulsions des ecclésiastiques réfractaires. »

Le sentiment populaire réagit heureusement dans le sens opposé ; d'alertes petits couplets qui coururent alors à Strasbourg, combattirent par le ridicule ces prétentions extravagantes et odieuses. Ces couplets, intitulés *La Contre-Révolution, ou les Revenants*, se chantaient sur l'air de *Va-t'en voir s'ils viennent, Jean* :

> Enfin, grâce à nos prélats,
> Nous aurons la guerre
> Avec tous les potentats
> Sur mer et sur terre.
> Va-t'en voir s'ils viennent, Jean,
> Va-t'en voir s'ils viennent !

> Notre pieux cardinal,
> Ami de la cotte,
> Sur son trône épiscopal
> Placera La Motte.
> Va-t'en voir, etc....

> Nous allons voir triomphants
> Tous nos gras chanoines ;
> Nous allons dans nos couvents
> Voir rentrer nos moines.
> Va-t'en voir, etc....

> . . . .
> Enfin pour comble de biens,
> Par ces corps bizarres
> Nous deviendrons Autrichiens,
> Chinois ou Tartares !
> Va-t'en voir s'ils viennent, Jean,
> Va-t'en voir s'ils viennent !

Mais le principal foyer de patriotisme, le vrai centre de la résistance aux menées factieuses des émigrés et de leurs agents, c'étaient les clubs. La propagande cléricale se heurtait à leur propagande, leur surveillance toujours en éveil arrêtait les agitateurs. Au club des Jacobins, on avait adopté la motion d'envoyer deux membres, à chaque office, dans chaque paroisse, pour faire des rapports sur les sermons inconstitutionnels ou anti-patriotiques. Un jour, un orateur qui se demandait pourquoi le clergé français frappait d'anathème la Révolution, s'exprima ainsi : « Soyez convaincus, mes frères, que si la Constitution avait augmenté, au lieu de diminuer, la magnificence des cardinaux et des évêques; si elle avait porté le traitement des curés de 3,000 à 6,000 livres, qu'ils touchent actuellement, à 12,000 livres, et celui des vicaires de 1,000 à 2,000 livres, qu'aucun d'eux ne se serait obstiné à refuser le serment. »

On ne tenait point un autre langage à l'Auditoire; on n'y voyait pas moins clairement d'où venait le péril; on n'y avait pas plus de ménagements pour les prêtres : « Réfléchissez, concitoyens, s'écriait un membre de ce club des modérés, sur ce qu'étaient vos ennemis avant la Révolution. Ils parlent de religion; hé! qui l'outrageait plus qu'eux? En avaient-ils de la religion, ceux qui s'en déclarent aujourd'hui les défenseurs? En avait-il de la religion, ce prélat orgueilleux que la cour de Versailles vous avait donné? Comment le connaissiez-vous? Par le faste dont il était environné, par une cour voluptueuse, par des parcs magnifiques, construits au détriment de vos propriétés, par une profusion insensée. Accueillit-il jamais le pauvre? S'arrêta-t-il jamais sous sa cabane? Non; cet homme superbe croyait que ses égaux devaient ramper sous lui. A-t-il jamais rempli les fonctions de l'épiscopat ? Il gageait des prêtres pour le faire à sa place. Et voilà les hommes que l'on voudrait que vous regrettiez ! »

Il s'agissait non-seulement d'entraver les menées de la faction cléricale, mais de tenir tête aux armées étrangères, de disputer le sol de la France aux troupes de la coalition monarchique. Stimuler le courage et le dévouement des citoyens, pousser sans relâche à une défense désespérée, ce fut une mission glorieuse à laquelle les clubs de Strasbourg consacrèrent une ardeur qui n'a pas failli un seul instant. Les femmes elles-mêmes, électrisées par leurs appels patriotiques, devenaient leurs auxiliaires ; au lieu de retenir les hommes, elles les excitaient. Elles en vinrent à vouloir servir en personne, les armes à la main. C'était, ne l'oublions pas, au moment où deux jeunes filles, deux sœurs, Félicité et Théophile de Fernig, qui descendaient d'une famille noble d'Alsace, suivaient volontairement l'état-major de Dumouriez à Valmy et à Jemmapes. Ce vœu fut manifesté aux Jacobins par l'envoi d'un bonnet phrygien sur lequel étaient brodés ces deux vers :

> *Auch Weiber haben Heldenmuth,*
> *Auch ihnen stünden Picken gut.*
> (Les femmes aussi sont héroïques,
> A elles aussi conviendraient des piques.)

Un membre du club répondit à ce vœu en proposant de former une légion de citoyennes, qui se consacreraient à la défense des remparts, tandis que les hommes voleraient à l'armée.

Tout était entraîné dans le même courant ; l'enthousiasme gagnait les esprits les plus modérés. Ce fut un feuillant, un capitaine du génie, un de ces montagnards jurassiens, dont les natures bien équilibrées, un peu pesantes, sont plutôt froides qu'exaltées, qui trouva le chant de guerre de la Révolution. La *Marseillaise* n'est pas sortie tout armée de son imagination; elle est née dans l'atmosphère des clubs de Strasbourg, profondément agité par l'imminence de l'invasion.

Dans son *Histoire des Girondins*, Lamartine a consacré une page à la *Marseillaise*. Ce récit, que tout le monde connaît, est d'autant plus émouvant que le poète l'a écrit uniquement avec son cœur. Il ne doit rien ni à l'histoire, ni même à la légende; nulle tradition locale n'en offre les éléments; c'est une pure fiction.

Rouget (de Lisle), — c'est ainsi qu'il écrivait son nom, — connaissait Dietrich; il était reçu chez lui, moins à titre d'officier, que comme rédacteur de la *Feuille de Strasbourg*, organe des opinions du maire.

La *Marseillaise* parut sous ce titre : *Chant de guerre pour l'armée du Rhin, dédié au maréchal Luckner. A Strasbourg, de l'imprimerie de Ph. J. Dannbach, imprimeur de la municipalité, in-4° oblong; 4 p. avec la musique.*

On ne peut fixer la date précise où Rouget de Lisle composa ce poème; mais ce fut, selon toute vraisemblance, dans les derniers jours d'avril 1792. La déclaration de guerre, en effet, est du 20 avril, et, dans une lettre que M. du Chastelet, commandant de Schlestadt, écrit le 29 avril à Dietrich, nous lisons cette phrase : « Je n'ai point reçu le chant de guerre de M. Delisle que vous m'avez promis. »

Il existe un document très-peu connu, dont l'original

est entre les mains d'un collectionneur de Strasbourg, qui est pour ainsi dire l'acte de naissance authentique de la *Marseillaise*. C'est une lettre de Louise de Dietrich, la femme du maire, à son frère, Ochs, chancelier bâlois, qui réduit à néant toutes les légendes consacrées à notre chant national.

Cher frère....., je te dirai que depuis quelques jours je ne fais que copier et transcrire de la musique, occupation qui m'amuse et me distrait beaucoup, surtout dans ce moment où partout on ne cause et ne discute que politique de tout genre. Comme tu sais que nous recevons beaucoup de monde et qu'il faut toujours inventer quelque chose, soit pour changer de conversation, soit pour traiter des sujets plus distrayants les uns que les autres, mon mari a imaginé de faire composer un chant de circonstance. Le capitaine du génie Rouget de Lisle, un poëte et compositeur fort aimable, a rapidement fait la musique du chant de guerre. Mon mari, qui est un bon ténor, a chanté le morceau qui est fort entraînant et d'une certaine originalité. C'est du Gluck en mieux, plus vif et plus alerte. Mais de mon côté, j'ai mis mon talent d'orchestration en jeu ; j'ai arrangé les partitions sur clavecin et autres instruments. J'ai donc beaucoup à travailler. Le morceau a été joué chez nous à la grande satisfaction de l'assistance. Je t'envoie copie de la musique. Les petits virtuoses qui t'entourent n'auront qu'à la déchiffrer, et tu seras charmé d'entendre le morceau.

Ta sœur, LOUISE DIETRICH,
née OCHS.

Mai, Strasbourg, 1792.

Ce qui est plus intéressant à connaître que les circonstances où la *Marseillaise* fut écrite, c'est le secret de sa naissance. Rouget de Lisle, dit-on, eut une inspiration de génie, mais comment l'eut-il? Pourquoi a-t-il pu, dans une heure privilégiée, créer un chef-d'œuvre? Ce secret, nous l'avons surpris dans les publications de l'époque, comptes rendus des séances de club, proclamations, discours, articles de journaux. C'est l'influence du milieu, répondrons-nous, qui a opéré le miracle. La *Marseillaise*, écrite par un seul, est d'inspiration publique. La France d'alors tout entière la revendique, et tout particulièrement la population de Strasbourg. Le langage de la *Marseillaise* n'est pas le langage d'un poète d'occasion, c'est l'expression même de l'enthousiasme de tout un peuple. Les images, les mouvements, les cris qu'on y admire, ce sont les images, les mouvements, les cris qui étaient familiers aux hommes de la Révolution.

« Aux armes, citoyens! L'étendard de la guerre est déployé; le signal est donné. Aux armes! Il faut combattre, vaincre ou mourir! » C'est ainsi que débute une adresse du club de l'Auditoire, dont Rouget de Lisle était membre, adresse antérieure à la *Marseillaise*.

« Aux armes, citoyens! Si nous persistons à être libres, toutes les puissances de l'Europe verront échouer leurs sinistres complots. Qu'ils tremblent donc, ces despotes couronnés! l'éclat de la liberté luira pour tous les hommes. Vous vous montrez dignes enfants de la liberté; courez à la victoire; dissipez les armées des despotes; immolez sans remords les traîtres, les rebelles, qui, armés contre la patrie, ne veulent y rentrer que pour faire couler le sang de vos compatriotes!.... Marchons! soyons libres jusqu'au dernier soupir, et que nos vœux soient constamment pour la félicité de la patrie et le bonheur de tout le genre humain[1]. »

Aux Jacobins, le carabinier Huguenin, prononçant un discours au nom de ses camarades, terminait par ces mots : « Si nous avons le bonheur de mourir pour la patrie, nos froides cendres ne cesseront de répéter en leur langage muet : nous sommes les restes d'hommes qui ont vécu et combattu pour la liberté et qui ont été des martyrs pour établir son règne ; suivez leurs traces ! »

La *Marseillaise*, on le voit, était dans l'air; elle flottait sur toutes les lèvres patriotiques; chacun la chantait sans le savoir, au hasard; ici un couplet, là un autre. Rouget de Lisle attentif l'entendit, la nota. Puis un jour, il la chanta entière : la France la reconnut et la répéta.

Il ne faut pas croire pourtant que la diffusion de la *Marseillaise* fut instantanée, qu'à peine écrite elle fut connue. On l'a dit souvent, mais c'est une erreur. Plusieurs mois se passèrent avant qu'elle fût répandue, du moins à Strasbourg, où il semble qu'elle aurait dû d'abord tomber dans le domaine public. C'est seulement dans son numéro du 4 septembre 1792 que le *Courrier de Strasbourg* la donna à ses lecteurs en la faisant précéder des lignes suivantes : « Quoique l'ardeur des Français marchant à la défense des frontières n'ait pas

---

[1]. *Adresse des membres du club de l'Auditoire à leurs concitoyens des départements du Rhin.*

besoin d'être excitée, des auteurs patriotes ont cru que rien n'était plus propre à entretenir ces dispositions que des chansons guerrières. Parmi plusieurs pièces qui ont été publiées à cet effet, la suivante nous paraît mériter particulièrement d'être connue. »

Ce ne fut qu'après avoir été exécutée à Paris le 14 octobre 1792, que la *Marseillaise* devint réellement populaire à Strasbourg, et qu'Euloge Schneider la traduisit en vers allemands sous le titre *Kriegslied der Marseiller*, chant de guerre des Marseillais.

C'est là le récit authentique de la naissance de la *Marseillaise* à Strasbourg, — à Strasbourg aujourd'hui séparé de la France. Nous ne redirons pas après tant d'autres les glorieuses destinées de notre immortel chant national, ses victoires et ses conquêtes, ses persécutions et ses humiliations; mais nous avons le ferme espoir que la *Marseillaise*, exilée du sol qui l'a vue naître, reviendra un jour triomphante à son berceau.

Avec la guerre commence pour la Révolution une nouvelle période. Aux menaces jusque-là impuissantes, succède l'invasion. Il s'agit maintenant de résister non plus à une propagande antipatriotique et à des tentatives d'émeute, mais aux soldats des rois coalisés contre la France, aux généraux chargés de rétablir à Paris l'ancien ordre de choses.

Mal préparée à cette lutte, la nation attaquée de toutes parts doit improviser ses moyens de défense. Il faut que du jour au lendemain elle mette sur pied des milliers de combattants, qu'elle trouve des armes, des vivres, des uniformes pour ces hommes qu'elle jette au-devant de l'ennemi; et c'est surtout aux villes frontières, comme

Strasbourg, qu'incombe le devoir d'équiper et de nourrir les troupes, à mesure qu'elles arrivent de l'intérieur. Le danger est plus proche, plus pressant, plus terrible; les besoins plus nombreux; les difficultés plus grandes. Les énergies qui avaient suffi jusque-là deviennent insuffisantes. A une situation qui est autre, dont les exigences sont nouvelles, hors de rapport avec les ressources, il faut d'autres forces, d'autres hommes. Le temps des modérés n'est plus; c'est maintenant l'heure des exaltés.

Déjà le pouvoir de Dietrich était menacé depuis plusieurs mois. Le maire de Strasbourg avait vu décroître peu à peu, puis disparaître cette popularité qu'il aimait. Son dernier beau jour, le dernier de ses triomphes, avait été le 25 septembre 1791.

Ce jour-là, il y eut à Strasbourg une grande fête pour l'acceptation de la Constitution par le roi. Un *Te Deum* fut chanté dans la cathédrale et une députation de dames vint offrir à Dietrich une couronne civique. Le maire eut le bon goût de la refuser. Il déposa la couronne sur un exemplaire de la Constitution; et, remerciant les dames de leur démarche, il ajouta : « Je n'ai fait que mon devoir; la satisfaction de mes concitoyens est ma plus belle récompense.... Je crois répondre à leurs intentions en couronnant notre nouveau Code d'alliance de ces feuilles de chêne offertes par vos mains. »

Une cérémonie militaire suivit la cérémonie religieuse. Puis, sur la terrasse de l'ancien palais épiscopal, devenu l'hôtel de ville, un dîner fut offert aux orphelins, aux enfants trouvés et aux vieillards de la maison de refuge. C'étaient le maire et sa femme, les officiers municipaux et les dames notables qui servaient les convives. Toutes les opinions, ce jour-là, semblaient fondues en une seule; un même sentiment patriotique et démocratique animait tout le monde. Mais cette concorde était malheureusement à la veille de disparaître; cette fête des cœurs fut sans lendemain.

Cependant la fin de 1791 fut encore heureuse pour Dietrich. Il fut réélu maire par 4,000 suffrages sur 5,000 votants. Levrault, substitut du procureur de la commune, lui remit, au nom de la bourgeoisie, une médaille d'or, où Strasbourg, sous les traits de Minerve, était représenté offrant une couronne civique à son maire. A Paris même, il était question de Dietrich pour le ministère de l'intérieur. Malgré tant de signes favorables, l'orage était déjà formé et l'on en pouvait entendre les premiers grondements. Ce furent les émigrés qui en provoquèrent l'explosion.

Réunis près de la frontière, comme nous l'avons dit, au nombre d'environ 25,000, ils jetaient dans le pays l'inquiétude la plus vive; ils ne cessaient de proférer des menaces et l'on craignait à tout instant de les voir franchir le Rhin. Voici ce qu'écrivait de Bâle à Dietrich son beau-frère, Ochs, dès les premiers mois de 1791 : « J'ai été hier au concert; la salle était remplie d'un amas d'étrangers, Italiens, Parisiens, Alsaciens, Francs-Comtois, épiscopaux; il fallait voir leur intimité, leurs rassemblements, leurs entretiens mystérieux.... Les triumvirs de cette horde sont Mirabeau-Tonneau, Montjoie de Veaufray et le comte d'Allamand. Ce Mirabeau restera encore quelque temps ici. Il formera un des anneaux de la grande chaîne que Condé tend autour de la France.

Il y a quelquefois aux *Trois-Rois*, à la table d'hôte, jusqu'à quarante émigrés ; leurs propos font frémir ; il y a même danger à y dîner.... »

Depuis cette époque, le nombre des émigrés, leur audace, leur colère, n'avaient fait que s'accroître. La situation de la frontière était vraiment critique.

A la suite de difficultés survenues entre les princes du sang, Condé, qui craignait de se voir enlever le commandement militaire par le comte d'Artois, avait donné l'ordre à tous ses partisans de se replier de Coblentz, de Mayence, de Spire, de Mannheim, sur Ettenheim, dans la principauté épiscopale du cardinal de Rohan. La partie militaire de l'émigration répondit à son appel avec empressement, car elle le savait brave et résolu à se battre.

Ce fut une véritable invasion. Tous les chemins étaient couverts de Français. Les soldats, par petits groupes, marchaient dans la boue et dans la neige; les chefs voyageaient en chaise de poste. Les relais étaient encombrés d'émigrés. En peu de jours la vie d'auberge avait plus que doublé de prix.

Parmi ces Français, un grand nombre étaient exposés à de dures privations. Il en était même parmi les officiers qui, par un froid rigoureux, dînaient d'une tasse de lait et d'un morceau de pain noir, payés d'avance, si grand était le mauvais vouloir des populations allemandes à leur égard. C'étaient ceux qui avaient été entraînés par la force des circonstances, et qui étaient placés dans la terrible alternative de périr sur l'échafaud ou de mourir de faim.

Ces malheureux ne furent pas au bout de leurs peines

en arrivant au lieu de ralliement. Le petit pays du cardinal ne put contenir tout ce monde. Le prince de Condé était hors d'état de nourrir sa petite armée, car tout l'argent que l'on tirait secrètement de France ou qu'on soutirait aux princes allemands était entre les mains de Monsieur et du comte d'Artois. Tandis qu'à Coblentz on vivait, à la vieille façon de cour, dans le faste et les plaisirs, à Ettenheim, Condé n'avait souvent pas de pain à donner à ses serviteurs et à ses partisans. De là des récriminations sans fin, des plaintes, de bruyants emportements dirigés surtout contre le cardinal qui, troublé dans son sybaritisme, affolé, ne sachant plus à quel saint se vouer, s'enfuit au couvent de Saint-Blaise, dans une gorge reculée de la Forêt-Noire.

Sa fuite livra le pays sans défense aux envahisseurs, qui le traitèrent en pays conquis. Les habitants, maltraités, rançonnés, exaspérés, n'aspiraient qu'à l'arrivée des troupes françaises pour les délivrer de ce fléau. Les émigrés prenaient leur revanche de l'hostilité que les populations n'avaient cessé de leur manifester en Allemagne, et qui avait fait dire au prince de Condé contraint de quitter Spire : « Cette canaille allemande se conduit convenablement envers ses petits princes, mais elle ignore les égards qui sont dus à des princes du sang. »

Les petits souverains allemands eux-mêmes, le duc de Hesse, le margrave de Bade, l'évêque de Spire et jusqu'à l'évêque de Mayence, qui avait fait un brillant accueil aux premiers émigrés, ne manifestaient plus leur sympathie ouvertement; ils évitaient de se compromettre, afin de ne pas s'attirer l'animosité du gouvernement français, à un moment où tout faisait prévoir une guerre imminente. C'était là une situation qui ne pouvait durer. Il était fort à craindre que les émigrés, poussés à bout, résolus d'en finir à tout prix, ne tentassent un coup de main en Alsace, où les prêtres réfractaires s'employaient activement à leur faciliter les voies.

Une tentative d'invasion eut lieu réellement au mois de mai près de Rhinau, dans le district de Schlestadt. Un corps d'émigrés, sous les ordres de Mirabeau le jeune, réussit à franchir le Rhin, et se disposait à gagner la Lorraine par Rosheim, Molsheim et Mutzig, où dominait l'influence cléricale, quand des troupes de ligne et des gardes nationaux, accourus à la hâte, forcèrent les envahisseurs à une prompte retraite.

Ces menaces continuelles surexcitaient à un très-haut degré les esprits en Alsace. Chaque soir, les clubs du Miroir et de l'Auditoire retentissaient d'énergiques protestations : tantôt on signalait des rassemblements suspects sur la rive droite du Rhin; tantôt on racontait les avanies dont des Alsaciens voyageant en Allemagne avaient été l'objet de la part des émigrés, ou les injures adressées à Mannheim, à Coblentz, aux couleurs nationales arborées par la batellerie strasbourgeoise.

La population, toujours tenue en alarme par les bruits qui venaient d'Allemagne, poussa les autorités militaires de prendre de sérieuses mesures de défense. On arma les batteries existantes et on en construisit de nouvelles; 30,000 fusils furent distribués aux gardes nationaux qui n'étaient armés que de piques; on répara les fortifications, et l'on créa un corps d'éclaireurs volontaires à cheval, chargés d'exercer une surveillance de nuit et de jour le long des lignes de Wissembourg et sur les bords du fleuve. Cependant ces appréhensions n'allèrent pas jusqu'à consentir au sacrifice des libertés publiques. Dietrich avait montré beaucoup de zèle à activer les préparatifs de défense; mais on trouva qu'il dépassait le but, quand il fit la motion de déclarer en état de guerre les places fortes situées sur le Rhin.

Les Amis de la Constitution l'accusèrent de former des projets contre-révolutionnaires, d'aspirer à une sorte de dictature à Strasbourg avec l'aide des nombreux amis qu'il avait su se faire parmi les officiers supérieurs de l'armée les plus suspects aux patriotes. D'anciens partisans dévoués, tels que Noisette et le docteur Laurent, n'hésitèrent pas à se séparer de lui, et leur abandon rompit les derniers liens et donna carrière aux violences.

Les adversaires les plus acharnés de Dietrich étaient Laveaux, que nous avons déjà signalé, Euloge Schneider, Téterel, de Lyon, de son vrai nom de Delêtre, Simond, vicaire apostolique, et Monet, enfin tous ceux qui se prononçaient hautement pour l'abolition de la royauté. Le *Courrier de Strasbourg* et l'*Argus* étaient leurs principaux organes dans la presse; la *Feuille de Strasbourg* défendait le maire, qui lui-même crut devoir se justifier dans une brochure, *Le Maire de Strasbourg à ses concitoyens*. Un premier acte d'accusation discuté et rédigé au Miroir, dans des séances orageuses, fut transmis au club des Jacobins de Paris en avril 1792. Il n'aboutit pas. Les modérés avaient prévenu leurs adversaires en les dénonçant eux-mêmes à l'Assemblée législative.

Cette lutte intestine fut un instant suspendue par la déclaration de guerre. Un enthousiasme belliqueux s'empara de la population, refoula les haines, étouffa les rancunes. Trois nouvelles légions de volontaires furent organisées; les deux fils de Dietrich s'enrôlèrent, lui-même déploya une rare activité dans l'exécution des mesures commandées par les circonstances.

Mais ses efforts, ses incontestables services, ne rétablirent point son crédit. Plus la situation se tendait, plus sa modération le jetait dans l'isolement. Les catholiques, partisans de l'ancien ordre de choses, le détestaient comme athée, comme ennemi de la religion, comme partisan de la constitution civile du clergé; les constitutionnels le trouvaient trop doux pour les prêtres réfractaires et l'accusaient presque de connivence avec eux; il s'était attiré l'animosité de l'évêque assermenté Brendel en lui refusant l'autorisation de faire une procession autour de la cathédrale; enfin les jacobins, surexcités, n'hésitaient pas à le déclarer traître à la patrie.

Le 11 juin, dans la séance du club des Jacobins de Paris, Laveaux présenta, au nom des jacobins de Strasbourg, un nouveau mémoire contre Dietrich. Il fut vivement appuyé par deux réfugiés allemands, le baron Frey et Charles de Hesse, bâtard d'un prince allemand, tous deux révolutionnaires ardents, et il eut cette fois plus de succès qu'en avril. Le courant d'opinion était devenu très-défavorable à Dietrich. Le même jour, en effet, le 11 juin, Roland, ministre de l'intérieur, écrivit au maire de Strasbourg en des termes extrêmement durs : « Un bruit qui vous inculpe, ainsi que les administrateurs du département du Bas-Rhin, s'est répandu dans cette ville. On parle d'une conspiration pour livrer

Strasbourg aux ennemis de la France. Ce bruit est fondé sur des lettres qui m'ont été communiquées.... Il en est question ici dans les sociétés patriotiques, dans les papiers publics. Il est parvenu au conseil du Roi. Je crois devoir vous instruire de cette espèce de dénonciation, puisqu'elle a acquis ce degré de publicité. J'ignore sur quels fondements elle peut s'appuyer; mais je ne doute pas que vous ne preniez de promptes mesures pour détruire les impressions désavantageuses qu'elle ne peut manquer de faire dans le public. Il importe de rassurer toute la France sur le sort d'une ville aussi importante que Strasbourg, et je suis en droit de vous demander tous les renseignements qui peuvent me servir de moyens pour vous conserver la confiance que le Roi a dans votre civisme et votre fidélité. J'ajouterai qu'on va même jusqu'à citer les secours d'argent répandus pour effectuer la corruption et les infamies dont je viens de vous entretenir. »

Le lendemain, 12 juin, c'est le ministre de la guerre, Servan, qui écrit au général La Morlière, commandant par intérim l'armée du Rhin, pour se plaindre de la négligence apportée dans le service des troupes et des mauvais sentiments de l'entourage même du général. Ce dernier trait visait Victor de Broglie, chef de l'état-major, ami intime de Dietrich.

Celui-ci, directement menacé, ne pouvait se faire illusion sur l'imminence du péril. Il donna lecture des lettres ministérielles au conseil municipal et demanda à se disculper en personne devant l'Assemblée législative. Le conseil répondit par d'unanimes et chaleureuses protestations. Tous les membres jurèrent, individuellement et sur leur honneur, qu'ils n'étaient pour rien dans les accusations calomnieuses portées contre le maire. Ils n'admirent point, toutefois, qu'il pût quitter Strasbourg dans des circonstances si graves. Séance tenante, on rédigea une adresse en sa faveur, une pétition à l'Assemblée. Cette pièce circula dans la ville, chez les citoyens modérés, et revint couverte de quelques milliers de signatures. Deux amis du maire, Noisette, qui regrettait son opposition de la veille, et Champy partirent pour Paris; ils allèrent déposer la pétition entre les mains du président de l'Assemblée. Mais l'Assemblée, dans sa séance du 12 juillet, refusa d'entendre les délégués.

C'était un succès pour les ennemis de Dietrich, un encouragement à poursuivre l'œuvre de sa perte. Ses amis, qui étaient nombreux dans toute la France, le sentirent dès ce moment vaincu. Il fut accablé de lettres, où se multipliaient les témoignages de sympathie, où s'exprimaient des vœux, des craintes, des conseils de courage, de prudence ou de lâcheté.

L'influence du 20 juin, il est permis de le croire, n'avait pas été étrangère à la résolution de défiance prise par l'Assemblée contre Dietrich. Cette influence se fit sentir en Alsace. Elle y augmenta l'agitation des esprits et y souleva des discussions publiques sur une question nouvelle, celle de la forme du gouvernement. En effet, durant la période qui sépare le 20 juin du 10 août, de nombreuses adresses pour ou contre l'établissement de la République furent envoyées d'Alsace à l'Assemblée législative. Sous l'influence du maire, qui était très-opposé aux tendances républicaines, le conseil municipal rédigea, le 7 août, deux adresses fort explicites, l'une au roi, l'autre à l'Assemblée, portant « que du jour où la Constitution serait violée, le conseil se considérerait comme affranchi de ses engagements ». Il y avait là, à n'en pas douter, une menace de guerre civile.

Les événements de Paris furent connus, le 13, à Strasbourg. Dietrich réunit d'urgence le conseil municipal et prit des mesures de sûreté. Les postes sont doublés, des patrouilles de gardes nationaux parcourent la ville et les environs. Les réunions populaires sont interdites jusqu'à nouvel ordre; par contre, le conseil municipal et le directoire du département se déclarent en permanence. Enfin ils renouvellent, de concert, la déclaration, imprudente tout au moins, de rester fidèles à la Constitution de 1791. Une lettre du député alsacien Koch, adressée au conseil municipal, l'affermit dans ces idées. La suspension du roi connue, ce fut une question de savoir si on la reconnaîtrait ou non.

Dietrich était l'instigateur de ces mesures, de ces résistances. Libéral mais monarchiste, poussé par les excitations de ses amis politiques, par la pensée de former à Strasbourg un noyau autour duquel se grouperaient les partisans de la royauté constitutionnelle et par l'espérance que l'avenir lui donnerait à jouer un grand rôle, à tenir une grande place dans les destinées de la France, Dietrich prit une attitude expectante, opposante même aux impulsions venues de Paris, et fort capable d'expliquer, de légitimer les poursuites dirigées plus tard contre lui. Il montrait du courage; il était dans la logique de ses idées et de son parti; mais une telle conduite dans les circonstances données ne pouvait que compromettre sa cause, et l'exposer, lui et ses partisans, aux plus terribles dangers.

C'est ce qu'on ne tarda pas à sentir. En très-peu de jours, le zèle constitutionnel des autorités se refroidit ; elles refusèrent de suivre le maire et d'accentuer leur résistance. L'Assemblée, inquiète des premiers renseignements qui lui étaient parvenus, avait décrété immédiatement l'envoi de commissaires extraordinaires dans le Bas-Rhin.

Le conseil, qui s'était imprudemment engagé à la suite de Dietrich, mais ne partageait ni ses passions ni ses ambitions, se ménagea une retraite. La dernière décision de la municipalité et du directoire du département réunis en assemblée plénière, fut d'attendre l'arrivée des commissaires « pour avoir des explications sur la portée des événements du 10 août ».

Ces commissaires étaient Carnot, Coustard et Prieur, de la Côte-d'Or. Ils étaient investis surtout d'une mission militaire, car des velléités d'indiscipline, d'opposition, de résistance, s'étaient manifestées dans l'armée du Rhin.

Cette armée, qui s'étendait des Vosges au Rhin, le long des lignes de Wissembourg, était commandée par Biron. A leur arrivée, le 15 août, au quartier général, les commissaires réunirent l'état-major, et Carnot demanda aux généraux s'ils reconnaissaient sans hésitation les décrets du 10 août : Biron, Custine, Kellermann, Wimpfen, Neuwinger, ces trois derniers Alsaciens, obéirent aussitôt ; ils prêtèrent le serment de maintenir la liberté et l'égalité, et de mourir à leur poste. Victor de Broglie, qui remplissait les fonctions de chef d'état-major, montra des scrupules, posa des conditions, et finit par refuser. Il essaya même de provoquer un soulèvement des troupes, et, deux années plus tard, il expia cette tentative sur l'échafaud. Mais alors il ne fut que destitué par les commissaires, qui frappèrent pour le même motif le général de Gelb, un Alsacien, qui commandait la cinquième division militaire, le général d'artillerie de Saint-Paul, le général de Martignac, commandant la forteresse de Huningue, le général Balthazar, le colonel de Nadal, directeur de la fonderie de Strasbourg, et deux officiers du génie, Caffarelli et même Rouget de Lisle, que Carnot, dans ses *Mémoires,* appelle un caractère irascible, chagrin, une pauvre tête politique. La plupart de ces officiers supérieurs émigrèrent, justifiant ainsi la mesure de rigueur qui avait été prise contre eux.

Kellermann, au contraire, ne tarda pas à prendre, à Metz, le commandement en chef de l'armée de la Moselle, dont l'heureuse jonction avec celle de Dumouriez assura la victoire de Valmy. Comme Kléber, il était Strasbourgeois, n'en déplaise à certains historiens allemands qui font naître, par une prétention extrêmement ridicule mais qui leur est familière, le sauveur de la France dans un village de l'Odenwald. Entré fort jeune au service, il s'était distingué pendant la guerre de Sept-Ans; en 1788, il était déjà maréchal de camp. Quoique doué d'une remarquable bravoure, il n'était pas, comme Kléber, de la race des héros et ne ressemblait en rien à Marceau, le bouillant Achille de la Révolution. Il était arrivé à la maturité de l'âge, et avait fait sa carrière militaire sous les règnes de Louis XV et de Louis XVI. Ce fils d'un bourgeois aisé de Strasbourg n'était pas un homme de cour, mais il avait acquis, dans le milieu où il avait vécu, l'attitude correcte d'un gentilhomme militaire de ce temps-là. C'est par ce côté, non moins que par ses qualités militaires, qu'il imposa plus tard à Napoléon une déférence qui ne se démentit pas.

Comme il n'avait aucun des préjugés de la noblesse, Kellermann n'hésita pas à accueillir favorablement le mouvement de régénération nationale qui s'accomplissait en France. Ce fut un patriote dans la vraie acception du mot, et ce furent ses sentiments hautement avoués, qui, dès son arrivée à Strasbourg vers la fin de 1791, le rendirent immédiatement populaire dans sa ville natale, et lui méritèrent quelques mois plus tard une couronne civique des habitants de Landau.

Du quartier général de l'armée du Rhin, les commissaires se rendirent à Strasbourg, où la Société des Amis de la Constitution leur avait préparé une brillante entrée. Un cortége de jeunes filles, dont les unes portaient des guirlandes de fleurs et les autres des piques, vint au-devant d'eux pour escorter leur chaise de poste. Les canonniers de la garde nationale suivaient.

Les sociétés populaires reprirent immédiatement leurs séances interdites par Dietrich. A la première réunion des jacobins, les quatre commissaires se firent recevoir membres du club. En leur présence, on donna lecture de nombreuses lettres annonçant la satisfaction avec laquelle avait été accueilli partout le décret de suspension rendu contre « Louis le Traître ». Le portrait du « sanguinaire Louis XVI » qui se trouvait dans la salle, fut couvert d'un voile. Enfin, un orateur demanda la suppression de la *Feuille de Strasbourg*, l'organe de

Dietrich, tant les violences contre la presse sont le propre de tous les partis en France.

Le jour même de leur entrée, les commissaires s'étaient rendus dans le conseil municipal. Là, ils demandèrent si ce corps persistait dans ses précédentes résolutions : treize d'entre ses membres, ayant répondu *oui*, furent révoqués et remplacés le surlendemain par treize membres du club des Jacobins.

Le conseil, intimidé, annula ses délibérations; mais cette soumission tardive ne le sauva pas. Dans la nuit du 21 au 22 août, les commissaires reçurent des dépêches du Gouvernement qui prononçaient la dissolution du conseil et qui ordonnaient à Dietrich de se présenter dans le délai de huit jours à la barre de l'Assemblée, pour y répondre de sa conduite. Le 22, ces décrets furent lus à ceux qu'ils frappaient. Dietrich déclara qu'il obéirait à l'appel de l'Assemblée, dès qu'il aurait réuni ses moyens de défense.

Il quitta immédiatement Strasbourg pour échapper, disait-il, à toute manifestation de sympathie; il se rendit à ses forges du Jægerthal. Puis il se mit en route pour Paris à petites journées, laissant passer le terme que l'Assemblée lui avait fixé. Il avait envoyé à Paris, pour sonder le terrain, un ami sûr, Cloutier, qui avait été le précepteur de ses fils. Celui-ci, à son retour, vint à sa rencontre sur la route de Sarreguemines à Metz et le dissuada d'aller plus loin. A l'en croire, Paris, à ce moment, n'offrait aucune chance de salut à l'ancien maire de Strasbourg. On était à la veille des journées de septembre. Au reste, la situation de Dietrich était déjà aggravée. Par un décret du 28, l'Assemblée avait ordonné son arrestation provisoire et son transférement à sa barre par les soins de la gendarmerie.

Ces nouvelles décidèrent Dietrich à franchir la frontière; il le fit le 3 ou le 4 septembre. Il se réfugia à Bâle, auprès de son beau-frère, Ochs, et de là se rendit à Winterthur, où il demeura six semaines. Au bout de ce temps, il repassa la frontière et se constitua prisonnier à Saint-Louis. Ce qui le détermina, ce fut le désir de sauver sa fortune, confisquée depuis sa fuite, et de soustraire sa famille à la réprobation qui s'attachait aux émigrés. A son arrivée à Paris, l'Assemblée, quoique Condorcet eût émis un avis favorable, refusa de l'entendre, parce qu'il était décrété d'accusation; elle le renvoya devant le tribunal criminel de Strasbourg.

Dietrich, prisonnier sur parole, descendit, vers la fin de novembre, à l'hôtel de l'Esprit, où l'attendaient ses amis. Au sortir d'un banquet organisé en son honneur, l'ex-maire se rendit à la prison entouré d'un nombreux cortége, au milieu des témoignages de sympathie de ses partisans rangés sur son passage.

Après son départ, Strasbourg s'était trouvé dans un état singulier : l'opinion flottait indécise entre ses partisans qui, malgré la dissolution volontaire du club de l'Auditoire, survenue le lendemain du 10 août, ne renonçaient pas à la lutte, et les jacobins qui venaient de triompher.

Le 2 septembre se firent les élections: Jean Bertram; Arbogast, ancien membre de l'Assemblée nationale; Louis, administrateur du département; Laurent, chargé des mêmes fonctions; Graffenauer; Bentabole, procureur général du directoire du Bas-Rhin; Ruhl, ancien membre de l'Assemblée nationale; Philibert Simond, vicaire-général, et Denzel, pasteur protestant, mort général de division sous l'Empire, furent nommés députés du Bas-Rhin à la Convention nationale.

Peu après, les deux premiers suppléants Ehrmann, juge, et Christiani, administrateur du district, remplacèrent Bertram et Graffenauer qui n'avaient pas accepté; les autres suppléants étaient Noisette, Thomassin et Grimmer. Dietrich, porté à Strasbourg par les modérés, avait été battu par Ruhl et Bentabole, mais à une faible majorité.

Le 26, l'avénement de la République fut célébré avec solennité dans les villes et villages d'Alsace.

Le 30, les jacobins organisèrent à Strasbourg une grande fête populaire : l'enterrement de la royauté. Le *Courrier de Strasbourg* nous a conservé une relation de cette manifestation. Le cercueil de la royauté était suivi « par Louis XVI, par un grand nombre de princes et de capucins, de barons et de récollets, de gentilshommes et de docteurs en Sorbonne, de princesses et de religieuses, de cardinaux, de chanoines et de sœurs grises, par un groupe d'aristocrates à longues oreilles et une centaine de feuillants à longs nez ». Vingt mille citoyens et citoyennes accompagnaient le convoi. Un corps de musique exécutait tantôt un air lugubre, tantôt jouait le *Ça ira*. Un chœur nombreux de basses-tailles et de hautes-contre entonnait alternativement des chants d'église et des chansons bachiques. Pendant trois heures ce cortége parcourut les principales rues et places de la ville. Strasbourg fut illuminé, et la nuit se passa gaîment à boire et à danser.

Tandis que les jacobins célébraient ainsi leur victoire, le parti modéré rentrait à l'hôtel de ville. Le maire provisoire, Lachausse, avait décliné les fonctions que le Gouvernement lui confiait, se disant incapable d'y suffire, et les avait déléguées à un riche négociant, Saum, qui ne les accepta lui-même que conditionnellement. Il fallut pourvoir par des élections à la vacance du conseil et de la municipalité. Ces élections se trouvèrent entièrement favorables aux partisans de Dietrich, qui figurait lui-même parmi les élus. Son ami, Frédéric de Turckheim, frère de l'ancien ammeister, devint maire, et le procureur général syndic de la commune, Mathieu, révoqué avec lui, fut réintégré dans ses fonctions.

Ce succès, qui d'ailleurs ne fut pas de longue durée, fournit de nouvelles armes aux ennemis de l'ancien maire. Ils représentèrent que Dietrich n'en était que plus à craindre. Ils s'autorisèrent des manifestations sympathiques dont ses amis l'entouraient en prison, pour déclarer que son jugement à Strasbourg ne serait pas un jugement, mais un acquittement concerté d'avance. La Convention estima que ces protestations étaient fondées : le 12 décembre elle décréta que Dietrich serait jugé à Besançon.

Du 23 décembre 1792 au 7 mars 1793, Dietrich attendit son tour de comparaître devant le jury. Sa femme avait obtenu l'autorisation de partager sa captivité. Les jurés l'acquittèrent, mais leur verdict ne le rendit pas libre. Sur les réquisitions de l'accusateur public, il fut maintenu en état d'arrestation comme émigré et conduit de nouveau à Paris, où il fut écroué à l'Abbaye.

A Strasbourg, les jacobins luttaient contre la municipalité qu'ils accusaient de tendances à la fois antifrançaises et antirépublicaines. Ils réclamaient, par l'organe des députés du Bas-Rhin, Bentabole et Laurent, l'envoi en Alsace de nouveaux commissaires, munis de pleins pouvoirs, pour rétablir un accord nécessaire entre les autorités locales et les sentiments nationaux.

De son côté, le conseil municipal envoyait à la Convention une adresse où il se disculpait des accusations de modérantisme et de manque de patriotisme dirigées contre lui par les clubistes de Strasbourg. Elle fut remise à la Convention par Rollet-Baudreville, commandant de la garde nationale, et Mathieu Engel, ministre de l'église réformée française, qui, eux aussi, sollicitèrent l'envoi de commissaires, mais de commissaires impartiaux, ajoutaient-ils. C'était une protestation contre le choix fait la veille de Ruhl, Denzel, députés du Bas-Rhin, et de Couturier, député de la Moselle, tous trois membres de la Montagne.

Avant leur arrivée à Strasbourg, la municipalité eut la satisfaction de recueillir de la bouche d'un représentant du peuple la justification qu'elle réclamait. De passage à Strasbourg, Rewbell, qui se rendait avec Merlin, de Thionville, et Haussmann, de Colmar, à l'armée du Rhin, avait dit au conseil municipal : « Strasbourg était déjà une république avant d'être réunie à la France, et elle a donné trop de preuves de son patriotisme pour qu'on puisse suspecter les sentiments de sa population. »

Les trois commissaires de la Convention arrivèrent à Strasbourg le 9 janvier 1793 ; ils s'établirent au siége de l'administration départementale, devenu plus tard l'hôtel de la préfecture. Là, devant un auditoire composé des autorités civiles et militaires et d'un grand nombre de citoyens, ils déclarèrent qu'ils procéderaient à l'enquête avec mesure et impartialité; ils promirent de n'accueillir aucune dénonciation anonyme, et invitèrent tous les bons citoyens à venir les renseigner publiquement sur la situation et l'état vrai des esprits dans le Bas-Rhin. Plusieurs personnes leur remirent immédiatement des mémoires.

Dans la séance publique du 15 janvier, Mathieu Engel, revenu de Paris, comparut à son tour. Après s'être attaché à établir la sincérité des dernières élections municipales, il termina par ces mots : « La grande majorité des bourgeois de Strasbourg, réunis dans leurs sections, pourra attester que la réélection des officiers municipaux, destitués au mois d'août, n'a pas été le résultat d'une intrigue, mais un acte de conviction. Le peuple les a réélus en vertu de son pouvoir souverain, parce qu'une destitution n'entraîne pas la perte des droits civiques. Les Strasbourgeois respectent les droits de leurs nouveaux concitoyens aussi bien que ceux des anciens. Ils forment le vœu que tous jouissent des bienfaits de la Révolution sous l'égide de la loi. Puissent les commissaires ramener à des sentiments moins violents ceux qui troublent la concorde en disant au peuple : « Citoyens, « la Révolution n'est pas terminée à Strasbourg; il en « faut encore une. » Les insensés ne voient-ils pas que c'est là un appel au pillage, à l'assassinat et à la guerre civile. »

Mais ce n'était pas la mission qui incombait aux commissaires de la Convention. Tout autres étaient leurs instructions : on leur avait enjoint de détruire à Strasbourg la moindre trace d'esprit particulariste, et ils n'hésitèrent pas à frapper un grand coup. Cependant Ruhl, qui était Strasbourgeois, ne crut pas devoir s'associer à des mesures dont il laissa la responsabilité à ses deux collègues. Le 18 janvier, ces derniers procédèrent à une nouvelle épuration du conseil municipal : 27 membres de la municipalité et du conseil furent destitués. Parmi les fonctionnaires, nous citerons le maire Turckheim, Brackenhoffer, Ulrich, Saltzmann, Noisette, le procureur général syndic Mathieu, et son substitut Schœll, grand ami de Dietrich, qui ne tarda pas à émigrer, et qui assista, en qualité de conseiller aulique prussien, au congrès de Vienne, où il intrigua pour amener un retour de l'Alsace à l'Allemagne. Parmi les conseillers municipaux suspendus se trouvaient Levrault, l'éminent philologue Schweighæuser, le sculpteur Kirstenstein dit Kirstein, Baudreville et Pasquay. Ils furent remplacés par le cordonnier Jung, jacobin probe, mais exalté, par Louis Edelmann, compositeur de musique, Treuttel, libraire bien connu, etc.... Les commissaires, qui s'étaient gardés de ne prendre que des jacobins, nommèrent Saum définitivement maire et procureur général syndic Hermann, qui plus tard, en qualité de maire de Strasbourg, assista au couronnement de l'empereur Napoléon.

La proclamation, qui portait la date du 18 janvier 1793, se terminait par ces mots : « Nous invitons tous les citoyens de Strasbourg à renoncer aux funestes divisions qui les séparent, à déposer toute haine personnelle, à se méfier des insinuations perfides des intrigants et des malveillants, à resserrer entre eux de plus en plus les liens de la fraternité et d'une union parfaite, à se rallier, pour la défense généreuse de l'unité et de l'indivisibilité de la République, et à se convaincre que c'est dans l'inséparabilité de leur cité avec la grande famille française que réside uniquement leur salut. »

Cet appel à la concorde ne fut pas entendu; les modérés qui avaient été nommés membres de la municipalité y répondirent par leur démission. Ce fut une faute, et non une lâcheté. Mécontents, mais non accablés, ils n'accusèrent aucun découragement; ils continuèrent la lutte, et leur opposition devint si vive que les commissaires enjoignirent à quinze des principaux meneurs de quitter à bref délai les départements du Rhin et le district de Bitche. Ils obéirent; ils sortirent du département, mais ce fut pour se rendre à Paris, où, moins suspects que Dietrich, ils obtinrent d'être entendus par la Convention dans la séance du 17 mars. Noisette et Thomassin prirent la parole au nom de leurs collègues et eurent gain de cause, grâce à l'intervention de Ruhl en leur faveur. Les décrets de destitution et d'expulsion rendus par Denzel et Couturier furent rapportés, et les deux commissaires furent rappelés de Strasbourg.

Ce nouveau succès pour les modérés devait être le dernier. Les commissaires, en s'éloignant, laissaient leur esprit à la maison commune de Strasbourg. La Convention, il est vrai, rétablissait les officiers municipaux qui avaient été destitués; elle permettait à quelques adversaires déclarés des jacobins de rentrer chez eux, mais elle conservait le nouveau maire, choisi en remplacement de Saum qui n'avait pas accepté. C'était assez pour assurer désormais la domination du jacobinisme à Strasbourg.

CHAPITRE IV

LE GOUVERNEMENT RÉVOLUTIONNAIRE.

Monet, maire de Strasbourg. — Levée de 300,000 hommes. — Envoi à la Convention de deux délégués pour protester au nom des sections du dévouement de Strasbourg à la République. — Détresse de la population. — Émeute de Molsheim. — Première exécution capitale. — Euloge Schneider, accusateur public. — Retraite de Custine. — Siège de Mayence. — Arrivée de commissaires à l'armée du Rhin. — Enrôlements pour la guerre de Vendée. — Lutte des jacobins et des douze sections. — Acceptation de la Constitution de 1793. — Fête funèbre à la mémoire de Marat. — Capitulation de Mayence. — Strasbourg en état de siège. — Le général Dièche. — Défense de la ville confiée à la garde nationale. — Levée en masse. — La guillotine en permanence sur la place d'Armes. — Épuration de l'administration. — Arrestations de suspects. — Établissement du gouvernement révolutionnaire. — Perte des lignes de Wissembourg. — Tribunal révolutionnaire. — Armée révolutionnaire. — Le maximum. — Cours forcé des assignats.

Les fonctions de maire, à cette époque, surtout dans une grande ville, et dans une ville frontière comme Strasbourg, étaient d'une importance capitale et d'une difficulté extrême. Très-compliquées, très-étendues et très-mal définies, elles comprenaient à peu près tous les pouvoirs qui aujourd'hui sont partagés entre la mairie, la préfecture et l'intendance militaire. Il faut ajouter encore à cette large responsabilité les graves embarras résultant d'une guerre combinée avec une révolution : l'ennemi aux portes et les partis aux prises dans l'intérieur de la ville!

Telle était la place que Dietrich, avec beaucoup de talent, d'activité et d'énergie, soutenu d'ailleurs par l'influence que lui assuraient un nom connu dans le pays, une grande situation antérieure, de nombreuses et puissantes amitiés, avait remplie d'une façon brillante pendant trente mois, du 18 mars 1790 au 22 août 1792, et que personne ne semblait pouvoir occuper dignement après lui. Ni Turckheim ni Saum ne s'étaient sentis à la hauteur de la tâche.

Ce fut un jeune homme de vingt-quatre ans à peine, étranger, sans attache, sans appui dans le département, sans notoriété, sans fortune, qui se trouva appelé à recueillir la succession de Dietrich et qui se montra capable de la gérer. Ce jeune homme s'appelait François Monet.

La famille de Monet était originaire de la Savoie; lui-même était né à Nancy-sur-Cluse. Son père était venu s'établir à Saverne, où il tenait un magasin d'objets religieux.

« Les allures de François Monet, a dit Engelhardt[1], dénotaient beaucoup de tempérament. Il était de petite taille et avait le visage rond et coloré, plein de douceur et d'intelligence. Ses petits yeux noirs révélaient une âme passionnée et ferme. A la façon des jacobins, il portait le bonnet rouge et la carmagnole qui formaient son costume officiel. Dans son cabinet, il était le plus souvent en veston blanc. Il vivait simplement et sans aucune ostentation. Sa vie était celle d'un vrai républicain. »

Malgré sa jeunesse, François Monet avait déjà rempli d'importantes fonctions lorsqu'il se vit placé à la tête

---

1. *Vaterländische Geschichte des Elsasses von der frühesten Zeit bis zur Revolution 1789*, von A. W. Strobel, fortgesetzt, von der Revolution 1789 bis 1815, von Dʳ L. H. Engelhardt.

de la mairie de Strasbourg. Un moment professeur au séminaire catholique, il s'était jeté avec ardeur dans le mouvement révolutionnaire. Bien avant que le triomphe de la République fût certain, ou même prévu, il s'était affirmé comme républicain. Au club du Miroir, ses discours, d'où l'enthousiasme n'excluait ni la parfaite netteté des idées, ni cette logique abstraite et terrible qui est le propre des penseurs de son parti, l'avaient rapidement mis en évidence, malgré l'exiguïté de sa taille. Aussi Monet avait-il été nommé membre du directoire du département, puis procureur général syndic. Il fit dans ces emplois preuve de zèle et de patriotisme. Mais ce fut surtout son influence de clubiste qui le désigna au choix des commissaires de la Convention. Il appartenait à la fraction française du parti jacobin. C'était un de ces jacobins français qui tenaient en défiance les jacobins alsaciens ou allemands, toujours suspects au pouvoir central malgré leur exaltation et la sincérité évidente de leurs sentiments.

Rude fut la tâche qui lui incomba dans les terribles années 1793 et 1794, dans des années où il eut à tenir tête à des ennemis de toute sorte, et plus encore à ses amis, où il vécut sous la surveillance soupçonneuse du club des Jacobins, tandis qu'il remplissait les périlleuses fonctions de maire; et pourtant, si grande que fût sa responsabilité, jamais la crainte de passer pour modéré ne l'entraîna à aucun excès. Il sut remplir la mission qu'il avait acceptée sans défaillances et sans emportement. Il posséda au plus haut degré, malgré sa jeunesse et les circonstances, cette qualité si rare en tout temps, mais surtout en temps de révolution, chez un fonctionnaire public : l'obéissance administrative absolue, la parfaite correction de l'attitude.

Étranger aux influences locales, aux souvenirs historiques de l'Alsace, doué d'ailleurs de l'esprit de discipline, il devait être et il fut l'agent le plus précieux du gouvernement révolutionnaire dans le Bas-Rhin. Il n'eut jamais qu'un but, le triomphe de la République française, une et indivisible. Laborieux, désintéressé, irréprochable dans ses mœurs, ayant plutôt par conviction que par tempérament les allures du sans-culotte, il mit au service de tous les représentants en mission qui se succédèrent à Strasbourg durant son administration, un concours dévoué, absolu, et dont des hommes tels que Saint-Just proclamaient tout le prix.

Au reste, son ardeur et son âge ne l'empêchaient point d'être un esprit capable de calme, de réflexion et de prudence. Qu'on imagine ce qu'il lui fallut montrer de mesure, d'habileté, de vraie sagesse pour avoir été le maire de la Terreur à Strasbourg, pour avoir satisfait aux exigences de cette redoutable époque, et n'avoir été ni attaqué pendant son administration, ni inquiété après !

Le nouveau maire fut d'ailleurs convenablement secondé par quelques-uns de ses plus fermes adhérents. Ce n'était certes pas un homme ordinaire, ce Mainoni qui, ancien épicier, après avoir rempli les fonctions de procureur général du district sous la Terreur, se rendit à l'armée d'Italie, et y conquit rapidement par sa remarquable bravoure le grade de général de brigade.

François Monet entra en fonction le 21 janvier, le jour même de l'exécution de Louis XVI.

Le 24 février 1793, la Convention qui, déjà en lutte avec l'Autriche et la Prusse, venait de rompre avec l'Angleterre et la Hollande et était sur le point de déclarer la guerre à l'Espagne, décréta une levée de 300,000 hommes. La nation, qui avait donné beaucoup et devait donner plus encore, ne recula pas devant de nouveaux sacrifices; elle répondit virilement à l'appel fait à son patriotisme. Mais l'effort était grand; déjà la lassitude se faisait sentir; il y eut quelques résistances. Elles étaient dues à l'action des émigrés et des prêtres insermentés qui encourageaient les réfractaires à la révolte et leur facilitaient ensuite les moyens de fuir.

Il y avait à Bâle, dans le pays de Porrentruy et à Ferrette, des agences spécialement établies pour favoriser les désertions. Depuis un an elles opéraient, non sans quelque succès. Dans le courant d'avril 1792, une colonne du régiment Royal-Dauphin s'en était allée, officiers en tête, rejoindre le corps d'émigrés réuni près de Fribourg. Le mois suivant, le comte de Montigny, colonel du 11e régiment de dragons, avait passé à l'étranger avec quatorze officiers, quelques soldats et deux fourgons. De tels faits, bien que rares, étaient d'un détestable exemple, et les efforts pour les multiplier étaient continuels. La levée d'hommes ranima naturellement l'ardeur de cette propagande de désertion; tout individu désireux d'échapper au service militaire reçut de perfides conseils et un concours efficace de la part des agents royalistes.

Lorsqu'on réunit la garde nationale sur la place d'Armes de Strasbourg et que Monet, comme autrefois Dietrich, vint exhorter ses concitoyens à former des bataillons de volontaires pour la défense de la République, il y eut peu de jeunes gens qui montèrent spontanément sur l'estrade; il fallut désigner ceux qui partiraient par un tirage au sort. Les journaux jacobins accusèrent la garde nationale de mauvais vouloir et de faiblesse.

Ces reproches semblaient viser surtout les familles de l'ancienne bourgeoisie. Elles s'en émurent et eurent à cœur de se justifier. Le comité des douze sections de Strasbourg envoya à la Convention deux délégués, chargés de protester contre les inculpations dont la garde nationale avait été l'objet, en déclarant que Strasbourg était loin, comme on le prétendait, d'être hostile à la République et de refuser sa part de sacrifices à la patrie. Cette démarche produisit sur l'Assemblée un excellent effet.

Les sections disaient vrai, d'ailleurs. Ce n'était pas la bonne volonté qui faisait défaut aux Strasbourgeois, ni le civisme, ni l'énergie patriotique. Mais de jour en jour les besoins devenaient plus impérieux, et la détresse plus profonde; on réclamait des habitants plus qu'ils ne pouvaient donner, plus qu'ils n'avaient. Depuis le début de la guerre, tous les bataillons qui venaient de l'intérieur avaient été successivement équipés et approvisionnés dans les départements du Haut et du Bas-Rhin. L'Alsace était à bout de ressources. L'argent manquait et le papier, grâce aux manœuvres des émigrés, était tombé dans un grand discrédit. Une feuille de Colmar, *L'Ami des citoyens, journal du commerce et des arts*, recevait d'un de ses correspondants la lettre suivante, qui nous donne l'explication de cette crise : « Nouvelles étrangères : Bâle. — Nous avons aussi à Bâle notre rue Vivienne, où il se fait depuis quelque temps un agiotage affreux. Une foule de Français, échappés du sol de la liberté, vendent ou achètent et discréditent publiquement les assignats. Nos boutiques d'orfèvrerie sont remplies d'argent de France, qui s'écoule par des canaux secrets. On trouve à Bâle vingt marchands, lesquels assurent à qui veut la sortie de son numéraire à tant pour cent. »

Aussi bien que l'argent, les vivres, les vêtements, les armes manquaient, et pourtant il fallait armer, vêtir et nourrir les soldats. On avait fait des sacrifices énormes, on en faisait sans cesse, mais rien ne suffisait. Des armées désorganisées, une frontière sans défense, les places fortes dans un état déplorable, presque partout un matériel hors d'usage, voilà tout ce qu'on avait eu d'abord à opposer à l'ennemi. Au mois de janvier, dans une alerte qui eut lieu sur les bords du Rhin, les affûts des canons en batterie furent démontés à la première décharge.

Un fragment de lettre donnera l'idée de l'effroyable situation des troupes. Le commandant Mengaud se plaignait en ces termes : « Le bataillon est dans un état de dénûment absolu de toute espèce d'équipement. Des marches forcées nocturnes, des camps presque toujours inondés, une paille pourrie, la fange, telle a été notre campagne. Notre équipement s'en ressent ; nous sommes nus. Si vous connaissiez l'état de misère de notre brave bataillon, si vous saviez que nous sommes au canon tous les jours, vous emploieriez tous les moyens possibles pour nous couvrir au plus tôt. Custine a ordonné à tous les bataillons d'être équipés pour le 1ᵉʳ janvier. Cet ordre ne lui coûte rien; mais c'est l'exécution qui est difficile. »

L'exécution était impossible; les réquisitions ne fournissaient presque rien; les arsenaux, les magasins de l'intendance étaient vides. Pour armer les levées décrétées en février, les communes durent céder les armes qu'elles possédaient, excepté toutefois les villages des bords du Rhin, dont les habitants étaient tenus à une surveillance continuelle, de peur que l'ennemi ne passât le fleuve par surprise. Cette dernière mesure eut un avantage; elle permit de désarmer, sans les blesser ni les violenter, certaines populations rurales qui inspiraient peu de confiance; car à tant de périls et à tant de misères s'ajoutaient des craintes continuelles de trahison ou de révolte.

En plusieurs endroits, surtout dans les campagnes, la levée de trois cent mille hommes, prescrite par la Convention, souleva des résistances sérieuses, des tentatives de rébellion. A Molsheim, où dominait, comme nous l'avons dit, l'influence des prêtres réfractaires, éclata une véritable émeute; on dut recourir à la force pour la réduire. Les circonstances où de pareils faits s'étaient produits, nécessitaient des mesures rigoureuses de répression; elles ne se firent pas attendre. Les prisonniers pris les armes à la main tombaient sous le coup de la loi martiale. Trois d'entre eux furent guillotinés sur la place d'Armes de Strasbourg. Ce fut la première exécution politique qui ensanglanta l'Alsace. Elle eut lieu, le dimanche de Pâques, 31 mars 1793. On l'entoura d'un appareil redoutable pour impressionner plus vivement ceux qui auraient pu être tentés de suivre un pareil exemple.

Les condamnés, jeunes gens de familles aisées, parurent en habit de deuil ; un crêpe noir entourait leurs casquettes blanches. Tous leurs complices, tant acquittés que condamnés à la prison, durent assister au châtiment de leurs chefs. L'accusateur public, à cheval, conduisait le cortége. Au pied de l'échafaud, et toujours à cheval, il donna à haute voix lecture de l'arrêt de mort. Puis les trois jeunes gens montèrent l'un après l'autre à la guillotine. Ils moururent avec courage. Quand le bourreau montra les têtes à la foule, quelques cris de *Vive la République!* partirent çà et là ; mais la grande masse du peuple garda un morne silence. Jamais les exécutions capitales ne furent applaudies à Strasbourg.

L'accusateur public qui avait obtenu du tribunal criminel ces trois condamnations, qui avait présidé au supplice et en avait imaginé la pompe lugubre, était Euloge Schneider. Ce personnage, que nous avons déjà signalé comme un jacobin fougueux, a laissé un souvenir légendaire en Alsace, où son nom résume tout le système de la Terreur dans cette contrée. Mais la légende n'est rien moins que vraie, comme il arrive communément. En réalité, l'époque dite de la Terreur se divise pour Strasbourg en deux périodes distinctes : dans la première, comme influence locale prédomine Euloge Schneider ; dans la seconde, François Monet ; et la seconde ne fut pas la moins sanglante. Schneider, en sa qualité d'accusateur public près le tribunal révolutionnaire, fit condamner à mort 31 personnes, tant à Strasbourg que dans les tournées qu'il fit dans le Bas-Rhin, tandis que les condamnations prononcées sans sa participation se sont élevées à 62, ce qui forme un total de 93 victimes.

Il importe de le constater, sans prétendre pourtant atténuer la gravité du rôle joué par Schneider, qui pendant plusieurs mois occupa le premier rang. Mais ce personnage n'est connu du public que par la légende locale et par les récits de Nodier, encore plus éloignés de la vérité que la légende elle-même. Jamais Nodier ne justifia mieux qu'en ce qui concerne Schneider et la Terreur à Strasbourg le jugement de Sainte-Beuve ; jamais il ne prouva d'une manière plus évidente qu'il avait le génie de l'inexactitude.

Schneider naquit, le 20 octobre 1756, de pauvres paysans à Wipfeld, petit village de Franconie. Le curé lui enseigna les premiers éléments du latin et, s'apercevant qu'il était doué, le fit entrer au gymnase des Jésuites à Wurtzbourg. Les jésuites, pour marquer l'enfant de leur sceau, le rebaptisèrent : il s'appelait Jean-Georges, ils l'appelèrent Euloge. C'est le nom qu'il garda et auquel s'attacha l'exécration publique en Alsace.

Au bout de trois ans, l'élève des jésuites, devenu adolescent, quitta le gymnase pour l'académie. Privé de ressources, il ne put continuer ses études qu'en se soumettant à la règle de Saint-Benoît.

Il y eut alors chez Schneider une explosion soudaine d'indépendance de la pensée et de passion sensuelle. C'était une révolte violente de la nature humaine contre la loi monastique. Mais la misère dompta cette première tentative d'émancipation : Schneider se repentit, fit amende honorable. En expiation de sa faute, on l'enrôla dans l'ordre des Franciscains, où la discipline était plus sévère. Sous ce nouveau joug, il se livra avec ardeur, pendant plusieurs années, à des travaux théologiques et philologiques; il devint un helléniste distingué.

Mais ni la retraite, ni le travail ne réussirent à étouffer les aspirations qui l'avaient déjà compromis. C'est de ce temps que datent en effet ses premiers essais poétiques, qui à coup sûr ne sont pas d'un moine. Ils font partie d'un recueil que l'auteur a publié en 1789 et qu'il a dédié à Louise, princesse de Wied-Neuwied.

« Il y a quelques années, dit Schneider dans la préface, un ecclésiastique catholique d'Augsbourg publia une collection de lignes rimées, où il n'est question ni d'amour, ni de filles. Mais comme, malgré ma consécration, je me sens pareil aux autres enfants d'Adam, et que d'ailleurs je fais une distinction entre l'amour et la débauche, je confesse volontiers que je n'ai pas fait dix poésies, sans qu'il y en ait eu au moins une qui exprimât l'un des sentiments les plus universels de l'humanité. » Le révolté de la vingtième année n'était pas mort dans l'homme mûr, dans le savant.

Un amour plus sensuel que sentimental occupe une large place dans ce recueil qui, dès la seconde page, contient sous ce titre : *La Morale des jeunes filles*, les conseils suivants : « Veux-tu être éternellement bienheureuse? Ne laisse pas ton bien en jachère; mets ton bonheur à faire des heureux : l'amour conduit à la félicité céleste. » Dans d'autres pièces, l'auteur révèle des préoccupations d'un autre ordre : il consacre une ode à la mémoire de Frédéric II, dont «les hauts faits sont inscrits dans le livre du temps avec du sang russe, français, suédois, hongrois et, hélas! avec du sang allemand ».

La mort de Joseph II lui inspire une élégie et celle du prince Léopold de Brunswick, qui s'était noyé en voulant sauver la vie à un enfant, une ode, la meilleure du livre, qui déborde de sentiments humanitaires et d'aspirations généreuses. Dans un hymne, Schneider chante les bienfaits de la publicité, « qui a brisé la pierre dont l'esprit clérical avait couvert la tombe de la vérité ». Dans une épitre à un professeur de l'Université de Wurtzbourg, le poète s'écrie : « Maudire le fanatisme, briser le sceptre de l'ignorance, combattre pour les droits de l'homme, ah! ce ne sont pas des courtisans qui sont en état de le faire. Il faut pour cela des âmes libres, qui préfèrent la mort à l'hypocrisie et la pauvreté à l'esclavage. Sache que parmi de telles âmes la mienne n'est pas la dernière. » Mais ce ne sont là que des aspirations, comme on en trouverait chez Schiller; en réalité, il n'y a dans tout le recueil qu'une seule poésie politique, c'est un chant de triomphe sur la destruction de la Bastille qui se termine par ces mots : « Les chaînes du despotisme sont tombées de tes bras, peuple heureux! le trône est devenu le siége de la liberté et le royaume une patrie. »

Le livre eut deux éditions en peu de mois, mais ce succès tenait bien plus aux circonstances qu'à la valeur poétique de l'œuvre. Schneider était-il poète? Nous n'oserions l'affirmer; ce fut un vrai tempérament révolutionnaire, un homme de son temps, qui portait en lui tous les longs espoirs d'émancipation, de liberté, de régénération sociale que la Révolution, à sa naissance, faisait éclore de toutes parts. Il était doué d'une imagination qui ne manquait ni de puissance, ni d'éclat, mais il n'avait pas le sentiment de la perfection de la forme, sans laquelle il n'est pas de vrai poète.

S'il ne fut pas poète, il fut orateur. En 1785, Schneider, alors professeur d'hébreu au couvent des Franciscains d'Augsbourg, révéla tout à coup un grand talent oratoire dans un sermon sur la tolérance, prononcé à l'occasion de la fête de sainte Catherine, la patronne des écoles de filles. Par les idées qu'il émit, il s'attira les persécutions du clergé. Cependant, signalé à l'attention publique, il trouva des appuis; il fut recommandé au duc de Wurtemberg, qui le nomma en 1786 prédicateur de sa cour, après avoir obtenu pour lui la dispense papale parce qu'il était moine. Comme Rabelais, il jeta le froc et prit l'habit de simple prêtre. Mais Schneider n'eut point pour le duc les complaisances habiles de Bossuet pour Louis XIV. La cour lui fut bientôt aussi hostile que l'Église. Il la quitta au printemps de 1789 pour occuper une chaire de belles-lettres et de langue grecque à l'Université de Bonn.

Ce devait être pour lui un port; il y souleva de nouvelles tempêtes. Sa destinée tourmentée lui refusa le bénéfice de cette liberté universitaire dont tant d'autres professeurs, non moins hardis que lui, jouissaient tranquillement, de cette liberté que l'Allemagne avait eu à cœur de sauver des désastres de la guerre de Trente-Ans, et qui fut le point de départ de la renaissance nationale.

L'enseignement de Schneider parut spécialement dangereux; on reprocha au professeur ses poésies, au prédicateur son libéralisme, « bien que les journaux littéraires, a dit un contemporain, aient apprécié ces discours comme des chefs-d'œuvre et placé leur auteur au premier rang des orateurs sacrés de l'Allemagne catholique. » Schneider publia un ouvrage pieux, un *Catéchisme des principes les plus généraux du christianisme pratique*, et on l'anathématisa. Toutes les Facultés de théologie, à l'exception de celles de Salzbourg et de Wurtzbourg, désapprouvèrent le livre, nouveau en son genre, et défense fut faite aux libraires de le vendre, sous peine de 100 florins d'or (800 fr.) d'amende. Le professeur Schneider se vit forcé de donner sa démission. Suspect pour ses vers, suspect pour sa prose, suspect même pour son catéchisme, Schneider reprit encore une fois sa marche errante. C'est seulement à Strasbourg qu'il devait s'arrêter.

De Bonn, il écrivit au docteur Blessig, professeur de théologie à la Faculté protestante, pour solliciter une place dans la Faculté catholique qui allait, disait-on, se reconstituer à Strasbourg. Cette lettre fut communiquée à Dietrich qui, l'occasion venue, fit mander Schneider. Il arriva à Strasbourg le 12 juin 1791, et il n'arriva pas seul : six des principaux professeurs de Bonn, de Trèves et de Mayence, et beaucoup de leurs meilleurs élèves suivirent son exemple. Peu après, il était non-seulement professeur, mais doyen de l'Académie catholique, vicaire apostolique du département du Bas-Rhin et membre du conseil municipal. Très-actif, en même temps qu'il témoignait de son application à ses devoirs professionnels par une thèse latine sur l'éducation, il prenait pied dans la politique militante. Dès son arrivée, le club du Miroir le compta au nombre de ses membres les plus assidus, de ses orateurs les plus enthousiastes.

On ne souleva pas une question importante sans que Schneider prit part à la discussion. Dans sa profession de foi il s'exprimait ainsi, à la date du 12 février 1792 : « On m'accuse d'être républicain. Républicain ? Non ! nous ne le sommes pas ; nous sommes des défenseurs de la Constitution ; nous avons juré de la maintenir et chacun de nous est prêt à sceller ce serment de son sang. » A deux mois de là, dans la salle du théâtre allemand, rue Sainte-Hélène, il prononçait l'éloge de Mirabeau, à l'occasion d'une fête commémorative à laquelle assistaient les deux sociétés du Miroir et de l'Auditoire. A la nouvelle des massacres des 2 et 9 septembre, Schneider s'écrie : « L'ami de l'homme gémit à la vue de pareilles scènes de sang, car c'est le sang de nos frères qui coule. Dieu merci, nous n'avons pas encore vu à Strasbourg de pareilles scènes et j'ai la confiance en Dieu et dans le caractère paisible, modéré, humain de mes concitoyens que nous n'en serons pas témoins dans l'avenir. »

Son influence fut aussi forte et étendue que rapidement acquise. C'est lui qui présida à Haguenau, « ville bien moins sous l'influence des aristocrates, des flatteurs et des courtisans », comme commissaire spécial, les élections à la Législative. A l'action de la parole, il joignit celle de la presse : le 1ᵉʳ juillet 1792 parut le premier numéro de son journal *l'Argus*.

Ces ardeurs propagandistes lui créèrent de nombreux ennemis, et les plus impitoyables parmi eux furent d'anciens amis politiques. Schneider était le chef du parti jacobin local ou allemand, comme Monet était le chef du parti jacobin français. Tous deux soutenaient les mêmes doctrines, combattaient les mêmes adversaires, mais n'en étaient pas moins ennemis, et ennemis irréconciliables. Leur lutte se termina par l'exécution de Schneider, qui porta la peine, moins de ses actes que de son parti, toujours suspect, et de son passé qui ne cessa de peser sur lui.

Il faut connaître ce passé et ses épreuves pour comprendre l'homme. Schneider n'est pas, ainsi que Monet, une figure simple et toute d'une pièce, facile à saisir d'un coup d'œil. Il y a sur ce large front bien des traits mêlés, et dans cette existence tourmentée, bien des replis. Il y a dans cette personne différents personnages, un philosophe, un moine, un savant, un poète, un politique qui se nuisent l'un à l'autre. L'ardeur du sang et la hardiesse de l'intelligence ont gâté le prêtre; le couvent, même répudié, le froc, même jeté aux orties, ont gâté le révolutionnaire. Schneider fut un révolté plutôt qu'un homme vraiment libre. Sa vie antérieure donnait je ne sais quoi de louche à sa physionomie; les purs jacobins ne lui pardonnèrent pas plus d'avoir appartenu au clergé que les catholiques d'être devenu un jacobin. Quand Robespierre le marqua pour la guillotine, ce fut en l'appelant « le prêtre de Strasbourg ».

Nommé le 19 février 1793 accusateur public près le tribunal criminel du Bas-Rhin, érigé en cour martiale, Schneider apporta un grand zèle dans l'exercice de ses fonctions. Le tribunal était moins ardent, moins décidé aux mesures de rigueur qu'au moment de sa création. Les trois condamnations à mort provoquées par l'émeute de Molsheim furent les seules qu'il prononça. A partir de ce jour, il ne condamna plus qu'à la privation des droits civiques et à l'exposition publique sur la guillotine.

Cette modération paraissait dangereuse à Schneider. Sous l'action des événements, l'apôtre de la tolérance, l'auteur de l'hymne à la *Fraternité* s'était transformé en un inquisiteur révolutionnaire. Il redoutait de voir éclater la guerre civile, si les ennemis de la Révolution apercevaient chez ses défenseurs le moindre symptôme de faiblesse. Dans une circulaire aux juges de paix et aux officiers de police, il stimula le zèle de ses subordonnés par ces paroles menaçantes : « Citoyens, le peuple vous a confié un poste où vous pourrez vous rendre éminemment utiles à la patrie, mais aussi sa ruine se trouve en vos mains. Si vous ne répondez pas à la confiance que l'on place en vous, vous serez doublement coupables et sachez que le glaive de la justice ne punit personne plus sévèrement que les employés infidèles de l'État..... Oui, citoyens, je jure ici à la face de Dieu, qui nous créa tous hommes libres, à la face de la Patrie, qui observe chacun de nos pas, je jure de poursuivre avec une sévérité inexorable chaque ennemi de la Loi. » « Schneider, à son point de vue, dit un historien royaliste, raisonnait avec une désespérante logique ; il affirmait, et l'événement a en quelque sorte justifié sa prédiction, qu'une exécution capitale, faite à propos, préserverait plus sûrement le pays de la guerre civile qu'une indulgente condescendance. » Il demanda la création à Strasbourg d'un tribunal révolutionnaire, semblable à celui de Paris. « Nous vivons dans un temps, écrivait-il dans l'*Argus*, où il est nécessaire que les hommes soient inexorables et sans pitié comme Brutus.... Strasbourg a une cour martiale, mais les juges sont faibles comme des pères, au lieu d'être sévères comme le jugement de Dieu. Pas de pitié! de la justice! Elle seule est digne de vrais républicains. Je ne suis pas cruel, mais je considère comme mon devoir de recommander des mesures de rigueur, parce que notre situation l'exige. La République doit être établie avec une grande énergie, si elle veut exister. La loi doit juger inexorablement; sans cela, la tyrannie se glissera de nouveau parmi nous. Mort aux traîtres et aux ennemis de la liberté! Protection à ses défenseurs!... Qui s'oppose à votre unité? Personne, si ce n'est des fanatiques et des royalistes. Il faut les dompter par la guillotine. Toute autre peine leur est indifférente. Qu'ils redeviennent les maîtres et ils useront de bien d'autres moyens contre nous! »

Le même langage se faisait entendre aux réunions des jacobins, les mêmes idées y dominaient, et tout poussait à l'application de ce système. Cependant le caractère strasbourgeois, peu enclin à la violence, porté plutôt à la conciliation, en retarda l'avénement fatal.

Après cinq mois de combats contre les Prussiens, Custine avait été réduit, par l'inaction de l'armée de la Moselle, à se replier devant des forces supérieures. Il laissa une partie de ses troupes avec Kléber dans Mayence. Des quatre représentants en mission à l'armée du Rhin, deux s'enfermèrent également dans la place pour surveiller les chefs et soutenir le courage des soldats : c'étaient Rewbell et Merlin, de Thionville. Les deux autres, Louis et Pflieger, suivirent le général en chef. Celui-ci revint, à travers le Palatinat, jusqu'à la frontière d'Alsace. Le 1er avril, il atteignait Landau, ayant brûlé sur sa route les magasins d'habillements et de vivres établis par les Français à Worms, à Frankenthal et à Spire. Il dut même abandonner la ligne de la Queich et se retirer derrière la Lauter entre Wissembourg et Lauterbourg.

A ce moment, le corps du feld-maréchal Wurmser, gentilhomme alsacien depuis longtemps au service de l'Autriche, et l'armée de Condé coupèrent les communications entre l'armée du Rhin et Mayence. Mais la retraite de Custine, sagement conduite, sans précipitation, sans trouble, n'avait eu pour conséquence ni la démoralisation, ni le désordre. Il n'y avait rien d'irréparable. Bientôt, des places fortes de l'Alsace et de la Franche-Comté arrivèrent des renforts, et avec ces renforts, une excitation nouvelle.

Le 3 mai, Louis et Pflieger furent rejoints à l'armée du Rhin par six autres commissaires de la Convention, les représentants du peuple Haussmann, Ruamps, Duroy, Laurent, Ritter et Ferry. Stimulés par l'opinion publique, ces commissaires voulurent pousser le général, auquel ils reprochaient, non sans quelque raison, de la mollesse, à une action plus vigoureuse et plus hardie. Ils exigeaient qu'une tentative fût faite pour débloquer Mayence et ils se mirent à exercer une sorte de tutelle, que Custine ne supporta qu'avec une grande impatience. Les commissaires, qui sentaient tout le péril d'un désaccord entre eux et le général en chef, furent amenés à demander le rappel de Custine. On lui donna le commandement en chef de l'armée du Nord et on le remplaça à l'armée du Rhin par Alexandre Beauharnais, nommé à la demande des jacobins strasbourgeois. « Oserai-je bien dire franchement mon opinion sur Beauharnais, s'écria plus tard Schneider après la perte des lignes de Wissembourg, sur lui, dont la louange a retenti si souvent dans les assemblées de nos patriotes, sur lui, qui doit en plus grande partie son avancement aux efforts de la société des Jacobins de Strasbourg ? »

Avant de s'éloigner, Custine livra, sous les murs de Landau, un dernier combat, qui eut une fin désastreuse. Au milieu de la lutte rètentit tout à coup le cri de *Sauve qui peut !* Les officiers et les représentants s'efforcèrent vainement d'arrêter les fuyards ; ils furent eux-mêmes entraînés. Un hasard heureux sauva les Français d'un désastre ; l'ennemi ne s'aperçut point du désordre que cette panique avait jeté dans leurs rangs. Quelques bataillons d'infanterie opposèrent une solide résistance aux attaques de la cavalerie prussienne et masquèrent la déroute. Le général Landremont, qui commandait ces braves, fit preuve dans cette circonstance d'autant de sang-froid que de courage. Grâce à lui, ce ne fut qu'un insuccès. Le soir, l'armée française reprit ses positions derrière la Lauter.

Peu de jours après, arrivait le général Beauharnais. L'effectif des troupes était alors de 60,000 hommes, sans compter le corps de Houchard en position près de Bitche. Malgré ces forces considérables pour le temps, malgré les excitations des commissaires, auxquelles on espérait que le nouveau général serait plus docile que son prédécesseur, rien ne fut entrepris pour débloquer Mayence.

A l'intérieur, l'agitation était extrême ; la guerre civile compliquait la guerre étrangère. Dès le 5 mai, fut institué à Strasbourg un tribunal révolutionnaire, dont Taffin était président, Wolff et Clavel juges, et où Schneider, qui ne cessait d'en réclamer la création, fut investi également des fonctions d'accusateur public. Les jacobins strasbourgeois, sur l'invitation du club de Paris, exhortèrent leurs concitoyens, par une proclamation ardente, à former des bataillons de volontaires pour aller combattre en Vendée l'insurrection royaliste, qui s'étendait chaque jour.

Le 17 mai, sur la place d'Armes, devant la garde nationale réunie, eut lieu la réception solennelle des engagements. Ils furent nombreux; le danger de la République, l'indignation contre les rebelles, décidèrent à s'inscrire des hommes que leur situation avait retenus jusqu'alors. Des officiers et des soldats d'artillerie de la garde nationale, beaucoup d'employés, des hommes mariés s'enrôlèrent. Pour donner l'exemple, les membres les plus marquants du club des Jacobins et de la municipalité étaient venus signer les premiers. On vit monter successivement sur l'estrade Téterel, Masse, Sarez, etc... Le maire Monet et le procureur général syndic André annoncèrent qu'ils se mettraient à la tête des défenseurs de la République. Mais des soins pressants, des devoirs impérieux devaient les retenir à leur poste municipal, qui était aussi un poste de combat des plus dangereux.

Les bataillons furent complétés avec des volontaires de la campagne, protestants pour la plupart. Une fois prêtes, les troupes ainsi formées ne furent pas immédiatement expédiées en Vendée. On les retint à Strasbourg, tant qu'une invasion des ennemis du dehors fut imminente. C'est seulement quand le danger se fut éloigné de la frontière, qu'elles se rendirent dans les départements de l'Ouest, où elles concoururent utilement à la répression de la révolte.

Durant ce mois de mai 1793, on retrouve à Strasbourg les mêmes luttes entre les modérés et les jacobins qu'à Paris entre les girondins et les montagnards. Les douze sections tentèrent un dernier effort. Suivant en cela l'exemple déjà donné par plusieurs villes, elles envoyèrent à la Convention une adresse dans laquelle étaient exprimés leurs regrets et leurs espérances. Elles suppliaient les représentants de la nation de donner au peuple une constitution définitive; elles déploraient la lutte acharnée des partis, qui affaiblissait la France devant les attaques de l'étranger; elles accusaient les jacobins d'être des intrigants et de vouloir « en soufflant le feu de la discorde, conduire, par la désunion et les crimes, la République à sa ruine ». Après un appel à la concorde, à l'apaisement, l'adresse concluait à la nécessité de la fermeture des clubs qui, d'après elle, n'exprimaient pas le vœu populaire.

« Législateurs ! disaient en terminant les signataires, l'intérêt de la République appelle votre attention sur cet amas d'étrangers et de patriotes nouveaux qui veulent expulser de leurs foyers les meilleurs citoyens; nous croyons que c'est là un des plus imminents dangers qui menacent le vaisseau de l'État; car sans la fidélité du peuple de Strasbourg, les excès de ces hommes nouveaux auraient déjà causé une explosion funeste à la chose publique, dont votre sagesse et votre fermeté sauront nous préserver. »

Cette adresse avait été rédigée par Jean Schweighæuser, le savant helléniste; elle prouve que les jacobins allemands n'étaient pas moins suspects et odieux aux modérés qu'aux jacobins français. Elle fut remise à Ruhl par les délégués des douze sections, Liebich, pelletier, Marchal, cordonnier, et J. J. Lauth, juriste; mais Ruhl, qui était montagnard, refusa, dans une lettre adressée à Lauth, de la lire à la tribune :

« Lorsque vous dites à la fin de votre adresse que vous réunissez vos voix à celles qui ont retenti aux rives de la Gironde et des Bouches-du-Rhône, vous auriez dû faire part de cette réunion à un Gensonné qui, en ma présence, a avoué être en relations avec Dumouriez; à un Guadet, qui a demandé la dissolution de la Convention nationale; à un Vergniaud qui menace du démembrement des départements méridionaux... Mais vous ne deviez pas exiger de moi que je me rendisse l'apologiste de cette réunion, moi qui n'ai rien de commun avec ces fameux hommes d'État. » L'heure était mal choisie pour soutenir les idées contenues dans l'adresse. On était le 30 mai, la veille du coup de main révolutionnaire qui allait assurer le triomphe de la commune de Paris. Le lendemain, les girondins étaient perdus.

A la nouvelle des événements du 31 mai, l'Alsace ne courut pas aux armes comme un grand nombre des départements du Midi et de l'Ouest. Il n'y eut aucune émeute; les sections, qui étaient modérées mais rien moins que girondines, se sentirent néanmoins vaincues et ne tentèrent pas de pousser plus loin la résistance. Les jacobins exaltèrent leur victoire dans leur club et dans leurs journaux. Les plus bruyants ne furent pas les jacobins dits français, quoiqu'ils eussent pour eux le maire, mais les jacobins alsaciens renforcés des révolutionnaires allemands, en tête desquels on remarquait autour d'Euloge Schneider, les frères Edelmann, le cordonnier Jung, Clavel, ancien prêtre allemand, Cotta, de Stuttgard, Butenschœn, originaire du Holstein, et de Klauer, gentilhomme du Brandebourg.

Le 27 juin, la Constitution de 1793 fut soumise à l'acceptation du peuple dans toute la France. En Alsace, elle fut acclamée par la grande majorité des citoyens. La promulgation eut lieu dans le courant de juillet et devint l'occasion de grandes fêtes. « La garnison et la garde nationale, dit l'*Argus*, se trouvaient sous les armes. La statue de la Liberté, montée sur un char sur lequel étaient placées six Grâces, ouvrit le cortége qui se rendit à la Finckmatt, où du haut d'une estrade la Constitution fut lue et le serment fut prêté. Quoique la célébration de cette fête n'ait pas été troublée, cependant il y manquait cette allégresse, cette fraternité et cette jovialité qui doivent animer les citoyens en un pareil jour. » Mais ces réjouissances publiques, d'où la joie était bannie, de l'aveu même de l'organe de Schneider, étaient à peine terminées que Strasbourg fut témoin d'un spectacle révolutionnaire tout différent.

La nouvelle de l'assassinat de Marat venait de retentir comme un coup de foudre. Les jacobins de Paris avaient rendu des honneurs publics à la mémoire de l'*Ami du peuple*. Ceux de Strasbourg crurent devoir suivre cet exemple. Ils organisèrent pour le 21 juillet une imposante pompe funèbre.

La solennité eut, comme on dirait de nos jours, un caractère officiel. Les représentants du peuple en mission, Louis et Pflieger, la municipalité, les tribunaux, le général Sparre, commandant de la place, et son état-major, enfin tous les jacobins et jacobines se réunirent au club du Miroir, d'où partit le cortége. En tête, disent les journaux du temps, marchaient quatre-vingts soldats, suivis d'une musique militaire qui, « par sa mélodie et ses accords touchants et ravissants, rendait au public nombreux les accents de la douleur des amis de la Liberté sur la perte malheureuse du plus ferme de leurs soutiens ».

Un cercueil, représentant le cercueil de Marat, était porté par quatre sous-officiers ; et, derrière le cercueil, des citoyens soutenaient un buste de l'*Ami du peuple*. Sur la place d'Armes, le président du club prononça en français un ardent panégyrique : « Mânes de Marat, s'écria-t-il en terminant son discours, ombre illustre et chérie, reçois ici par ma voix les hommages des vrais républicains sans-culottes de Strasbourg. » A ce moment, le cercueil fut couvert de fleurs, « que six jeunes jacobines se faisaient honneur de répandre sur un si grand homme ».

C'est au procès-verbal de cette cérémonie qu'il est fait mention pour la première fois à Strasbourg, dans un acte public, de l'*Hymne des Marseillais*, chanté avec d'autres hymnes patriotiques.

Depuis quatre mois, la vaillante garnison de Mayence, assiégée par les Prussiens, attendait vainement du secours. Le 23 juillet, après avoir épuisé, sous les yeux des représentants du peuple, Rewbell et Merlin, de Thionville, tous les moyens de défense, toutes les ressources, après avoir prolongé la résistance au prix de tous les sacrifices, Kléber fut obligé de capituler.

La capitulation de Mayence était honorable ; elle fut une de celles dont une nation n'a pas à rougir. Mais dans le premier moment on ne ressentit qu'une chose, la douleur patriotique de l'échec infligé aux armes de la République; on s'abandonna sans réserve à l'entraînement de la colère; l'opinion s'exaspéra. Aux Jacobins, les propositions les plus passionnées se produisirent. Mal instruits et toujours prêts à crier à la trahison, des orateurs demandèrent que les têtes des traîtres qui avaient livré Mayence fussent envoyées en présent au roi de Prusse. En un pareil temps, ces accusations pouvaient être dangereuses, de Strasbourg arriver jusqu'à Paris, et être reprises à la Convention. Kléber trouva heureusement dans Rewbell et Merlin, de Thionville, qui avaient résisté, souffert et capitulé avec lui, des défenseurs dévoués qui lui firent rendre justice.

Du reste, au moment même où l'indignation était au comble, les Strasbourgeois restèrent sensibles à la voix de la justice et fidèles à leurs devoirs. Lorsque les malheureux défenseurs de Mayence entrèrent en ville, l'Avis suivant fut placardé sur les murs :

Liberté, Égalité.

AVIS.

Les comités de surveillance de la commune et de la Société populaire de Strasbourg réunis invitent les citoyens dénommés à recevoir dans leurs maisons, pour y être soignés commodément et comme eux-mêmes, nos frères d'armes venant de Mayence. Ils espèrent qu'ils auront pour eux tous les soins et tous les égards qu'ils méritent pour les sacrifices qu'ils ont faits à la patrie. Les citoyens qui les logeront seront personnellement responsables des moindres plaintes qui surviendraient à cet égard.

Fait au comité de surveillance de la commune de Strasbourg, le 15 germinal an II de la République française une et indivisible.

Fibich, *président*.

Cependant il fallait une victime expiatoire à l'opinion publique : ce fut le général Beauharnais, qui d'ailleurs était coupable, au moins de n'avoir pas fait, ni même essayé, tout ce qui pouvait se faire, qui n'avait tenté aucune entreprise de débloquement. Le 16 août, le comité de Salut public lui enleva le commandement de l'armée du Rhin. Il fut exécuté l'année suivante.

Le 3 août, Strasbourg avait été proclamé en état de siége. Cette proclamation produisit un grand effet, même à une époque où l'on devait s'attendre à tout. On avait eu le temps de s'accoutumer à l'imminence du péril ; pourtant, à son approche, on se sentait troublé. La ville fut saisie d'une sorte de stupeur. L'état de siége, c'était l'inconnu qui commençait, et un inconnu terrible ; c'était les lois suspendues, les devoirs plus stricts et plus nombreux, les châtiments plus sévères, le danger en permanence et de plus en plus menaçant.

Ce qui augmentait les appréhensions, c'était la dictature militaire dont le général se trouvait investi. Il s'appelait Dièche, et était né en 1753 à Rodez. Il ne devait son avancement rapide qu'à son exaltation politique, à ses manifestations bruyantes dans les clubs : lieutenant-colonel du 28ᵉ régiment d'infanterie en 1792, il était devenu général de brigade le 14 août 1793 et général de division le 23 du même mois. Dièche ne s'était distingué que par des démonstrations de fanatisme révolutionnaire, dont il se montrait prodigue. Du reste, nul talent militaire, nulle bravoure. Ses campagnes se réduisaient à quelques courses dans les départements du Haut et du Bas-Rhin, à la tête d'une colonne révolutionnaire, au milieu des populations effarées, sans rencontrer la moindre résistance.

C'était le général Henriot, de Strasbourg. Il trainait, nuit et jour, un grand sabre innocent qui lui avait été donné par son modèle parisien. Il s'enlevait, par excès de vin, le peu de raison dont il était doué. Le jour de l'attaque de Kehl — le seul combat auquel il prit part — il était tellement ivre qu'il tomba trois fois de cheval. Dièche n'était qu'un grotesque; le pouvoir le grisa d'une ivresse nouvelle et le rendit furieux. Il ne parlait sans cesse que de terroriser Strasbourg; il faisait braquer des canons sur les places, et, jurant et sacrant, menaçait à tout propos de détruire la ville.

Sous tous les points de vue, la situation de Strasbourg était terrible. Les conditions de l'existence matérielle, depuis longtemps difficiles, devenaient pires de jour en jour. A l'exception des industries employées aux fournitures militaires, tous les autres métiers étaient condamnés au chômage. L'argent monnayé, rare d'abord, était devenu à peu près invisible; les assignats de cent livres étaient tombés déjà à quarante-trois; dans le courant d'août 1793, six livres en papier ne valaient qu'une livre en argent. A la campagne, l'assignat n'avait plus cours; les paysans ne vendaient rien qu'argent comptant.

Par ordre de l'administration départementale, des

commissaires choisis par les sections se rendirent dans les campagnes pour opérer un recensement du blé, et contraindre les paysans à en envoyer une quantité déterminée au marché de Strasbourg, sous la menace des peines les plus sévères en cas de contravention. Mais cette mesure fut impuissante à arrêter la hausse toujours croissante des subsistances.

Le peuple était surexcité ; les tribunes des clubs retentissaient chaque soir de plaintes, de dénonciations, de déclamations furieuses. Afin de porter quelque remède à cette crise, l'administration départementale avait fixé le taux de l'hectolitre de blé à quarante-deux livres en assignats ; elle avait même annoncé qu'après la récolte, ce prix serait diminué graduellement de mois en mois. Le résultat de ce déplorable expédient est facile à deviner : à dater de cet arrêté, ni paysans, ni marchands de grains ne parurent plus au marché de Strasbourg. C'était décréter la famine : elle dura près de trois ans.

Tant de misère, tant de souffrances ne détachaient point les Alsaciens de la République ; leur patriotisme, au contraire, s'exaltait au milieu des terribles épreuves qu'ils subissaient. Par suite du départ de la garnison pour la frontière, le service de la place, service pénible, était fait uniquement, dès le mois d'avril, par la garde nationale qui s'en acquittait avec un grand dévouement. La surveillance des bords du Rhin, qui exigeait des marches continuelles de nuit et de jour, une infatigable vigilance, lui était confiée également. Et tous les citoyens, sauf les vieillards et les fonctionnaires, faisaient partie de la garde nationale. Enfin, au commencement d'août, les sections, sur l'invitation des jacobins, désignèrent un certain nombre d'hommes pour travailler aux fortifications et mettre au plus tôt la place en état de défense.

Dans la nuit du 18 au 19 août, un corps prussien, sous les ordres du général Kalkreuth, avait réussi à forcer le passage du Bærenthal et menaçait de prendre en flanc l'armée française qui défendait les lignes de Wissembourg. A cette nouvelle, les paysans des cantons de Niederbronn et Pfaffenhofen, au nombre de quatre à cinq mille, s'armèrent de fusils, de faux, de fourches, et se portèrent sous le commandement de Helmstetter, le brave maire de Pfaffenhofen, au-devant de l'ennemi qui, surpris par un soulèvement auquel il était loin de s'attendre, fut intimidé et battit promptement en retraite.

A partir du 9 septembre, par ordre des commissaires de la Convention, le tocsin retentit dans toute l'Alsace, de quart d'heure en quart d'heure, pendant trois jours et trois nuits. C'était le signal de la levée en masse.

A cet appel lugubre, les routes de la plaine et de la montagne se couvrirent d'hommes la plupart d'un âge mûr, dernière force du pays. On les vit errer des journées à la recherche des lieux de ralliement. Quand ils furent réunis, on s'aperçut de l'inutilité d'un aussi grand nombre d'hommes. Parmi les « appelés tumultuairement » on fit un choix, et l'on organisa des bataillons réguliers. Celui de Strasbourg se composait de jeunes gens appartenant au commerce, d'élèves du séminaire protestant et d'étudiants de l'Université. Le 11 septembre, il quitta la ville pour renforcer la garnison de Fort-

Louis. Les autres bataillons alsaciens furent envoyés directement à la défense des lignes de Wissembourg.

Le 12, on battit la générale à Strasbourg, on ferma les portes, on doubla les postes. Une partie de la garde nationale, avec l'artillerie, se rendit au bord du Rhin, d'où les canons français démolirent la petite ville fortifiée de Kehl, située sur la rive opposée. Ce combat dura trois jours et trois nuits, pendant lesquels les gardes nationaux restèrent constamment exposés au feu des Autrichiens. Les représentants du peuple Lacoste et Milhaud, qui devenu général de division de cavalerie conduisit à Waterloo la charge légendaire des cuirassiers, rendirent hommage à leur fermeté : « Nous avons été témoins, disent-ils, du courage dont vous avez fait preuve à l'attaque du pont de Kehl. C'est pour nous une sûre garantie de vos sentiments républicains. Strasbourg, tu donnes à la République un noble exemple, et vous, canonniers strasbourgeois, vous vous êtes montrés dignes de l'ancien renom de l'artillerie française. »

Les douze sections s'empressèrent de publier ces éloges, pour se justifier des accusations qui leur avaient été souvent adressées par les jacobins.

Cependant les jacobins dominaient, et leur influence s'affirmait par une double série de mesures : les unes, admirables d'énergie et de patriotisme contre les entreprises de l'étranger ; les autres, violentes et que la violence de la situation même explique contre les périls intérieurs. Nous venons de signaler les premières, il nous reste à rappeler les secondes.

Le 12 août, la Convention nationale avait décrété l'arrestation des suspects. Le 16, le général Dièche, en vertu des pouvoirs que lui donnait l'état de siége, avait pris un arrêté portant que dans les cinq jours seraient expulsés de la ville ou soumis à la surveillance continuelle de la garde civique tous les membres de l'ancien Magistrat de Strasbourg, tous les domestiques au service du clergé, enfin toutes les personnes résidant à Strasbourg depuis 1789 et n'ayant pas de métier.

Cet arrêté était inexécutable. Mais dès le 14, le club des Jacobins, poussé à bout par la désastreuse dépréciation des assignats, avait demandé que tout individu accusé de spéculer sur cette baisse, fût jugé révolutionnairement, c'est-à-dire sans le concours du jury. Cette motion reçut l'approbation des commissaires de la Convention. Le sort des spéculateurs était remis à la discrétion des membres du tribunal criminel. Afin d'augmenter l'effet moral de cette mesure, Schneider fit dresser la guillotine en permanence sur la place d'Armes, après qu'elle eut été promenée solennellement par toute la ville, au milieu d'un cortège de juges et de citoyens armés de piques et coiffés du bonnet phrygien.

Le résultat de cette exhibition ne fut pas celui que Schneider attendait. La vue constante de la guillotine parut une chose odieuse à la population strasbourgeoise, qui devait pourtant s'y accoutumer plus tard; il fallut l'enlever dans la nuit du 19 août.

Une foule indignée assista à l'enlèvement. Elle força le voiturier chargé du transport à passer devant la demeure de Schneider, où la guillotine fut brisée, au milieu de cris de mort poussés contre l'accusateur public. Schneider accusa le maire Monet de complaisance envers les sections, de n'avoir pas pris de mesures préventives;

et cet incident contribua à augmenter la discorde qui existait déjà entre les chefs des deux fractions du parti jacobin à Strasbourg.

Le 3 octobre, toujours à la suite d'une motion des jacobins, les représentants du peuple Guyardin et Milhaud ordonnèrent l'épuration des fonctionnaires. Les suspects furent enfermés au séminaire catholique et dans les bâtiments qui devinrent plus tard le lycée impérial. Parmi les destitués se trouvaient Louis de Wangen, Burger et Kœnig, membres du directoire; Ehmann et le professeur Braun, conseillers départementaux; Weyher et Demichel, membres de la municipalité, et le procureur de la commune, Hermann. Ils furent remplacés par des citoyens dont le jacobinisme ne faisait aucun doute, tels que le notaire Grimmer, le tonnelier Kiefer, le brasseur Stahl, le teinturier Plar, et l'ancien prêtre allemand Clavel, qui fut peu après l'un des juges du tribunal révolutionnaire.

La Révolution poursuivait son cours. Le 3 octobre fut constitué un comité de sûreté générale composé de douze membres et de quatre suppléants. Les membres de ce comité furent, sous la présidence de François Monet, maire de Strasbourg : André, procureur général syndic du département; Teterel, membre du directoire du département; Euloge Schneider, accusateur public; Martin, procureur municipal; Jung, officier municipal; Fibich, peintre; Edelmann l'aîné, membre du directoire départemental; Clavel, membre du tribunal du district; Nestling, membre du directoire du département; Wolff, juge du district; Sarrez, administrateur du district. Les suppléants furent : Birkicht, teinturier; Louis

Edelmann, fonctionnaire municipal ; Neumann, administrateur départemental ; Stahl, brasseur, tous membres du club des Jacobins. Il suffisait de réunir sept voix pour obtenir une arrestation.

Le comité était tenu d'envoyer à la Convention la liste des personnes arrêtées, en mentionnant les causes de leur arrestation. Il obtint le droit de faire jour et nuit des visites domiciliaires.

Le comité commença par se mettre en rapport avec les autres comités de sûreté générale formés dans les principales villes d'Alsace, de manière à étendre sa surveillance sur tout le pays. Sa mission, primitivement, devait aller jusqu'à la paix ; mais elle ne dura que du 8 octobre au 25 décembre 1793. Ce fut le comité de surveillance de la commune de Strasbourg qui continua son œuvre.

Dans le cours du même mois, le 10 octobre, la Convention déclara le gouvernement révolutionnaire établi pour toute la durée de la guerre. Le surlendemain de la perte des lignes de Wissembourg et de Lauterbourg, on institua à Strasbourg le tribunal révolutionnaire, si souvent réclamé par les jacobins.

Ce tribunal était formé d'un président, Taffin, de deux juges assesseurs, Wolff et Clavel, d'un commissaire civil, faisant fonctions d'accusateur public, Euloge Schneider, et d'un greffier, Weiss. L'âme de cette magistrature inquisitoriale fut Schneider ; le président Taffin, son ennemi secret, n'osait lui résister. Comme Schneider, Taffin avait appartenu au clergé ; il avait été chanoine à Metz, puis grand-vicaire à Strasbourg.

Les assesseurs, Wolff et Clavel, étaient entièrement

soumis à la domination de Schneider. Le premier avait des sentiments humains, mais il manquait de caractère; il condamnait à contre-cœur, mais il condamnait. Clavel, ancien prêtre allemand, comme nous l'avons dit, puis juge de district, sans instruction, faible d'esprit, n'était entre les mains du commissaire civil qu'un instrument. Quant à Weiss, le greffier, c'était un jeune homme de dix-sept ans, à peine capable de libeller un arrêt.

L'accusé devait être jugé dans les vingt-quatre heures qui suivaient son arrestation. Condamné, l'exécution était immédiate. La mort entraînait la confiscation des biens.

En même temps que le tribunal, on forma, sous le nom d'*Armée révolutionnaire*, un corps de mille hommes, composé de soldats d'élite et d'officiers de l'armée du Rhin. Ils touchaient une haute paie : le soldat cinq sous, le sergent dix sous par jour; et la solde des officiers était augmentée d'un tiers. Ce corps, qui était partagé en deux sections, avait une double mission : il veillait, d'une part, à l'approvisionnement de l'armée et à l'exécution des ordres des représentants du peuple; de l'autre, il exerçait une surveillance sur les suspects, et enfin il accompagnait le tribunal révolutionnaire dans ses tournées départementales. Sous un autre nom, c'était une gendarmerie, mais une gendarmerie au service de la Révolution. C'est ce corps qui a donné naissance à la légende des *Hussards de la mort,* satellites de Schneider, recueillie par Nodier.

La première séance du tribunal, le 29 octobre, fut précédée d'une promenade à travers la ville. Schneider avait un goût assez vif pour ce genre de spectacle. Entouré des juges, il se tenait à cheval à la tête du cortége ; puis s'avançait l'Armée révolutionnaire, enfin venait la guillotine, dressée sur une voiture de paysan. Du 5 novembre au 12 décembre, Schneider fit condamner à mort vingt-huit personnes, tant à Strasbourg qu'à Mutzig, Barr, Obernai, Epfig et Schlestadt. La plupart des arrêts atteignirent des gens qui spéculaient sur les assignats ou qui violaient la loi du *maximum*.

Cette loi du *maximum*, votée le 27 septembre par la Convention, était le dernier expédient pour assurer aux indigents, aux citoyens réduits à la misère, c'est-à-dire à l'immense majorité du peuple, le pain de chaque jour. Sans doute, une telle mesure n'est pas défendable au point de vue économique ; sans doute encore, au point de vue politique, la taxe imposée au vendeur a un caractère d'oppression. Pour beaucoup de marchands ce fut la ruine. Mais il faut voir le temps et l'ensemble des faits ; il faut se souvenir qu'on abusait cruellement de la rareté des denrées et de la dépréciation des assignats, qu'on vendait à un prix excessif, odieux, les choses de première nécessité, qu'on spéculait sur la faim.

Le moyen choisi pour réprimer le mal n'était pas bon ; cela ne saurait faire l'objet du moindre doute ; mais la situation en comportait-elle un autre ? La disette était affreuse ; il y avait pénurie de blé, de viande, de vin, de légumes, pénurie de l'indispensable. Pour ménager le beurre, on avait interdit de faire des fromages et de la pâtisserie. Les citoyens étaient autorisés à récolter dans les bois les noisettes, les glands, les faines, pour en tirer de l'huile. Les hôpitaux furent, pendant quinze jours, privés de bouillon. C'étaient les municipalités qui distribuaient les chandelles. Afin d'en diminuer la consommation, on avait arrêté dans les bureaux le travail de nuit. On espérait que la nouvelle récolte serait bonne et qu'elle ramènerait l'abondance ; il n'en fut rien. La grêle et les mulots détruisirent presque tout.

Telle était la situation de l'Alsace, et ce n'est que par le suprême expédient du maximum que les populations purent traverser une longue crise sans mourir de faim, au prix malheureusement de la ruine temporaire du commerce. Au reste, on ne se faisait alors guère plus d'illusion qu'aujourd'hui sur la valeur économique du système. On n'y recourait qu'avec une extrême répugnance et à mesure qu'on y était contraint. On n'étendait le maximum d'une denrée à une autre qu'en raison d'exigences croissantes devenues insurmontables. On commença par ne taxer que le blé, le bois et le charbon. Comme base du tarif, on adopta les prix de 1790, et on les augmenta d'un tiers, vu la rareté des marchandises. Tout commerçant fut tenu d'afficher à l'entrée de sa boutique les prix ainsi déterminés. L'argent ayant disparu, les assignats durent être reçus en paiement, et reçus pour leur valeur nominale. C'était le cours forcé du papier-monnaie. Or, ce sont là des choses qu'il est plus aisé de décréter que d'obtenir effectivement. En Alsace, on les obtint, grâce à l'action révolutionnaire, et la population leur dut de résister à la disette et à l'hiver de 1793.

CHAPITRE V

LE COMMENCEMENT DE LA TERREUR.

Prise des lignes de Wissembourg par les Impériaux; retraite de l'armée du Rhin sous les murs de Strasbourg. — Arrivée de Saint-Just et Lebas. — Avénement de la *Terreur*. — Destitution de l'administration départementale, de celle du district et de la municipalité. — Résistances des jacobins alsaciens. — Visites domiciliaires. — Emprunt forcé de neuf millions. — Cartes de civisme. — Destitution de l'état-major de la garde nationale. — Les commissaires Guyardin et Milhaud. — Exécutions capitales. — Condamnations pour transgression de la loi du *maximum*. — Tournée départementale de Schneider avec une guillotine. — Nouvelles réquisitions. — La *Propagande*. — Le culte de la Raison. — Fureur de destruction : mutilation de la cathédrale; démolition des clochers. — Changement des noms de rues et de personnes. — La *Francilisation*. — Antagonisme croissant des jacobins français et des jacobins alsaciens et allemands. — Arrestation d'Euloge Schneider et son transfert à Paris. — Condamnation et exécution de Dietrich. — Condamnation et exécution de Schneider. — Effroyable détresse. — Distribution de deux millions aux indigents. — Création de boulangeries municipales. — Encombrement des prisons. — Motions d'épuration des prisons au club des Jacobins. — *Landau ou la mort !* — Offensive vigoureuse des troupes françaises sous Pichegru et Hoche. — Panique dans les campagnes. — Cinquante mille paysans émigrent à la suite des Impériaux. — Reprise des lignes de Wissembourg. — Fin de la mission de Saint-Just et Lebas.

Au mois d'octobre 1793, les lignes de Wissembourg furent enlevées par les Impériaux, et l'armée du Rhin se replia dans la direction de Strasbourg. La population refusa de croire à cet échec; mais bientôt les habitants de la campagne, qui accouraient en foule chercher un refuge derrière les murailles de la ville, ne permirent plus aucun doute. La désolation fut grande, mais elle ne provoqua pas de découragement. On redoubla d'activité, d'énergie. Des mesures de résistance furent prises avec une ardeur fiévreuse, et, devant les résolutions les plus extrêmes, personne n'éprouva une minute d'hésitation.

Les maisons qui se trouvaient hors de l'enceinte de Strasbourg, dans un rayon de 500 mètres, furent rasées; les arbres fruitiers abattus, les promenades publiques supprimées. La destruction des maisons fut une perte nouvelle pour les particuliers déjà si appauvris : elle fut estimée à 826,274 livres.

C'est au milieu de ces travaux de défense et de ces sacrifices patriotiques qu'arrivèrent à Strasbourg Saint-Just et Lebas, vers la fin d'octobre 1793. Ils s'installèrent à l'hôtel de la prévôté. Commissaires extraordinaires de la Convention près l'armée du Rhin, munis de pleins pouvoirs, ils étaient chargés d'introniser à Strasbourg, où il n'existait que partiellement, le régime de la Terreur, tel qu'il fonctionnait à Paris. Dès le premier jour ils se mirent à l'œuvre, et rien n'arrêta leur indomptable énergie.

Nous ne ferons point, après tant d'autres, le portrait de ces deux jeunes hommes. La figure de Saint-Just surtout est une des plus connues de la Révolution. S'il nous arrive d'en rectifier ou d'en accuser davantage certaines lignes, ce sera seulement par l'exposé impartial d'actes qui ont eu jusqu'ici plus d'apologistes et de détracteurs que de véritables historiens. Quant au système dont ces actes ont été la mise en pratique, nous n'en dirons qu'un mot : on ne peut le juger indépendamment de son milieu. Il était tyrannique, soit ; mais était-il nécessaire ?

C'était sous peine de mort que les représentants du peuple en mission exigeaient le courage, le dévouement, l'abandon de tout à la patrie en danger ; mais il fallait obtenir ces sacrifices et ils les obtenaient. Grâce à eux, les départements menacés firent un effort héroïque, et échappèrent à l'invasion, à la restauration de l'ancien régime, aux vengeances du parti vaincu.

Il y eut un moment, ne l'oublions pas, où la Convention vit la moitié de la France perdue, et l'autre moitié sans un fusil, sans un écu, sans un morceau de pain. Eh bien! en face de l'Europe coalisée, en face de l'insurrection royaliste de la Vendée et de l'insurrection girondine dans le Midi, en face de la banqueroute, en face de la famine, il est certain que la Terreur sauva l'indépendance nationale; il est fort incertain qu'un autre système l'eût sauvée.

A la frontière du Rhin, la situation était plus critique que partout ailleurs; elle nécessitait des mesures proportionnées au péril. Lorsque parurent Saint-Just et Lebas, l'armée, sans chefs capables, était découragée, malgré la présence et les louables efforts des autres représentants du peuple.

A Strasbourg, la garde nationale, le meilleur, presque le seul élément de défense, était commandée par des officiers mécontents. Les républicains étaient divisés devant la faction cléricale et monarchique, qui ne perdait aucune occasion de troubler les esprits et méditait d'ouvrir l'Alsace aux coalisés. Après le récent échec des troupes françaises, on avait vu des villages catholiques marcher, le drapeau blanc déployé, au-devant des Autrichiens qu'ils saluaient comme des libérateurs.

Nous avons eu déjà occasion de constater l'absence totale de patriotisme chez les adversaires de la Révolution. Les accusations de complot, d'entente avec l'ennemi, si multipliées alors, n'étaient que trop justifiées.

Si l'on soupçonnait tout, c'est que la trahison se cachait partout. Ces paysans catholiques, entraînés par leurs curés, qui faisaient fête aux envahisseurs, enracinèrent en Saint-Just des préjugés qu'il apportait de Paris contre une grande partie de la population alsacienne. Il croyait voir des ennemis de la République et des amis de l'étranger dans tous ceux qui ne parlaient pas français. Les réfugiés allemands et les jacobins alsaciens, qui formaient un même parti, lui inspiraient non-seulement de la défiance, mais de la haine : il les croyait capables des machinations les plus scélérates.

Dès le principe, l'antagonisme entre lui et Schneider éclata. Par contre les jacobins français, et surtout leur chef Monet, furent investis de toute sa confiance. Il n'y eut pas uniquement de bons rapports administratifs, il y eut sympathie, amitié personnelle entre le jeune maire de Strasbourg et le jeune représentant du peuple, dictateur du département.

En arrivant, Saint-Just et Lebas, comme tous les représentants qui les avaient précédés, commencèrent par entrer en relation avec la Société populaire. Leur première lettre au club est datée du 30 octobre, du lendemain de leur arrivée :

Frères et Amis,

Nous vous invitons à nous donner votre opinion sur le patriotisme et les vertus républicaines de chacun des membres qui composent l'administration du Bas-Rhin.

Salut et fraternité !

Saint-Just. Lebas.

Trois jours après, le 2 novembre (14 brumaire an II), un arrêté cassait l'administration départementale, celle du district et la municipalité de Strasbourg. Les membres de ces trois conseils furent déportés à l'intérieur. La Société populaire fut chargée de remplacer la municipalité par une commission provisoire, laquelle fut composée de douze membres, sous la présidence de Monet.

C'était aller vite en besogne; les jacobins, surpris, eurent peine à emboîter le pas. A l'instigation du parti alsacien, le club écrivit aux représentants du peuple pour les solliciter de rappeler les membres de la municipalité. Saint-Just et Lebas refusèrent. Ils répondirent par une lettre assez longue, où ils affirmaient l'existence d'un complot qui avait pour but « de livrer à l'ennemi la ci-devant Alsace ».

Ces craintes étaient fondées principalement sur un papier trouvé, disait-on, aux avant-postes et remis à Saint-Just. Ce papier, signé *Marquis de Saint-Hilaire*, et adressé à un inconnu, place d'Armes, à Strasbourg, commençait par ces mots : « Tout est arrangé, mon ami. Ils danseront, suivant leur expression, la carmagnole; Strasbourg est à nous dans trois jours au plus tard. » Puis venait le projet de faire entrer en ville 2,000 hommes déguisés en gardes nationaux et de s'emparer des portes.

La révélation de ce complot émut vivement les représentants du peuple et la population elle-même. « Nous avons acquis le droit d'être soupçonneux », disaient Saint-Just et Lebas dans leur réponse aux Jacobins. Ils faisaient un tableau du mauvais état des affaires sous l'administration qu'ils venaient de frapper : « Quand nous arrivâmes, l'armée semblait désespérée; elle était sans vivres, sans vêtements, sans discipline, sans chefs. Il ne régnait dans la ville aucune police ; le pauvre peuple y gémissait sous le joug des riches, dont l'aristocratie et l'opulence avaient fait le malheur, en dépréciant la monnaie nationale et en disputant à l'enchère les denrées de l'homme indigent...... Quand le peuple était malheureux, quand l'armée était trahie et périssait de misère, quand le crime et la contre-révolution marchaient en triomphe dans cette ville, que faisaient ses autorités constituées ? Elles négligeaient les réquisitions de grains, celles des charrois, des bois de chauffage ; elles passaient des marchés de chandelles à sept francs la livre ; les soldats de la liberté pourrissaient dans les hôpitaux ; elles négligeaient tellement leurs devoirs qu'il est impossible de se procurer le témoignage d'aucun acte patriotique de leur part. »

Ils opposaient leur propre conduite à celle des magistrats destitués : « Cependant, on surprend des lettres qui annoncent des intelligences avec l'ennemi, et cet ennemi est aux portes ! Nous bannissons, au nom du salut public, les autorités constituées ; nous imposons les riches pour faire baisser les denrées ; le tribunal militaire fait fusiller plusieurs conspirateurs sur lesquels on trouve des cocardes blanches ; on surprend des postes où il manque jusqu'à vingt et un hommes de garde ; on trouve dans les guérites des remparts des couronnes empreintes sur des étoffes ; on arrête dans la ville des émigrés, des scélérats, des partisans du fédéralisme, qui jusqu'alors y avaient vécu dans la plus profonde sécurité. Nous prenons diverses mesures de police ; le peuple rentre dans ses droits ; l'indigence est soulagée ; l'armée est vêtue, elle est nourrie et elle est renforcée ; l'aristocrate se tait ; l'or et le papier sont au pair. Pourquoi ce bien n'avait-il pas été fait ? De quels hommes publics peut-on dire qu'ils sont innocents du malheur du peuple ? »

Ils concluaient : « Ce n'est point du retour de vos magistrats indifférents que vous devez vous occuper, mais de l'expulsion d'un ennemi qui dévore vos campagnes et de la découverte des conspirateurs cachés sous toutes les formes... Nous vous devons de l'amitié ; nous ne vous devons point de faiblesse. »

Ce langage excita au club un certain mécontentement ; les jacobins allemands s'en firent les interprètes. Saint-Just et Lebas n'y prirent point garde, et le soir même, ils rappelèrent au club qu'il avait à choisir sans retard les douze citoyens chargés de composer la nouvelle municipalité, « afin que le service public ne souffrît pas d'interruption ».

Deux jours après, le 6 novembre (16 brumaire), la nouvelle municipalité, à peine installée, recevait l'ordre suivant : « La municipalité fera arrêter, sous les vingt-quatre heures, tous les présidents et secrétaires des sections lors du 31 mai, et tous ceux qui ont manifesté quelque connivence avec les fédéralistes. »

Ce n'était là, d'ailleurs, que le complément d'une mesure plus générale. Les représentants du peuple n'avaient pas attendu pour veiller au service public l'organisation de la municipalité. Dès leur arrivée à Strasbourg, ils avaient demandé au comité de sûreté générale une liste des suspects, et le comité montrant trop de lenteur, à leur gré, ils lui avaient écrit, le 30 octobre (9 brumaire) en ces termes : « Depuis plusieurs jours, nous avons recommandé de rechercher et de faire arrêter tous les suspects dans le district de Strasbourg. Nous savons que dans cette seule ville il en existe des milliers, et cependant vous êtes encore à nous fournir le premier nom de cette liste des ennemis de la République. Hâtez-vous donc de les reconnaître. Nous désirons savoir *dans le jour* le nom de tous les suspects de Strasbourg. »

Sous la même date, Saint-Just et Lebas prenaient l'arrêté suivant : « Le comité de surveillance de Strasbourg est autorisé à requérir le nombre d'hommes armés nécessaires pour faire cette nuit des visites domiciliaires dans toute la ville de Strasbourg ; il se concertera avec le commandant de place et prendra toutes les mesures nécessaires pour arrêter les personnes suspectes, sans troubler la tranquillité publique. »

Le lendemain, 31 octobre (10 brumaire), les représentants du peuple décrétaient un emprunt forcé de 9,000,000 de livres sur la seule ville de Strasbourg ; 2,000,000 devaient être versés sur-le-champ pour venir en aide aux patriotes nécessiteux ; 6,000,000 étaient destinés à la caisse de l'armée du Rhin ; 1,000,000 aux travaux de fortifications et de défense.

L'emprunt forcé de 9,000,000 dut être particulièrement pénible à des gens qui avaient vécu avant la Révolution sous un régime d'impositions des plus paternels ; il fut un dernier coup porté à cette bourgeoisie de Strasbourg, qui avait déjà fait tant de sacrifices à la patrie, et tant souffert dans ses intérêts de la dépréciation des assignats, du maximum, de la disette. Néanmoins, en rassemblant leurs dernières ressources, les habitants purent verser en deux mois, avant la fin de 1793, 6,824,000 livres. Mais cette somme ne suffisant pas, l'emprunt forcé fut étendu aux principales communes du Bas-Rhin.

Il y eut des poursuites dirigées contre ceux qui étaient insolvables ou qui refusèrent de payer, mais elles ne furent pas égales pour tous : on traita les débiteurs de la nation proportionnellement à leur civisme. Les uns, qu'on ne pouvait soupçonner d'être de mauvaise foi, obtinrent des délais ; les autres, qui étaient suspects de malin vouloir envers la République, furent punis durement, tantôt par la prison, tantôt par l'exposition publique sur la guillotine. Un des plus riches négociants, qui avait failli être nommé député lors des élections à l'Assemblée nationale, Mayno, taxé à 300,000 livres, n'en put réunir que 180,000. Malgré les supplications de sa famille auprès de Saint-Just, malgré son âge (c'était un vieillard), il fut attaché à l'échafaud pendant trois heures, sous une pluie battante. Cette exécution marqua la fin des violences contre les insolvables. Il y eut un tel soulèvement d'opinion qu'il fallut, dès le lendemain, donner du temps aux citoyens imposés.

Le nombre des suspects s'accroissait d'autant ; ils devinrent l'objet d'une nouvelle mesure. On mit en vigueur contre eux l'usage des cartes de civisme. Il fut arrêté que toute personne de l'un ou de l'autre sexe devrait toujours être munie d'une de ces cartes. Afin d'en rendre la distribution imposante, on la fit publiquement sur la place de l'hôtel de ville.

Assis sur une estrade d'où il dominait la foule, le cordonnier jacobin Jung interrogeait hommes et femmes qui, du matin au soir, montaient au bureau. La bourgeoisie surtout était soumise à un examen sévère; il fallait faire des déclarations fort nettes, donner des preuves de républicanisme, expliquer dans quelle situation de fortune on était, dire et justifier les relations qu'on entretenait. Chacun devait en outre apporter un avis favorable du comité de sa section, sans quoi l'on n'obtenait pas la carte de civisme et l'on restait exposé à toutes les mesures de suspicion.

Le 4 novembre (14 brumaire), par mesure de sûreté générale, destitution en masse de l'état-major de la garde nationale, dont presque tous les membres appartenaient au parti modéré. On les remplaça par des républicains ardents, des jacobins purs. Mais on ne se contenta pas de les destituer, on les arrêta et on les interna à Dijon, où ils devaient être retenus jusqu'à la paix.

Un révolutionnaire éprouvé, Lohr, qui avait rempli jusqu'alors les fonctions d'adjudant-major, fut placé à la tête de la garde nationale, qui reçut une organisation nouvelle. Pour en exclure tout élément douteux, les représentants du peuple ordonnèrent aux gardes nationaux à cheval, équipés à leurs frais, de livrer aux parcs d'artillerie de l'armée du Rhin leurs chevaux, qui y rendirent en effet plus de services que dans l'enceinte fortifiée de Strasbourg. Quiconque était suspect à un degré quelconque était désarmé.

L'activité et l'énergie de Saint-Just et de Lebas communiquèrent une impulsion nouvelle à tout ce qui les entourait. On s'encourageait de leur exemple, on rivalisait de zèle. Les représentants du peuple Guyardin et Milhaud, qui les avaient précédés à Strasbourg et qui y continuaient à côté d'eux leur mission, stimulés par la vigueur que déployaient leurs collègues, prirent aussi des mesures révolutionnaires importantes.

Ils s'appliquèrent à compléter l'œuvre de Saint-Just et de Lebas. Bien mieux ; dans un rapport qu'ils adressèrent le 7 novembre (17 brumaire) à la Convention, ils en revendiquent hautement le mérite et l'initiative. « La terreur, disent-ils, est à l'ordre du jour ; l'aristocrate est terrassé et le traitre caché tremble en se voyant dans l'impossibilité de nuire. Le tribunal révolutionnaire établi par nous et le tribunal militaire exercent enfin, avec toute la sévérité, la vengeance d'une nation, dont la patience n'a duré que trop longtemps. Les traitres et les conspirateurs ne leur échapperont pas. Saint-Just et Lebas rivalisent avec nous dans les mesures sévères, mais indispensablement nécessaires de salut public. »

Après avoir énuméré les actes qui ont marqué l'arrivée de leurs collègues, ils signalent les leurs. Les ennemis de la République entretenaient, d'après une rumeur publique, des agents, des correspondants à Strasbourg, qui étaient nantis de sommes destinées à fomenter des troubles. Pour les rechercher, Guyardin et Milhaud ordonnèrent l'arrestation et la saisie des papiers et du numéraire « de tous les banquiers, agents de change, notaires, et de tous les autres ayant des relations avec les pays en guerre contre la France ».

Ils firent plus. Ils déclarèrent que toutes les sommes séquestrées avaient été prêtées à la nation, et elles se montaient à 2 ou 3,000,000 en numéraire et à 15 ou 16,000,000 en assignats, selon la propre estimation des représentants du peuple.

Ils s'écriaient en terminant leur rapport : « Le peuple des sans-culottes s'éveille et son réveil est terrible. Envoyez-nous une colonie de montagnards de Paris pour propager sur ces frontières l'amour brûlant de la République, et les hordes coalisées des despotes ne repasseront pas le Rhin, qui sera leur tombeau. »

Le tribunal révolutionnaire, lui aussi, redoubla de zèle. Il n'y avait pas eu d'exécution capitale, pour cause politique, depuis celle des rebelles de Molsheim, le 31 mai. Le 5 novembre (15 brumaire), sept habitants de Geispolsheim, parmi lesquels Jacob Nuss, ancien maire, furent exécutés sur la place d'Armes, pour avoir donné asile à des prêtres non assermentés, tenu une conduite et des propos royalistes, et « corrompu l'esprit de la commune ». Un de leurs complices fut condamné à la déportation à vie dans la Guyane. La guillotine fut de nouveau dressée en permanence, et plusieurs condamnations à mort se succédèrent à des intervalles rapprochés. L'une d'elles frappa Lambert, capitaine de gendarmerie, accusé de concussions commises au camp de Valmy ; une autre, Dominique Spieser, boulanger à Obernai, accusé de s'être réjoui des revers des armées de la République et d'avoir tenu des propos antirévolutionnaires. Il avait dit que « la République marcherait enfin aux enfers avec tous ses partisans, à l'instar de Lucifer qui a été puni par le Tout-Puissant. » Parmi les autres victimes se trouvait un ancien receveur du cardinal de Rohan, Louis Kuhn, qui, disait l'accusateur public, « a fomenté le fanatisme, favorisé l'aristocratie, tenu des propos incendiaires contre la nation, tendant à exciter les gens à la désobéissance aux lois, et refusé de vendre son vin, disant qu'il voulait le garder pour les hussards noirs. »

Disons, pour n'y plus revenir, que Strasbourg ne fut jamais témoin de tueries, comme il y en eut alors en quelques villes. Le tribunal révolutionnaire, sous l'influence du milieu où il se trouvait et de l'horreur des Alsaciens pour la cruauté, fit preuve en général d'une modération réelle, en ne punissant que d'une amende des fautes qui ailleurs auraient coûté la vie. Le chiffre total des victimes dans le département du Bas-Rhin, pour la durée de la Terreur, ne dépasse point quatre-vingt-treize, et encore faut-il ajouter aux condamnations capitales du tribunal révolutionnaire celles du tribunal militaire qui fonctionnait parallèlement et qu'il faut se garder de confondre avec le premier, comme l'a fait M. Berriat Saint-Prix dans son livre, *La Justice révolutionnaire*.

Ce tribunal militaire avait été institué le 15 octobre 1793, par arrêté des représentants du peuple aux armées du Rhin et de la Moselle, Ehrmann, Mallarmé, J. B. Lacoste, J. Borie, Richaud, Niou, J. B. Milhaud et Ruamps.

Le tribunal révolutionnaire civil avait une mission difficile à remplir : il devait empêcher la dépréciation des assignats et obtenir le respect de la loi du maximum. Il était tenu d'appliquer l'arrêté de Saint-Just et de Lebas, en date du 3 nivôse, ainsi conçu : « Il est ordonné au tribunal criminel du département du Bas-Rhin de faire raser la maison de quiconque sera convaincu d'agiotage, ou d'avoir vendu à un prix au-dessus du maximum. »

Le tribunal criminel extraordinaire du département du Bas-Rhin appliqua cette peine au citoyen Schauer, dont la maison, située au n° 76 de la place du Marché-aux-Poissons, fut détruite par autorité de justice, et sur son emplacement fut dressé un poteau portant sur une plaque de fer-blanc le texte du jugement, « pour servir de terreur aux contre-révolutionnaires, agioteurs, et retenir dans le devoir tous ceux qui pourraient être tentés d'avilir la monnaie nationale ».

Journellement de nombreuses dénonciations étaient adressées au tribunal, ou se produisaient à la tribune du club. Ces dénonciations n'étaient pourtant pas sans péril. On récompensait, sans doute, aux frais des condamnés leurs dénonciateurs; cependant, en cas de dénonciations calomnieuses, on n'hésitait pas à sévir. Jean Metz, ci-devant pasteur du culte protestant, fut pour cette cause condamné à quatre années de fers et à l'exposition sur la guillotine pendant six heures, à Strasbourg. Dès qu'un citoyen coupable d'agiotage ou de transgression de la loi du maximum était signalé aux jacobins, on le livrait au tribunal.

Le sort des marchands de grains et autres denrées alimentaires fut vraiment pénible, mais il faut dire aussi que trop souvent ils abusèrent de la détresse publique pour vendre à des prix honteux. Le 12 novembre (22 brumaire), les boulangers et marchands de farine, au nombre de quatre-vingt-cinq, furent condamnés, sous l'inculpation d'entente pour élever le prix du pain, à une amende de 300,000 livres. Ce fut ensuite le tour des brasseurs; voici le texte curieux du jugement qui les concerne : « Le tribunal révolutionnaire, considérant que la soif de l'or a constamment guidé les brasseurs de la commune, les condamne à 255,000 livres d'amende à payer dans les trois jours, sous peine d'être déclarés rebelles à la loi et de voir leurs biens confisqués. »

Les bouchers furent également atteints : « Si dans deux fois vingt-quatre heures, dit un arrêté du tribunal révolutionnaire, les boucheries ne sont point garnies de la viande nécessaire pour l'alimentation de la ville et surtout de porc, les plus riches des bouchers seront arrêtés, déportés et leurs biens confisqués. »

Un cabaretier, accusé d'avoir vendu vingt sous en argent une chopine de vin, fut condamné à 40,000 livres d'amende, à l'exposition publique et à la détention. On exposait le coupable, soit à la porte de sa maison, soit sur la guillotine. Il portait sur la poitrine un écriteau qui mentionnait sommairement la cause de sa condamnation, soit avilisseur de la monnaie nationale, soit transgresseur de la taxe, ou bien encore agioteur et falsificateur de sa marchandise.

On recourait parfois à un autre mode de publicité et d'intimidation que l'exposition au poteau ou sur la guillotine, en condamnant, par exemple, un fripier convaincu d'avoir accaparé des draps, à traverser la ville chargé d'un ballot, une marchande de fagots convaincue d'avoir vendu sa marchandise au-dessus de la taxe, à être menée par les rues, un fagot sous le bras.

Un épicier, pour avoir vendu du sucre candi au-dessus de la taxe, fut condamné à 100,000 livres d'amende et à la détention jusqu'à la paix. Les amendes devaient toujours être payées dans la huitaine. Des apothicaires, des jardiniers furent frappés de même. Clavel, chargé de l'inspection des marchés, les parcourait à cheval, afin de s'assurer que tout se vendait conformément à la taxe. Ce fut cette inspection vexatoire, plus encore que ses terribles fonctions de juge, qui a sauvé de l'oubli son nom à Strasbourg, où il figure à côté de Schneider dans la légende de l'époque.

Le 14 novembre (24 brumaire), le tribunal révolutionnaire fit savoir que dorénavant il userait d'une plus grande sévérité, dans les termes suivants : « Les amendes, le poteau, les galères, n'ont pu jusqu'ici faire respecter la loi. Le premier qui sera convaincu d'avoir enfreint la taxe ou avili les assignats en les prenant avec perte sera puni de mort. » Un tailleur qui avait outrepassé les prix fixés, fut condamné à la guillotine ; ajoutons que cet arrêt ne fut pas exécuté.

Sur l'invitation de Saint-Just et de Lebas, le tribunal révolutionnaire envoya à l'armée du Rhin une commission extraordinaire d'enquête sur la conduite de l'administration militaire. L'intendance, dans un désordre épouvantable, avait grand besoin d'une refonte. La commission, composée de « six citoyens probes du club des Jacobins », commença à rétablir l'ordre en faisant fusiller devant les troupes plusieurs agents prévaricateurs et voleurs.

Les campagnes, qui opposaient une résistance passive au gouvernement républicain, ressentirent aussi l'action révolutionnaire. Schneider se mit en route accompagné d'une guillotine. Il parcourut l'arrondissement de Schlestadt « afin de poursuivre les aristocrates et les fanatiques de la vengeance de la loi ».

Tous les soirs, un membre du tribunal révolutionnaire rendait compte aux Jacobins des arrêts prononcés pendant la journée. Ces arrêts finirent par atteindre les délits les plus divers : on vit des citoyens condamnés pour s'être adressé la parole sans se tutoyer.

Cependant Saint-Just accomplissait sa mission avec la rigueur inflexible d'un homme que rien ne touche, ni compassion, ni crainte, ni espérance. Il était inexorable comme la Mort elle-même. L'état où se trouvait l'armée du Rhin, privée de tout en plein hiver et en face de l'ennemi, commandait une série de réquisitions pénibles, mais absolument nécessaires. Ces réquisitions d'ailleurs ne pouvaient se faire qu'en nature, car il n'y avait plus d'argent à Strasbourg ni en Alsace.

Le 14 novembre (24 brumaire), Saint-Just et Lebas firent porter chez les habitants les plus aisés 2,000 malades et blessés pour lesquels les hôpitaux manquaient de places. Le lendemain, ils écrivirent à la municipalité ces trois lignes : « Dix mille hommes sont nu-pieds dans l'armée ; il faut que vous déchaussiez tous les aristocrates de Strasbourg dans le jour, et que demain, à dix heures du matin, les 10,000 paires de souliers soient en marche pour le quartier général. » On envoya de maison en maison prendre les chaussures des citoyens. Le même jour, les commissaires de la Convention mirent en réquisition les manteaux des habitants pour les envoyer également à l'armée. Avant la nuit, tous les manteaux qu'on avait pu trouver à Strasbourg étaient transportés à l'hôtel de ville. Il fut prescrit aussi de déposer à l'arsenal tous les objets en zinc et en cuivre pour servir à la fonte des canons. Voici, au reste, le relevé officiel des vêtements et objets de toute nature recueillis pour l'armée du Rhin :

>   6,879 vestes, culottes et pantalons,
>   4,767 paires de bas,
>   16,921 paires de souliers,
>   863 paires de bottes,
>   1,351 manteaux,
>   20,518 chemises,
>   4,524 chapeaux,
>   523 paires de guêtres,
>   143 sacs de peau,
>   21 quintaux de vieux linge,
>   2,673 draps de lit,
>   900 couvertures.

On réquisitionna les vins les habitants les plus riches, pour les malades et les blessés, mais on promit d'indemniser les propriétaires au taux du maximum. Sous la menace d'un siége, les Strasbourgeois avaient fait des provisions : on ordonna des visites domiciliaires, afin d'enlever une partie de ces provisions, qui furent distribuées aux hôpitaux et aux indigents.

Dans les campagnes, depuis longtemps, les hommes, les chevaux, les bœufs étaient continuellement sur pied, à la disposition des agents militaires, pour les transports. Saint-Just eut l'idée excellente de créer un parc départemental, desservi par des relais réguliers. De cette façon, chaque voiturier ne fut de service que tous les dix jours.

Malgré la dureté des temps et la misère universelle, il y eut des gens, et même en assez bon nombre, qui firent des dons patriotiques véritablement touchants. Ainsi Daniel Lobstein, chirurgien, donna 1,000 livres, six cuillers et fourchettes d'argent, six cuillers à café, une théière et une cafetière d'argent. On reçut des bonbonnières garnies d'or, une croix de Saint-Louis, des chandeliers de synagogue à sept branches, un calice et une patère, des poignées d'épée, des médailles, des chasubles et autres vêtements sacerdotaux.

Les commissaires de la Convention, ne négligeant rien, firent appel au patriotisme des femmes, et ce ne fut pas de ce côté qu'ils rencontrèrent le moins d'enthousiasme. Leur temps était occupé à faire des vêtements ou de la charpie, tandis que les hommes étaient astreints à un dur service de garnison. Le 15 novembre (25 brumaire), les commissaires affichèrent l'avis suivant : « Les citoyennes de Strasbourg sont invitées à quitter les modes allemandes, puisque leurs cœurs sont français. »

Cette courte proclamation eut un merveilleux succès. Femmes et jeunes filles s'empressèrent de porter à l'hôtel de ville et au club des Jacobins, en don patriotique, leurs bonnets brodés d'or et d'argent, à la mode alsacienne, *Schneppenhauben*, qu'on se transmettait, comme encore aujourd'hui au village, de génération en génération. Ces offrandes féminines représentaient, en or et en argent, une valeur de 12,994 livres. Cette scène a été reproduite dans une gravure du temps qui porte cette inscription : *Holocauste des coeffures germaniques au Temple sacré des prêtres jacobins.*

Un état moral particulier était nécessaire pour rendre possibles ces sacrifices continuels ; il fallait que les sentiments patriotiques fussent surexcités au plus haut point. Dans ce dessein, et pour détruire l'influence essentiellement pernicieuse, à ses yeux, des jacobins alsaciens et des réfugiés allemands, Saint-Just imagina une institution nouvelle et singulière, la *Propagande*. Il convoqua les orateurs les plus ardents des clubs de Lorraine, de Champagne, de Bourgogne et de Franche-Comté. Monet et Téterel, les chefs des jacobins français, en firent officiellement la demande aux clubs auxquels la Société populaire de Strasbourg était affiliée : « Déjà, disait l'adresse, les braves sans-culottes Saint-Just et Lebas vous ont fait entendre la voix de la patrie; déjà ils vous ont demandé des colonies de vrais patriotes pour les aider dans l'exécution des grandes mesures que les circonstances ont nécessitées; venez, frères, sauvons ensemble la chose publique, ou sachons nous ensevelir sous ses décombres. »

Quatre-vingts patriotes environ répondirent à ce double appel. Saint-Just et Lebas les organisèrent en une véritable société d'apostolat. Chacun de ces frères-prêcheurs révolutionnaires recevait une subvention quotidienne de quinze francs pour son entretien. Ils étaient logés dans l'ancien collége des jésuites, et le général Dièche leur avait donné une garde d'honneur, des plantons et des gardes à cheval pour porter leurs dépêches. Ils avaient un costume commun : manteau très-large et de couleur sombre; sabre de cavalerie qui trainait sur le pavé; bottes à l'écuyère et bonnet rouge. La plupart portaient une haute ceinture tricolore, dans laquelle était passée une paire de pistolets. Les propagandistes s'en allaient ainsi par les rues, le cou nu, avec de longs cheveux et de grandes moustaches. Ils haranguaient le peuple en tout lieu, à toute occasion, et prenaient part aux délibérations du club. Les plus marquants d'entre eux, les plus écoutés, les plus admirés de la foule étaient Dubois, de Beaune, ancien prêtre; Richard; Delâtre, de Metz, qui montrait autant d'élégance dans sa toilette que ses collègues affectaient de débraillé, et un nommé Moreau qui avait pris le surnom de Marat.

C'est le 17 novembre (27 brumaire) qu'eut lieu dans la cathédrale de Strasbourg la première séance de la Propagande. A trois heures de l'après-midi, la grande cloche, qui seule n'avait pas été fondue, convoqua le peuple, la Société populaire et les autorités de la ville. La séance fut ouverte par le chant de la *Marseillaise*, puis Monet prononça un discours de circonstance; il donna lecture des pouvoirs délivrés aux propagandistes par les clubs dont ils faisaient partie. Plusieurs propagandistes prirent successivement la parole et entretinrent l'assistance de diverses questions brûlantes, comme *la patrie en danger, la haine des aristocrates, les maux engendrés par l'ignorance et le fanatisme*. Les principales attaques furent dirigées contre les prêtres. « Les orateurs propagandistes, dit le procès-verbal de l'*Assemblée générale des autorités constituées*, montrèrent le prêtre toujours d'accord avec le tyran pour enchaîner le genre humain, et le premier, abusant des dons du ciel pour empêcher l'homme d'user des droits de la nature... Ils ont fait sentir le ridicule de la superstition et, remontant à sa source, ils ont montré que l'ambition et l'intérêt avaient créé tous les dogmes dont les prêtres avaient fasciné l'imagination des peuples. Ils ont déclaré qu'il n'en était aucun de bonne foi, à moins qu'il ne fût imbécile, et que tous n'étaient que d'habiles charlatans dont il était temps de détruire le prestige. » A un certain moment l'un de ces « zélateurs de la Révolution » demanda en français d'abord, puis en allemand, si le peuple voulait encore des prêtres. Mille voix répondirent : Non! Non! et avant la fin de la séance plusieurs prêtres vinrent déclarer qu'ils se démettaient de leurs fonctions.

Malgré la solennité dont fut entourée l'installation de la Propagande, l'opinion publique n'accueillit pas sans mécontentement l'arrivée de ces étrangers qu'elle considérait comme des intrus. Pour effacer cette fâcheuse impression, parut le lendemain une affiche aux citoyens de Strasbourg et des départements du Rhin, qui renfermait le passage suivant : « Pour détruire votre confiance en nous, les ennemis de la République nous ont attribué des vues personnelles. Ils ont voulu vous persuader que nous mettions notre intérêt sous le masque du bien général. Trop accoutumés à cette idée par la conduite des intrigants qui vous ont tant de fois trompés, vous avez pu avoir des doutes sur la pureté de nos intentions; mais nous ne démentirons pas celle des sociétés populaires qui nous ont députés près de vous. Nous ne travaillerons que pour la chose publique; nous ne souillerons pas une si belle mission en y mêlant des desseins particuliers, et pour en faire disparaître jusqu'à l'idée, nous devons vous dire que jamais nous n'accepterons aucun emploi parmi vous. »

L'arrivée des propagandistes fut le commencement de la suppression du culte catholique à Strasbourg, et ce culte tomba, pour ainsi dire, de lui-même, sans grand effort de ses adversaires. A partir de ce jour, la ci-devant cathédrale devint le temple de la Raison. On grava en lettres d'or au-dessus du portail : *Après les ténèbres, la lumière!*

Le soir, la ville fut illuminée en signe de joie.

Quelques jours plus tard, le 20 novembre (30 brumaire), la religion nouvelle fut inaugurée à Strasbourg d'une façon solennelle. Dans l'intérieur de la cathédrale s'élevait un grand amphithéâtre. La célèbre chaire en pierre sculptée avait été enlevée et remplacée par une tribune. A la place du maître-autel se dressait une sorte de montagne, au pied de laquelle on voyait « des rochers qui en paraissaient détachés par un tremblement de terre »; sous les rochers un marais, avec des mitres, des crosses, des couronnes brisées, « tous les emblèmes de la tyrannie et du fanatisme ». Au sommet se dressait une statue colossale de la Nature qui rappelait la Diane d'Éphèse. Deux grands drapeaux tricolores, couronnés du bonnet phrygien, portaient cette devise :

Le trône et l'autel avaient asservi l'humanité,
La raison et la force lui ont rendu ses droits.

Monet prononça un discours inspiré de Rousseau sur la Nature et la Raison, puis des propagandistes montèrent à la tribune pour signaler les différentes espèces de trompeurs du peuple. L'un d'eux s'écria : « Le règne du prêtre est fini ; nous n'avons plus besoin de pareilles sottises ; nous n'avons plus besoin que de vertus sociales. » Le discours d'Euloge Schneider peut se résumer par les mots qui le terminent : « Crois en Dieu, sois juste et chéris ta patrie. » Après avoir développé ce thème, il finit par renoncer à l'état de prêtre, au milieu des applaudissements et des cris : *Vive la Vérité! vive la Raison!* Il ne fut pas le seul. Le président du tribunal révolutionnaire, Taffin, vint faire une confession publique.

Il rappela qu'il avait porté autrefois la robe du prêtre, mais c'était avec dégoût, disait-il; aussi s'en était-il dépouillé avec joie. Il termina également sa harangue par une abjuration et ce double exemple fut aussitôt suivi par d'autres prêtres catholiques. On vit alors un citoyen monter à la tribune et exprimer le regret qu'il n'y eût ni pasteur, ni rabbin pour suivre cet exemple. Un pasteur se leva de la foule, mais au lieu de renier ses croyances religieuses, il se plaignit de l'intolérance révolutionnaire et affirma sa foi chrétienne comme un fidèle de l'Église primitive.

On ne le lapida pas, mais on le couvrit de huées, et le lendemain on lisait dans l'*Argus :* « Je dois avouer que dans aucune circonstance je n'ai entendu plus délicieuse musique que celle de la voix de ces prêtres catholiques abjurant leurs croyances passées dans le temple de la Raison et se réjouissant d'être redevenus des hommes. Les calotins protestants se firent connaître sous un autre jour. Les grands personnages ne vinrent pas, et les petits prononcèrent tant de sottises, que l'auditoire dut les chasser de la tribune. Si Luther avait assisté à ce spectacle, comme il eût été honteux; qu'il eût tonné! »

Enfin le commissaire de la Convention Baudot termina la cérémonie en félicitant le peuple d'être délivré de la tyrannie de l'erreur. Il dit qu'il fallait maudire le charlatanisme sous toutes ses formes et que lui, médecin, renonçait à sa profession, qui ne devait son prestige qu'à l'aveuglement des hommes.

Tout cela avait pris plusieurs heures. On quitta le temple de la Raison pour se rendre sur la place de la Responsabilité (place de l'Évêché). Là, en présence d'une foule joyeuse, on brûla des parchemins, des titres de noblesse, des livres religieux, des vêtements sacerdotaux, des portraits d'évêques, des tableaux de sainteté : « Quinze chariots de vieux titres furent livrés aux flammes, dit le procès-verbal officiel; les effigies des despotes ecclésiastiques qui ont régné dans Strasbourg purifièrent par cet autodafé une atmosphère qu'ils avaient souillée pendant leur vie. »

A Paris, tout finissait pendant la Fronde par des chansons, et à Strasbourg pendant la Révolution, par des danses. Clubistes et tricoteuses de Schneider exécutèrent une ronde autour de l'arbre de la Liberté, puis une carmagnole autour de la guillotine, éclairée de lanternes vénitiennes.

Cette journée eut son historien. Monet, qui avait pris une large part à l'introduction du nouveau culte dans Strasbourg, publia un recueil des confessions et abjurations qui suivirent ce grand changement. Cependant, toute somme faite, le nombre en fut assez restreint. L'opuscule de Monet parut en français sous ce titre, *Le Clergé abjurant l'imposture*, et en allemand sous cet autre, *Le prêtre veut redevenir un homme*.

Dès que le culte de la Raison fut installé, les autres cultes cessèrent. Il fut défendu de baptiser, d'administrer, d'aller au prêche, de pratiquer la circoncision, de célébrer en un mot les cérémonies catholiques, protestantes ou juives. Les synagogues furent fermées comme les églises et les temples. L'emploi de l'hébreu fut interdit; les tables de la loi furent détruites. On avait déjà enlevé au clergé les actes de l'état civil; il ne lui fut plus permis de marier. Les mariages eurent lieu dans le temple de la Raison et furent entourés d'une solennité spéciale. Dans ce même temple se célébrait de décade en décade, au jour marqué pour le repos, une sorte d'office laïque. Les citoyens y écoutaient des sermons révolutionnaires où leur étaient exposés les principes nouveaux de liberté, d'égalité, de fraternité. C'étaient le maire, les conseillers municipaux, les propagandistes, les orateurs jacobins en renom, qui prenaient la parole dans ces réunions plutôt civiques que religieuses. Ils signalaient particulièrement, pour l'édification du peuple, les nouvelles politiques les plus importantes et les actes vertueux parvenus à leur connaissance pendant la décade; ils se plaisaient aussi à rappeler la vie des grands hommes de l'antiquité et à tirer de leur histoire des enseignements applicables à la situation.

Un certain nombre de ces harangues nous ont été conservées. Un de ces discours qui caractérisent le mieux l'éloquence de la chaire révolutionnaire fut celui prononcé le décadi, 30 pluviôse an II de la République, par le citoyen Boy, membre de la Société populaire régénérée de Strasbourg. Nous en reproduisons quelques passages.

Après des considérations générales sur la nécessité de former l'esprit public, après une violente sortie contre les égoïstes, les agioteurs, les accapareurs, les fanatiques, les modérés, les aristocrates « et toute la race infernale des ennemis du bien public », après avoir recommandé « de tenir d'une main le glaive de la vengeance et de l'autre le flambeau de la vérité », l'orateur s'écria : « Citoyens du Haut et du Bas-Rhin ! c'est à vous, en particulier, que ceci s'adresse; c'est parmi vous que la liberté doit désormais trouver des défenseurs, que tous les Français doivent trouver des frères. Vous le voyez, divers départements se disputent à l'envi la gloire de se surpasser en vertus républicaines. Paris, cette cité chère à tous les Français, ce berceau respectable de la liberté, Paris vous donne chaque jour l'exemple de tous les sacrifices; c'est là que la Révolution est vraiment achevée; c'est là que l'esprit public est à la hauteur des circonstances; c'est Paris que vous devez prendre pour modèle.

« Frères et amis, méprisons les calomnies si souvent répétées par les aristocrates, les modérés, les royalistes, les fédéralistes, contre cette ville célèbre. Pour renverser l'édifice de la liberté publique, pour armer les départements contre Paris, il fallait calomnier Paris; c'est ce que l'on a fait. Pour assurer à jamais le règne de la liberté, l'unité, l'indivisibilité de la République, il faut que la France entière ressemble à Paris; et c'est à opérer ce grand changement que nous devons travailler dans les départements du Rhin. »

Les attaques des ennemis de la liberté contre Paris remontent donc au lendemain de la Révolution de 89.

Dans un autre passage, l'orateur, qui avait eu successivement recours à tous les divers modes de persuasion, s'emporta jusqu'à la menace : « Citoyens! Faut-il que vos frères vous adressent sans cesse des reproches mérités? Ne voulez-vous jamais être républicains? Ne serait-il pas plus agréable pour vous de recevoir des marques d'estime et de fraternité, que des menaces et des punitions? Que voulez-vous enfin? Qu'espérez-vous?... La contre-révolution? Elle est impossible; vous n'êtes pas assez insensés pour en douter. Le rétablissement de la royauté? nous périrons plutôt et vous périrez avec nous. Ne pensez pas être plus forts que le reste de la République. Vous n'êtes rien quand elle a dit : *Je veux !* »

Passons à la péroraison : « Seriez-vous assez imbéciles, assez perfides, pour compter sur le secours des puissances étrangères? Mais un million de républicains armés est là pour les anéantir. Je vous l'ai dit déjà, point d'espérance, point de bonheur pour vous que dans la liberté. Écoutez donc la voix de la raison, celle de la patrie. Jurez avec nous : *Protection à l'innocence; amour à la liberté, à l'égalité; haine éternelle à tous les prêtres; punition exemplaire aux égoïstes, aux agioteurs; mort aux maîtres et au dernier des rois; guerre éternelle aux Anglais !* »

L'auditoire répondit par d'unanimes acclamations, car ce n'est pas à lui, comme bien l'on pense, que s'adressaient ces véhémentes objurgations.

L'enthousiasme révolutionnaire rendait odieux aux patriotes les souvenirs du passé; ils y voyaient autant d'insultes et de menaces à l'ordre nouveau. Le 30 octobre 1793 (9 brumaire an II), les jacobins adoptèrent la motion de faire disparaître tous les monuments de la royauté et de la superstition.

On se mit bientôt à détruire, aux frais de la municipalité, sur les édifices publics et les maisons particulières, les symboles et les armoiries. Dans les églises, on fit disparaître les tombeaux : les cercueils de plomb servirent à faire des balles. Cependant une heureuse circonstance sauva le mausolée du maréchal de Saxe, la belle œuvre de Pigalle. Il arriva qu'un citoyen loua l'église

Saint-Thomas pour y établir un magasin à fourrage, et le tombeau se trouvant enseveli dans le foin, on n'y pensa plus.

L'ardeur des patriotes à effacer les vestiges du passé sous le marteau des démolisseurs entraîna les commissaires de la Convention à ordonner une déplorable dévastation. Le 24 novembre (4 frimaire an II), parut un arrêté de Saint-Just et Lebas, conçu en ces termes :

« Les représentants du peuple près de l'armée du Rhin chargent la municipalité de faire abattre les statues en pierre qui sont autour du temple de la Raison, et d'entretenir le drapeau tricolore sur la tour du temple. »

La dernière partie de cet ordre fut modifiée; au lieu de replanter un drapeau neuf sur la flèche de la cathédrale, on cacha, le 4 mai, la croix sous un immense bonnet phrygien en fer-blanc.

La première partie fut exécutée malgré une très-vive opposition du conseil. Dans la séance du 6 juin 1793, la Convention avait rendu un décret pour la conservation des monuments historiques, portant une peine de deux ans de fers contre les destructeurs. D'accord avec les représentants du peuple, le maire passa outre. Il invita la population à mutiler elle-même le plus bel ornement de la ville. Téterel, étranger à Strasbourg, où il était venu depuis quelques années enseigner l'arithmétique, se fit le chef de la foule, l'entrepreneur de la destruction.

Un véritable assaut fut donné, le 5 décembre, à la cathédrale. On connaît toute l'étendue des pertes par un procès-verbal du 27 mars 1795 (6 germinal an III), dressé en vertu d'un arrêté municipal.

Au grand portail, on démonta quinze statues sur piédestaux ; on abattit un nombre considérable de figures représentant les unes des faits tirés de l'Écriture sainte, les autres des faits historiques ; on enleva aussi les douze statues appelées les *Musiciens* et vingt-quatre statues placées entre les colonnes, de très-petit module et très-artistement travaillées. Les portails latéraux subirent des dévastations analogues. Dans l'intérieur de l'église, on détruisit une superbe grille de fer qui séparait le chœur de la nef ; dans la nef, la chaire en pierre de taille, élevée en l'honneur du prédicateur Geiler, de Kaisersberg. Le monument funèbre de Geiler fut toutefois épargné, et ce fut le seul, tant le peuple avait conservé de respect, de vénération pour cet homme qui avait été l'un des précurseurs de la Réforme. En somme, sans compter les figures en ronde-bosse, ni les bas-reliefs dégradés, deux cent trente-cinq statues tombèrent sous la pioche et le marteau. Sur ce nombre, on réussit par les soins de quelques citoyens à en sauver soixante-sept en les cachant comme des proscrits ; le reste fut perdu.

La fureur de la destruction s'attaqua aux demeures particulières. La physionomie de la ville en fut altérée. Les statues et les armoiries qui ornaient un grand nombre de maisons furent brisées. C'est ainsi que fut d'abord dégradée, puis détruite, la seule statue restant encore debout de celles que la République de Strasbourg avait décernées aux quatre chefs qui avaient remporté, le 8 mars 1262, la victoire d'Oberhausbergen sur l'évêque Walther de Geroldseck. On convertit un confessionnal en une guérite qu'on plaça devant l'église Saint-Thomas. Des propriétaires firent enlever les têtes de dragons qui terminaient les gouttières, de peur qu'on ne les prît pour des têtes de dauphins; on enleva des anciens poêles les plaques de fer sur lesquelles étaient représentées des scènes tirées de la Bible. Tels furent les excès d'une ardeur patriotique et révolutionnaire que quelques forcenés poussèrent jusqu'à l'extravagance.

Le 2 décembre 1793 (12 frimaire an II), fut affiché un arrêté portant que, « pour faire disparaître les traces de féodalité et de superstition que présentent encore les inscriptions de plusieurs rues et places de la commune, le corps municipal avait fait changer les noms des rues et places, qui par leurs dénominations gothiques rappelaient le souvenir de l'ancien régime et blessaient l'œil du républicain ».

Nous indiquerons quelques-uns de ces changements de noms, où se manifestent des préoccupations non-seulement politiques, mais philosophiques et même bucoliques. Gessner, ne l'oublions pas, avait été un contemporain de Voltaire et de Rousseau, ces précurseurs de la Révolution.

NOMS ANCIENS.	NOMS NOUVEAUX.
Rue de Sainte-Aurélie.	Rue de la Charrue.
— de Sainte-Marguerite.	— de la Gerbe.
Petite rue de l'Église.	— du Salut public.
Grande rue de l'Église.	— de l'Hospitalité.
Rue des Moines.	— des Volontaires.
— de la Croix.	— des Piques.
— Saint-Louis.	— de la Guillotine.
— du Bourreau.	— Ça ira.
— du Péage.	— des Enfants-de-la-Patrie.

NOMS ANCIENS.	NOMS NOUVEAUX.
Rue du Maroquin.	Rue Guillaume-Tell.
— de Saint-Marc.	— Père-Duchesne.
— Sainte-Élisabeth.	— de la Loi.
— derrière Saint-Nicolas.	— des Trois-Couleurs.
— Dauphine.	— Jean-Jacques Rousseau.
— Gérard.	— de Jemmapes.
— Saint-Étienne.	— Beaurepaire.
— Saint-Guillaume.	— Lepelletier.
— Baron.	— du 14 Juillet.
— Sainte-Marguerite.	— Carmagnole.
— de la Croix.	— de la Houlette.
— de Sainte-Barbe.	— du Chêne.
— des Prêtres.	— de la Philosophie.
— de Saint-Jean.	— de la Raison.
— de la Sainte-Chandelle.	— de la Lumière.
— de Sainte-Claire.	— de l'Équité.
— des Lots-et-Ventes.	— de la Bienfaisance.
— de la Toussaint.	— des Sans-Culottes.
— de Bergherr.	— de la Montagne.
— du Vieux-Gouvernement.	— de la Mort-du-Tyran.
— Grande.	— des Jacobins.
— de Sainte-Madeleine.	— des Hommes libres.
— de Sainte-Hélène.	— du Civisme.
— des Juifs.	— des Droits-de-l'Homme.
Place Saint-Pierre-le-Jeune.	Place des Bons-Enfants.
— Saint-Pierre-le-Vieux.	— de la Fraternité.
— de l'Évêché.	— de la Responsabilité.
— du Temple-Neuf.	— de l'Union.
— de Saint-Thomas.	— de la République.
— de Saint-Martin.	— de la Révolution.
Marché Gayot.	Marché Marat.
Quai Saint-Nicolas.	Quai du Bonnet rouge.

Ce ne furent pas seulement les rues qui changèrent de noms, mais aussi les citoyens; les noms des saints cédèrent la place à des noms révolutionnaires, comme ceux de *Brutus, Cassius, Scévola, Décius,* « qui méprisaient autant la mort qu'ils méprisaient les tyrans ».

Les clochers parurent une bravade à l'égalité. Les administrateurs du directoire du Bas-Rhin en demandèrent la démolition, dans une lettre adressée aux représentants du peuple en mission : « L'ancien orgueil des jongleurs chrétiens avait fait élever des clochers insolents sur les édifices consacrés à leurs billevesées religieuses. L'œil stupide du peuple s'était accoutumé à voir avec respect les monuments de la superstition et de son esclavage. Aujourd'hui qu'il est rendu à sa dignité et à la liberté, que le fanatisme croule de toutes parts avec les monstres qui l'ont créé et nourri, aujourd'hui que l'heureuse égalité a remplacé les distinctions insultantes de la vanité et des pouvoirs, on doit se hâter de détruire jusqu'à la trace d'un règne qui n'est plus..... Ordonnez, citoyens représentants, que tous les clochers et tours soient abattus, excepté cependant ceux qui, le long du Rhin, seront reconnus comme utiles aux observations militaires, et celui du temple de l'Être suprême à Strasbourg qui présente un monument aussi hardi que précieux et unique de l'ancienne architecture. » La lettre se terminait par ces mots : « Plus de clochers ! Plus d'insulte à l'égalité ! Plus d'aliments à la faiblesse ou au crime ! »

Dans l'esprit des jacobins français, nous l'avons déjà fait remarquer, les habitudes allemandes étaient contre-révolutionnaires; il fallait les extirper au même titre que les vestiges de l'ancien régime. De là tout un ensemble de mesures qui fut appelé à cette époque la *Francilisation* de l'Alsace.

Une ordonnance du 30 janvier 1785 avait exigé l'emploi du français pour les actes publics et les procédures; mais Strasbourg avait été excepté et l'usage exclusif de l'allemand avait été conservé au Magistrat jusqu'en 1789. Après la Révolution, les efforts du patriotisme local pour maintenir la prédominance de l'allemand avaient continué quelque temps, et jusqu'au sein de la Société populaire. Sur trois cents Alsaciens, il y en avait un en 1789 qui comprenait le français. Un professeur de l'Université terminait une de ses préfaces par ces mots : « Quoique citoyen-né de l'empire des Français, je suis néanmoins, comme la plupart des habitants des deux départements du Rhin, un étranger dans la langue de la nation. Je supplie donc le lecteur de vouloir bien me pardonner les fautes de style qui pourraient m'être échappées. »

La francilisation n'était donc pas chose aisée. Certains orateurs, partisans des mesures radicales, ne proposaient rien moins que de transporter dans l'intérieur de la France les Alsaciens parlant allemand et de les remplacer par des colonies de jacobins de l'intérieur parlant français. Saint-Just et Lebas proscrivirent à Strasbourg l'usage de la langue allemande dans les actes administratifs et judiciaires et sur les enseignes.

Mais la chose urgente avant tout c'était d'apprendre le français à la population. Saint-Just et Lebas prirent l'arrêté suivant :

« Strasbourg, le 9 nivôse, l'an II de la République française, une et indivisible.

« Provisoirement, et jusqu'à l'établissement de l'instruction publique, il sera formé dans chaque commune ou canton du département du Bas-Rhin une école gratuite de langue française. Le département du Bas-Rhin prendra sur les fonds provenant de l'emprunt sur les riches une somme de 600,000 livres pour organiser promptement cet établissement, et en rendra compte à la Convention nationale. »

Cette excellente mesure ne reçut malheureusement qu'une application imparfaite. On trouva à peine une quarantaine d'instituteurs capables de remplir le programme et, faute de maîtres, la réforme resta à l'état de projet.

L'enseignement donné dans les écoles alors fondées était patriotique et républicain. Au lieu des commandements de Dieu et du catéchisme en allemand, on faisait apprendre par cœur en français aux enfants la *Déclaration des droits de l'homme*. Dans le Haut-Rhin, pour répandre l'instruction nationale, on créa un journal qui fut rédigé avec talent, la *Feuille villageoise*.

Il était de la plus haute importance, sans doute, de rendre l'Alsace française de langage et de mœurs, comme elle l'était déjà de cœur et d'esprit; mais elle avait donné d'assez grandes preuves de dévouement pour que, même avant l'achèvement de cette transformation extérieure, ses sentiments patriotiques dussent être à l'abri de tout soupçon. Cependant les jacobins français n'arrivaient point à se persuader qu'on pût parler allemand et être sincèrement attaché à la République française. L'antagonisme entre eux et les jacobins alsaciens, loin de s'apaiser, s'exaspérait. Il était à la veille de se terminer par une grande crise, dont Schneider allait être la victime.

Dès le commencement de décembre 1793, la scission était imminente. Schneider la sentait venir et disait à sa sœur Marianne : J'attends d'un instant à l'autre mon arrestation.

Cette robe de prêtre qu'il avait portée autrefois, il avait eu beau la déchirer, elle continuait à l'emprisonner de ses plis, elle se collait à sa chair, elle le dévorait. Il avait cessé d'être pour ses adversaires l'accusateur public, l'impitoyable défenseur des lois révolutionnaires; il était le prêtre, objet de toutes les suspicions.

Dans les premiers jours de décembre, Schneider reçut de Saint-Just et Lebas l'ordre de rendre compte au comité de Salut public de la Convention de sa gestion comme commissaire civil et d'y joindre les pièces à l'appui. Schneider répondit par une longue lettre justificative se terminant par ces mots : « Citoyens législateurs, en acceptant la place de commissaire civil, je vis devant moi deux écueils, l'écueil de la calomnie, si j'agissais sévèrement, et l'écueil du crime, si je me laissais influencer par des considérations d'humanité. Je fus décidé bien vite et jusqu'à présent mes efforts ne furent pas inutiles : *les sans-culottes ont du pain et le peuple bénit la guillotine qui l'a sauvé !* Que ma tête roule sur l'échafaud, après que les têtes de tous les traîtres seront tombées. »

Pour décourager la malveillance, pour imposer silence à la calomnie, ses amis lui conseillèrent un acte significatif, le mariage.

Cet acte n'était en rien contraire à ses principes. Au

lendemain de son arrivée à Strasbourg, le 11 octobre 1791, Schneider avait prononcé dans la Société des Amis de la Constitution un discours en faveur de l'abolition du célibat, « comme le seul moyen de rendre aux prêtres l'estime et la confiance publique », discours qui avait été censuré par l'évêque constitutionnel Brendel et par son chapitre.

Se marier, c'était affirmer une fois de plus, et de la façon la plus éclatante, sa rupture irrévocable avec son passé. Schneider suivit le conseil.

Il avait remarqué à Barr une jeune fille. C'était la sœur d'un ancien aide de camp de Luckner, d'un nommé Stamm, originaire d'Allemagne comme lui, et à ce moment son adversaire déclaré. Il crut en épousant la sœur calmer l'inimitié du frère; il l'irrita davantage.

La conversation à la suite de laquelle Schneider prit cette résolution matrimoniale avait eu lieu la nuit, dans un village des environs de Barr. Sans attendre le jour, il envoya, non un soldat de l'armée révolutionnaire, mais ses amis, Taffin, président du tribunal révolutionnaire, et E. Wolff, avec ces deux lettres, l'une adressée aux parents, l'autre à la jeune fille :

Concitoyens, chers amis,

Permettez que votre fille lise les deux mots que je lui adresse ci-joints, et si vous consentez à notre mariage, je vous promets, foi de républicain, de la rendre heureuse.

Intéressante citoyenne,

Je t'aime ; je te demande à tes vertueux parents ; si tu me donnes ta main, je ferai ton bonheur.

Dans une lettre en date du 3 nivôse an II, Taffin a fait au comité de sûreté générale de Strasbourg, la déclaration suivante : « Entre autres absurdités qu'on prête à Schneider, celle d'avoir requis les parents de la citoyenne Stamm, par l'effroi menaçant de la guillotine, de lui accorder leur fille en mariage, paraît d'autant moins à mépriser, concitoyens, que des fonctionnaires mêmes du peuple se plaisent à la répéter, laissant à deviner s'ils lui prêtent ou non, eux-mêmes, quelque réalité. Comme personne n'est plus au fait de la vérité que moi, je vous déclare que m'étant offert à Schneider de lui servir de père et d'ami dans cette circonstance importante de sa vie, il me donna deux lettres cachetées que j'ai remises, en présence du citoyen Wolff, notre collègue. »

Le mariage fut célébré le jour même, 14 décembre, à dix heures du matin, par le maire de Barr, André Schuler, dans le temple de la Raison.

Cet événement destiné à sauver Schneider, devint l'occasion de sa perte. A peine marié, il se met en route pour Strasbourg avec sa jeune femme. Il était dans une chaise de poste attelée de six chevaux et entourée de gardes nationaux à cheval qui avaient voulu lui faire une escorte d'honneur. A son arrivée en ville, le poste de la porte Nationale battit aux champs et lui rendit les honneurs militaires. Ce fut une entrée triomphale.

Saint-Just en fut profondément blessé. Monet et ses amis l'excitaient depuis longtemps contre Schneider en qui ils voyaient un traître. Saint-Just n'attendait pour le frapper qu'un moment favorable et il jugea le moment

LE COMMENCEMENT DE LA TERREUR.   213

venu. Le 14 décembre, au soir, il prit avec Lebas l'arrêté suivant :

« Attendu que Schneider, accusateur public près le tribunal révolutionnaire, ci-devant prêtre, né sujet de l'empereur, s'est présenté aujourd'hui dans Strasbourg avec un faste insolent, traîné par six chevaux et environné de gardes le sabre nu ;

« Les représentants du peuple arrêtent que ledit Schneider sera exposé demain depuis dix heures du matin jusqu'à deux heures de l'après-midi sur l'échafaud de la guillotine, à la vue du peuple, pour expier l'insulte faite aux mœurs de la République naissante ; et sera ensuite conduit de brigade en brigade au comité de Salut public de la Convention nationale. »

Dans la nuit, Schneider, arrêté par le général Dièche en personne, fut enfermé à la prison des Ponts-Couverts. Ses papiers furent mis sous scellés.

Le 15, au matin, le bruit se répandit en ville que Schneider allait être exposé. Malgré la rigueur de la saison, une foule énorme se rassembla sur la place d'Armes et dans les rues voisines. On se regardait les uns les autres sans parler ; on ne pouvait croire à l'événement. Mais bientôt arrivèrent les troupes qui formèrent le carré autour de l'échafaud, et les doutes furent dissipés.

Vers midi parut Schneider, au milieu d'une escorte de soldats. Il monta d'un pas ferme sur la guillotine. D'en haut, il regarda fièrement la foule où ses redoutables fonctions d'accusateur public lui avaient fait tant d'ennemis. Son visage, marqué de la petite vérole, était fortement coloré. Ses traits étaient durs, mais non vulgaires ; des yeux vifs, mobiles, éclairaient d'une sorte de lueur farouche cette physionomie, dont une longue barbe et des cheveux tombant sur les épaules accentuaient encore l'originalité. Schneider était d'habitude coiffé d'un bonnet rouge, garni de fourrure ; à la façon des jacobins, il portait la carmagnole et, par-dessus, la capote bleue de la garde nationale. C'est dans ce costume, moins le bonnet rouge, qu'il s'avança au bord de l'échafaud pour parler au peuple.

Aussitôt d'un groupe de gardes nationaux partirent des cris : A bas l'uniforme ! à bas la cocarde ! Schneider s'écria : Je ne suis pas encore interrogé ; je ne suis pas condamné. Vive la République !

Mais les clameurs s'étendirent à la place entière. Alors Schneider se dépouilla en silence de la capote bleue et s'approcha du bourreau qui l'attacha à la guillotine. Il y resta deux heures exposé à tous les outrages ; des gamins lui jetaient des pierres, de la boue ; des femmes le couvraient d'injures dans le langage imagé du pays. Durant deux heures, dans toutes les parties de la ville, les passants s'abordaient, se disant : Allez donc à la place d'Armes !

Tout Strasbourg passa devant l'échafaud.

Les adversaires de Schneider, Monet, Téterel, les propagandistes craignaient un mouvement pour le délivrer ; il n'y eut aucune tentative. Quelques amis seulement demeurèrent auprès de lui et eurent le courage de manifester leurs sympathies. Au premier rang était Butenschœn, le collaborateur de Schneider à l'*Argus*. Il se tenait au pied de l'échafaud, prodiguant à son compatriote les consolations et les encouragements, attestant hautement son innocence et réclamant comme un honneur d'être attaché à ses côtés.

Ce vœu faillit être exaucé. Butenschœn fut d'ailleurs arrêté quelques jours plus tard, sur l'ordre des représentants du peuple Baudot et Lacoste, et enfermé avec les principaux partisans de Schneider dans le ci-devant hôtel de Darmstadt, anciennement l'hôtel d'Ochsenstein et de nos jours l'hôtel de ville. Il y avait là, réunis dans une même prison : Ch. Taffin, président du tribunal révolutionnaire, et les deux juges Wolff et Clavel; le cordonnier Jung, le représentant du prolétariat strasbourgeois; Vogt, employé dans les greniers de la commune; Ch. Laveaux, rédacteur du *Courrier de Strasbourg;* Klauer, gentilhomme prussien; Anstett, ancien curé de Schnersheim, commissaire-taxateur du Kochersberg; Hauck, maire d'Epfig; Gerst, maire de Pfaffenhoffen; Berghauer, ancien prêtre, président du district de Barr; Helmstœtter, réfugié allemand, né à Bergzabern (Palatinat); Nestlin, administrateur provisoire du département à Schlestadt; Hauck; Miller; Massé; Lepelletier; Arnett et Cotta, officier municipal, autre réfugié allemand, né à Stuttgard. Les arrestations s'étendirent à tout le département; à Landau seul, Monet et Téterel firent incarcérer soixante-douze suspects.

En descendant de l'échafaud, Schneider fut conduit au corps de garde de la place d'Armes où l'attendait une chaise de poste. On lui mit les fers aux pieds et il partit pour Paris. Six jours après, il était écroué à l'Abbaye.

Sa sœur ne l'abandonna pas. Le 18 décembre, elle avait adressé à Saint-Just une lettre touchante qui a été reproduite par l'*Argus :*

Citoyen représentant,

La sœur profondément affligée du malheureux Schneider est devant toi. Tu es le représentant d'un peuple juste et noble. Si mon frère est innocent, il est de ton devoir de le défendre ; s'il s'est trompé, tu dois le soutenir et ne pas le laisser tomber, car tu dois savoir que ses intentions ont été bonnes et honnêtes.

Est-il criminel ? permets que je pleure ; j'ai fait mon devoir comme sœur, fais le tien comme républicain. Je ne puis que pleurer, toi tu peux agir. Vive la République ! vive la Convention !

Marianne Schneider.

A l'Abbaye, Schneider se retrouva à côté d'un homme qu'il avait poursuivi avec acharnement : Frédéric de Dietrich. L'ancien maire de Strasbourg occupait les loisirs de sa captivité à écrire aux siens et à faire de la musique. Il s'était cru oublié, lorsque dans le courant de novembre 1793 des jacobins de Strasbourg écrivirent au club de Paris pour réclamer son jugement définitif ; la lettre avait été très-vivement approuvée par Schneider. Le 29 novembre, dans une séance présidée par Anacharsis Clootz, Robespierre monta à la tribune des Jacobins et déclara qu'il serait dangereux de laisser juger un ennemi de la République dans une ville où il comptait encore de nombreux adhérents. Un mois après, le 25 décembre, il demanda à la Convention que Dietrich et les complices de Custine, Dumouriez, Lamorlière et Houchard fussent livrés sans délai au tribunal révolutionnaire. Trois jours après, le 28, Dietrich paraissait devant le tribunal ; Schneider fut appelé comme témoin et sa haine politique, malgré une communauté d'infortune, fut implacable; il chargea Dietrich avec passion et contribua à sa perte. Accusé de connivence avec l'étranger, l'ancien maire de Strasbourg dédaigna de se défendre.

« Frédéric de Dietrich, dit Buchez, âgé de 45 ans, né à Strasbourg, ex-maire de cette ville, fut condamné à mort sur la déclaration du jury, portant qu'il avait entretenu des manœuvres et intelligences avec les ennemis de la République. »

Cette condamnation ne l'accabla point; il fit preuve jusqu'au bout d'un courage tranquille; il porta même jusqu'à l'échafaud cet amour de l'ostentation qui était dans son caractère. Au moment d'y monter, il écrivait à ses amis : « L'avenir me justifiera; j'attends ma fin avec un calme qui doit vous servir de consolation. Il n'est donné qu'à l'honnête homme de voir ainsi la mort. »

Trois mois plus tard venait le tour de Schneider. Après s'être débarrassés des derniers partisans de l'accusateur public, Monet et les jacobins français s'étaient adressés aux jacobins de Paris pour réclamer son jugement, comme ils avaient poursuivi auparavant la condamnation de Dietrich. Dans la séance de la Convention du 5 février 1794, Robespierre, toujours absolu, toujours rigide dans sa ligne de conduite, parla contre Schneider comme il avait parlé, le 25 décembre 1793, contre Dietrich. Schneider, du fond de sa prison, répliqua par une brochure intitulée : *Euloge Schneider à Robespierre l'aîné*. Il repoussait les accusations lancées contre lui et demandait, lui aussi, des juges.

Elle commençait par ces mots : « On t'a trompé, Robespierre; tu as été, sans le savoir, l'organe de la plus noire, de la plus absurde calomnie. Ton discours sera lu dans toute la France, dans toute l'Europe; je serai pendant quelque temps l'objet de l'exécration publique, je serai regardé comme un monstre. Eh bien, je sollicite une punition prompte et terrible, si je suis coupable des horreurs que l'on m'impute. Je te conjure, au nom de la justice, au nom de la liberté, au nom de l'humanité, de presser mon jugement. » Après avoir disculpé ses actes, Schneider s'écriait en terminant : « Et toi aussi, tu as été un jour calomnié; et toi aussi, tu as été peint comme un sanguinaire par la faction brissotine. Sans doute que ton cœur a souffert; sans doute que tu as su gré à ceux qui ont rétabli ta réputation; or, ce que tu veux qu'on te fasse, tu le feras à un autre. J'attends cette justice de ta part. La justice ou la mort! »

Cette brochure, très-répandue, fit impression; elle agit même sur Robespierre. Pour en détruire l'effet, les membres du directoire du Bas-Rhin adressèrent, le 26 février, au comité de Salut public une *Réponse aux mensonges et calomnies contenues dans* « *Euloge Schneider à Robespierre l'aîné* ». Ce factum est un mélange de rhétorique véhémente et de détails qui feraient sourire si le sujet était moins grave. En voici deux passages; le premier est un appel pathétique aux victimes de l'accusateur public :

« Paraissez, citoyenne de Barr, qu'il a mise en réquisition pour Funck, prêtre autrichien. Paraissez, fille intéressante et malheureuse, qu'il fit demander à son père à une heure du matin, d'un ton à ne pas craindre de refus, pour partager son lit de débauche; paraissez, vous toutes qu'il a successivement souillées de ses impuretés ; toi surtout vertueuse épouse dont le mari fut victime de ses vœux rejetés avec horreur, et répondez. »

C'est à Schneider lui-même que s'adresse une seconde apostrophe : « Vois le malheureux que tu fis guillotiner parce qu'il avait une jambe de bois et que, disais-tu avec une ironie exécrable, il ne pouvait servir sur les galères de la République. Entends-tu la voix encore menaçante de ce capitaine de gendarmerie que tu vouas au couteau national pour jouir de ses pistolets et du produit de ses chevaux ? Écoute les longs gémissements de cette femme qui ne dut sa mort qu'à ton désir de posséder ses meubles ? Faudra-t-il te rappeler ces cultivateurs ignorants et faibles, ce ministre sexagénaire de Dorlisheim, ce citoyen d'Epfig que ta rage a frappés de mort ? Il doit te souvenir de cette infortunée que tu fis périr à Schlestadt avec le fruit précieux qu'elle portait dans son sein, etc... »

Les membres du conseil municipal de Strasbourg eurent le courage de refuser leur signature à cette dénonciation ; ils déclarèrent qu'elle était « lâche et déshonnête ». Elle n'en suffit pas moins à hâter la condamnation de Schneider. Celui-ci répondit en envoyant à ses amis de Strasbourg une copie de sa brochure à Robespierre pour être répandue en ville ; mais il ne se trouva personne qui eût le courage de s'exposer à l'animadversion du parti jacobin français.

Pour comble de malheur, Schneider eut l'imprudence de confier au papier le jugement qu'il portait de Robespierre. Cet écrit, *Aux hommes libres de tous les pays et de tous les siècles*, n'était pas terminé qu'il était découvert et saisi. On le mit sous les yeux de Robespierre qui se contenta de dire : Le prêtre de Strasbourg vit donc encore ?

Quelques jours après, Schneider était transféré de l'Abbaye à la Force, qui était l'antichambre de la guillotine.

L'acte d'accusation dirigé contre Schneider s'inspira de la dénonciation de ses ennemis de Strasbourg. L'accusé y est représenté, amère dérision, comme « un partisan et ami du scélérat Dietrich ». On lui reproche des concussions, des abus de pouvoir, une domination immorale et cruelle. « Prendre toutes les couleurs du patriotisme le plus exagéré, désunir les vrais républicains sous le grand prétexte de salut public, allumer la défiance du peuple sur ses plus sincères amis, heurter avec impudence les opinions les plus respectables, étouffer le patriotisme sous le poids prétendu de la vengeance nationale, faire gémir les cachots comblés de victimes malheureuses et innocentes, sacrifier tout à sa vengeance personnelle et à ses desseins secrets, exercer cependant de temps à autre une justice rigoureuse contre des scélérats reconnus, tel s'est annoncé Euloge Schneider dans les pouvoirs qui lui étaient confiés. Tel il a continué l'exercice des fonctions les plus augustes, de la manière la plus odieuse..... Ce n'est point sans un frémissement douloureux que nous remplissons la tâche pénible de faire l'énumération des forfaits de ce prêtre autrichien. »

Le 10 avril 1794, à dix heures du matin, le tribunal révolutionnaire condamna Schneider à mort. Il fut guillotiné à une heure de l'après-midi et ses dernières paroles furent : « Il est impossible d'être plus complaisant envers les ennemis de la République qu'en me faisant mourir. »

Il y a eu plusieurs versions sur sa mort, comme sur le caractère propre de son existence. Les uns ont dit qu'en marchant à l'échafaud il conserva tout son sang-froid ; d'autres ont prétendu, au contraire, qu'à ce moment suprême le prêtre reparut et que Schneider se frappait la poitrine en répétant à haute voix : *Miserere mei, Domine !*

A Strasbourg, l'arrestation de Schneider avait été suivie de la dissolution du tribunal révolutionnaire. En même temps avaient disparu le comité de surveillance près l'armée du Rhin et la commission militaire extraordinaire. C'était en vertu d'un décret de la Convention du 4 décembre 1793 (14 frimaire an II). Afin de mettre un terme aux conflits des différents pouvoirs et d'unifier l'administration, la Convention ordonnait la dissolution de toutes les commissions civiles et militaires et une épuration de toutes les autorités constituées.

L'arrestation de Schneider produisit un effet auquel ses auteurs ne s'attendaient pas ; elle rendit l'essor à l'agiotage et à toutes les menées contre-révolutionnaires. On sentait une détente ; on se hâtait d'en profiter.

La loi sur le maximum n'était plus qu'une lettre morte ; les denrées, de nouveau, avaient deux prix : la livre de viande se vendait dix sous en monnaie et vingt sous en assignats. Le tribunal provisoire, installé par Saint-Just et Lebas, n'eut pas l'énergie de couper court au mal renaissant. Le président était Mainoni, adversaire déclaré des jacobins alsaciens ou allemands ; il avait pour assesseurs Téterel, Neumann et Wolff qui venait d'être mis en liberté.

Ce tribunal ne dura que deux mois. Il ordonna une

exécution capitale, celle d'un fourreur de Strasbourg, Michel Schauer, accusé par son locataire, un chapelier nommé Leclerc, d'avoir refusé la location au prix fixé. On incriminait aussi sa fille d'avoir déprécié les assignats en disant qu'un assignat de cinq livres ne valait que cinquante sous. Schauer fut exécuté et sa maison, une des plus belles du Marché-aux-Poissons, fut rasée.

Cette exécution ne rétablit point le respect des lois révolutionnaires; le prix effectif des choses dépassa partout le prix légal, et, pour la partie la plus nombreuse de la population, la vie, déjà si dure, devint plus difficile encore. La misère, la famine, la rigueur de l'hiver aidant, la mortalité augmenta pendant les derniers mois de 1793 et les premiers de 1794. D'après Friese, dans son *Histoire de la ville de Strasbourg et de la ci-devant Alsace*, plus de 1,500 personnes moururent à Strasbourg durant cette période, et celles qui succombèrent dans les hôpitaux ne sont pas comprises dans ce chiffre.

De cette situation résulta une tendance agraire, comme on disait sous la République romaine, socialiste, comme nous dirions aujourd'hui. Cette tendance dominait dans l'esprit de ceux qui détenaient le pouvoir. Ils s'appliquaient à faire peser toutes les charges sur les riches pour en dégager le peuple. La classe aisée était accusée journellement de causer tous les maux par son égoïsme et l'on allait jusqu'à laisser espérer, jusqu'à faire entrevoir, même ailleurs que dans les discours des clubs, un partage des biens. Monet s'exprimait ainsi dans un placard officiel : « Peuple, lève-toi et bénis ton destin ! Comme à Lyon, l'esprit mercantile disparaîtra à Strasbourg et ses trésors s'ouvriront à tes besoins. Les pleurs de l'égoïste opulent font la joie de l'utile et vertueux sans-culotte... Familles indigentes et respectables des défenseurs de la patrie, le terme de vos longues privations est arrivé... La République reconnaissante vous assure un patrimoine dans le superflu insultant du riche insensible. Peuple, n'accorde plus ta confiance qu'au sans-culotte, qu'à ton égal, qu'à ton ami. Reprends ton énergie assoupie par l'avare qui craint pour l'or enfoui dans ses coffres, et que tout cède au torrent révolutionnaire. »

La première satisfaction donnée aux convoitises qu'un langage aussi imprudent était de nature à exciter, ce fut le partage des deux millions destinés aux indigents sur l'emprunt forcé de Saint-Just et Lebas. Mais ces deux millions furent vite engloutis, et les besoins reparurent plus pressants que jamais. Afin de diminuer le nombre des bouches, la municipalité décréta que les femmes de mauvaise vie seraient tenues de quitter la ville et que les séminaristes détenus à Strasbourg seraient conduits sous escorte à Dijon.

Ces mesures paraissant insuffisantes, on en prit d'autres plus efficaces, celle-ci particulièrement : on créa des boulangeries de section où l'on donnait du pain aux familles sans ressources contre la présentation d'une carte. Sur chaque carte était indiquée la quantité de pain à laquelle elle donnait droit, et dans chaque section était établi un comité chargé de distribuer les cartes. Plusieurs fois, avant cette utile mesure, la foule affamée avait attaqué les boulangeries. La seconde mesure fut le partage entre les pères de famille pauvres d'environ 1,500 arpents de terre qui entouraient la ville : promenades, glacis et autres terrains communaux.

Tant bien que mal le peuple vivait, mais il n'y avait pas que le peuple à nourrir ; il y avait les prisonniers, et la situation était telle que cette question devint grosse d'orages et de menaces. La loi des suspects avait rempli les prisons ; l'ancien séminaire et le collége des jésuites regorgeaient. En deux jours, on avait arrêté cinquante personnes. Le nombre des détenus était arrivé au chiffre de 1,800 à 2,000 sur une population de 45,000 âmes.

Il avait fallu établir des succursales de prison, créer des catégories de prisonniers. Les hommes étaient enfermés au séminaire ; les femmes au collége, sans distinction de rang, ce qui faisait un singulier mélange de femmes du peuple et de femmes du monde, d'anciennes religieuses et de comédiennes. Ces bâtiments ne suffisant plus, on transforma en prison le ci-devant hôtel des ducs de Darmstadt.

Il y eut des détenus qui ne purent supporter leur captivité ; ils furent pris de maladies mortelles ; d'autres, comme Brackenhoffer, se tuèrent de désespoir. Cependant, s'ils étaient victimes de mesures arbitraires et rigoureuses, ils jouissaient encore de libertés surprenantes pour des prisonniers. Leur sort, surtout au début, fut relativement assez doux.

Par décret du 17 septembre, ils étaient autorisés à faire venir des lits, des ustensiles de ménage, des instruments de musique, des livres ; ils avaient les vêtements et le linge qui leur plaisaient. A l'aide de quelques gratifications aux gardiens, ils pouvaient faire apporter du dehors des mets, du vin, des friandises. Il ne leur était pas interdit d'écrire, mais ils devaient remettre leurs lettres ouvertes.

Il était permis aux membres d'une même famille de prendre leurs repas en commun. Le soir, on formait des cercles : on y causait librement, on y lisait, on y faisait de la musique et il arrivait même qu'on y dansât. Des liaisons fort intimes se nouèrent et amenèrent des mariages. Les visites étaient autorisées, mais en présence d'un gardien. Il y eut même des prisonniers qui sortaient tous les jours. Au procès-verbal de la séance du comité de Salut public du 1er décembre 1793 (11 frimaire an II) on trouve : « Il a été arrêté que les citoyens Ostertag, Marchal et Weiler, médecins, seront détenus au séminaire, avec permission d'en sortir, accompagnés d'un planton, pour visiter les malades. » Ce planton coûtait trois livres par jour au détenu qu'il surveillait.

Mais après l'arrestation de Schneider la situation des détenus s'aggrava : les prisons furent placées sous l'autorité militaire. On priva les prisonniers d'une bonne part des facilités d'existence qu'on leur avait laissées jusqu'alors. Dans une circulaire aux gardiens-chefs, le général Dièche disait : « Ne t'inquiète pas des malades à certificat ; il y aura un officier de santé spécialement chargé de ces visites et qui en aura soin. Continue toujours avec exactitude ta surveillance et mets le plus grand zèle dans la partie qui t'est confiée, de manière à abaisser le caquet des aristocrates et à t'opposer à leurs machinations. »

L'introduction d'espions parmi les détenus acheva de leur rendre la vie très-pénible. L'ordre intérieur des prisons portait le titre de *Consigne* avec ce sous-titre : *Mort aux tyrans et aux conspirateurs! Surveillance et activité!*

La reprise des lignes de Wissembourg par Hoche, à la fin de décembre 1793, amena l'arrestation de beaucoup de paysans suspects d'avoir eu des intelligences avec l'ennemi. On les entassa dans les prisons de Strasbourg. Tous les détenus qui avaient quelque argent furent contraints de prendre à leur charge la dépense de leurs compagnons de captivité pauvres. De longues tables communes étaient dressées dans les corridors du séminaire et du collège; riches et indigents s'y asseyaient pêle-mêle, ceux-ci nourris par ceux-là. Les paysans apportèrent avec eux la petite vérole qui fit bien des victimes. Ce fut un moment affreux.

Le nombre toujours croissant des prisonniers provoqua à diverses reprises dans les clubs des discussions et des propositions menaçantes. Dès le 9 décembre 1793, la question du désencombrement fut soulevée aux Jacobins. Les orateurs attaquèrent particulièrement, dans des termes très-violents, les Alsaciens parlant allemand. Massé, un des membres du parti jacobin alsacien, quoique né hors de l'Alsace, nous a tracé dans sa prison de Dijon le tableau de cette séance. Ce fut alors que se produisit cette motion, à laquelle nous avons déjà fait allusion, de transporter à l'intérieur de la France les Alsaciens ne parlant qu'allemand et de les remplacer dans le pays par des colonies de sans-culottes des départements du centre. Quelques orateurs ne virent, comme solution, que la guillotine. Mais il n'y eut point de vote.

Quelques jours plus tard, dans la séance du 13 décembre, François Alexandre, un Parisien, alors directeur du magasin des vivres à Strasbourg, revint à la charge; il prononça un discours pour démontrer la nécessité de la suppression des détenus. Il prit des exemples dans l'histoire, depuis le massacre des Innocents jusqu'aux Dragonnades. « C'est ainsi, dit-il encore, que les Romains agissaient aux beaux temps de la République. »

Mais ce fut le lendemain, 14 décembre, qu'eut lieu le débat le plus important. L'assemblée était nombreuse : les propagandistes, le maire Monet, la municipalité, les conseillers départementaux et de district étaient présents. L'ordre du jour portait : *Du sort des prisonniers.*

Le premier orateur posa comme axiome que dans une République il ne peut y avoir que des républicains ou des traîtres ; aucun moyen terme n'est possible. « Puissent les modérés, les feuillants, les égoïstes, s'écria-t-il en terminant, tomber sous le glaive de la loi ! »

Le second divisa les détenus en trois catégories : les modérés, les suspects, les fanatiques. Il concluait à ce que les derniers fussent enfermés pour la vie et que l'on fît une épuration des autres, sauf à envoyer à la mort ceux qu'on aurait reconnus coupables.

« Celui qui n'est pas pour le peuple est contre lui, proclama le troisième orateur. Tous ceux qui n'ont rien fait pour le bien public doivent être retranchés de la société humaine. »

D'autres orateurs s'honorèrent en parlant contre les mesures extrêmes ; ils eurent le courage de montrer quel danger il y aurait à confier à un comité populaire la décision sur le sort des prisonniers. « Il ne faut pas, dit l'un d'eux, accoutumer le peuple à verser le sang du peuple. Un homme faible et trompé ne peut être assimilé à un conspirateur. »

On passa au vote qui se fit à la tribune, par appel

nominal. Trois clubistes seulement refusèrent d'y monter; tous ceux qui y parurent votèrent la mort, les uns après jugement, les autres sans jugement. Les spectateurs des tribunes, parmi lesquels se trouvaient des parents et des amis des détenus, eurent la lâcheté d'applaudir. C'est le propre de la dictature, sous quelque forme qu'elle se produise, d'avilir le caractère public.

Au nombre des suffrages qui ont été relevés, il faut citer ceux du général de division Dièche, de Sarez, conseiller municipal et chef de bataillon de la garde nationale, d'un journaliste nommé Meyer et du propagandiste Moreau. En votant, ce dernier s'écria dans un accès de frénésie : « Qu'importe si quelques innocents périssent avec les coupables ? Laissez-nous septembriser les détenus, afin de faire place à de nouveaux détenus. » C'était une sinistre réminiscence historique; Moreau, le clubiste, n'était que le plagiaire du comte Simon de Montfort, l'exterminateur des Albigeois. Un autre propagandiste, Dubois, de Beaune, ci-devant prêtre, qui renchérissait sur toutes les mesures révolutionnaires, n'avait-il pas dit un jour à la tribune qu'il valait mieux perdre un innocent que de manquer une dénonciation!

A la suite de ce vote, le comité de Salut public, dans sa séance du 25 décembre 1793 (5 nivôse an II), divisa les prisonniers du séminaire en deux catégories, en coupables et non coupables. Ce classement fut soumis aux représentants du peuple qui l'approuvèrent; puis le comité eut à décider le genre de mort qu'on ferait subir aux condamnés.

Pour cette discussion, le comité s'était adjoint les propagandistes et les principaux orateurs du club des

Jacobins. On prétend qu'il fut question de faire dans le Rhin des noyades imitées de celles de Carrier à Nantes ; mais il semble que ce soit là une imputation sans fondement sérieux. Ce n'est, en effet, que pendant la réaction thermidorienne, que ce bruit s'est répandu. Le secrétaire du district, Brandlé, le seul qui ait parlé de cet atroce dessein, n'en a rien dit avant la chute de Robespierre, et quand il a révélé ce prétendu projet, il n'a pas été en mesure de fournir la moindre preuve à l'appui de son accusation. Quoi qu'il en soit de ce bruit, il est certain que le comité de Salut public et les conseillers qu'il s'était adjoints n'osèrent prendre une résolution ; l'attitude de la population strasbourgeoise les arrêta. La question resta en suspens, et la fin de la Terreur arriva sans qu'elle eût été résolue.

Tandis que les jacobins l'agitaient dans leurs réunions, un grand cri s'éleva au dehors, cri de triomphe patriotique, qui couvrit glorieusement le bruit des déchirements intérieurs. Pichegru et Hoche, alors âgé de vingt-six ans, avaient repris l'offensive à la tête des armées du Rhin et de la Moselle. Après une série de brillants succès, ils s'étaient trouvés de nouveau, le 27 décembre 1793, maîtres des lignes de Wissembourg.

Landau ou la mort! s'écriaient les volontaires en marchant au combat ; et Landau, malgré un blocus rigoureux de quatre mois accompagné de bombardement, avait échappé à la douleur d'une capitulation, grâce au patriotisme des habitants et à la résistance énergique des jeunes armées de la République. On conte de ce siège des scènes touchantes, celle-ci entre autres : un brave boulanger, Klée, était occupé à éteindre l'incendie de l'arsenal, quand on vint lui annoncer que sa propre maison brûlait : « Ma maison n'est qu'une propriété particulière, répondit-il, sauvons avant tout les biens de la nation. » C'était là un héroïsme d'un nouveau genre, un héroïsme tout moderne. Sacrifier sa vie à la patrie était beau comme l'antique, c'était renouvelé des Grecs et des Romains ; mais pour un bourgeois de Landau sacrifier un avoir péniblement acquis, l'héritage de ses enfants, c'était plus beau encore. Il y avait là un bien plus grand effort de désintéressement.

La retraite des coalisés, des Prussiens de Brunswick et des Autrichiens de Wurmser, fut le signal d'une effroyable panique dans les campagnes voisines de Haguenau. Plus de 50,000 paysans émigrèrent dans la crainte d'être atteints par les mesures révolutionnaires ; un certain nombre d'entre eux s'enrôla dans l'armée de Condé ; beaucoup périrent de misère à l'étranger. La Convention s'émut de cette panique d'une population entière ; un an plus tard, le 7 décembre 1794, quelques orateurs prirent la parole en faveur de ces malheureux que la peur avait aveuglés. Après de vifs débats, la Convention se laissa convaincre ; elle vota un décret, exceptant des peines prononcées par la loi contre les émigrés, les Alsaciens sortis de France depuis le 1er mai 1793 ; on devait même leur restituer leurs biens, s'ils n'avaient pas été vendus, et heureusement c'était le cas.

La reprise des lignes de Wissembourg, la victoire des armées françaises, c'était la fin de la mission de Saint-Just et de Lebas. Ils étaient venus pour assurer le triomphe de la République sur la frontière du Rhin ; leur tâche accomplie, ils partirent. En janvier 1794, ils étaient de retour à Paris. Strasbourg les avait vus arriver vers la fin d'octobre 1793 ; leur mission avait donc duré environ trois mois.

Dans ce court espace de temps, que de choses accomplies ! L'armée, dénuée de tout, avait été pourvue de tout ; la famine avait été combattue, le respect des lois révolutionnaires établi, les menées de la réaction confondues ; où il semblait qu'il n'y eût rien, on avait découvert des ressources ; on avait renversé les obstacles, qu'ils vinssent de la situation ou des hommes ; on n'avait reculé devant aucune difficulté, on n'avait hésité devant aucun péril, et de tant d'efforts était sortie une chose admirable, une patrie victorieuse, régénérée aux sources vives de la liberté et de l'égalité.

Strasbourg, il est vrai, paya cher ce succès. Saint-Just et Lebas ne surent pas assez reconnaitre le dévouement de ses habitants ; il y a lieu de regretter la défiance qu'ils conservèrent envers des citoyens qui sans doute parlaient allemand, mais qui se sacrifiaient héroïquement pour la France. Cependant si l'on peut blâmer tel ou tel acte isolé des deux représentants du peuple, il n'est pas permis de contester la grandeur des résultats obtenus par l'ensemble de leur administration. Ils emportèrent de Strasbourg la double gloire d'avoir arrêté l'invasion et d'avoir implanté la Révolution française au cœur de l'Alsace.

CHAPITRE VI.

LA FIN DE LA TERREUR ET LE DIRECTOIRE.

Les commissaires Baudot et Lacoste. — Nouvel emprunt forcé de dix millions et institution d'une nouvelle commission révolutionnaire. — Monet au premier plan. — Sa lutte contre les jacobins alsaciens et allemands. — Arrestation à Strasbourg et exécution à Paris des frères Edelmann et de Jung. — Transfert dans les prisons de Dijon des autres partisans de Schneider. — Recrudescence des mesures terroristes. — Exécutions capitales. — Chute de Robespierre. — Mission du commissaire Foussedoire. — Destitution de Monet et son remplacement par André. — Renouvellement du personnel administratif et communal. — Élargissement de nombreux détenus. — Levée de l'état de siège ; révocation du général Dièche. — Fin du maximum. — Souffrances de la population par un hiver excessivement dur. — Création du théâtre de la Bienfaisance. — Arrivée du commissaire Bailly. — Épuration du club des Jacobins. — Remplacement du maire André par Michel Mathieu. — Rétablissement de l'exercice des cultes. — Épuration de la garde nationale ; désarmement des prolétaires. — Démonstrations de joie patriotique à la nouvelle de la paix de Bâle. — Arrivée du commissaire Richou. Tentative d'arrêter le mouvement contre-révolutionnaire. — Réveil de la prospérité matérielle. — Séjour de Kléber à Strasbourg. — Moreau prend le commandement en chef de l'armée du Rhin. — Sa campagne dans le sud de l'Allemagne et sa retraite. — La garde nationale de Strasbourg aide à repousser une attaque des Impériaux contre Kehl. — Siège et capitulation de Kehl.

Saint-Just et Lebas partis, Monet, jusque-là au second plan, va apparaitre au premier ; c'est lui désormais qui dirigera la Révolution à Strasbourg.

Cependant il ne devint pas subitement le maitre ; il y eut une sorte de transition. Les représentants du peuple Baudot et Lacoste, venus dans le Bas-Rhin avec leurs collègues Saint-Just et Lebas, y prolongèrent leur mission. Ce sont eux qui dominent pendant une courte période. Ils étaient modérés et avaient même été accusés de tiédeur. Nous les voyons néanmoins prendre, à ce moment, deux résolutions énergiques : ils décrètent un emprunt forcé et instituent un comité de Salut public. Double mesure rigoureuse, il est vrai, mais dictée par l'impérieuse nécessité d'une situation qui menaçait de devenir intolérable.

Délivrés de la crainte que leur avaient inspirée Schneider et Saint-Just, les adversaires de la Révolution et les agioteurs recommençaient leurs manœuvres. De là, discrédit complet du papier-monnaie, disparition de l'argent, exaspération de la disette, embarras de l'administration sans cesse multipliés et grandissants. Il fallait revenir aux moyens extraordinaires ou compromettre l'œuvre de la Révolution.

Les représentants du peuple demandèrent au département dix millions de livres en numéraire, à échanger contre la même somme en assignats qui perdaient déjà 50 p. 100. Strasbourg fut imposé pour sa part à trois millions, et la municipalité fut chargée de l'exécution du décret dans le délai d'une décade. Une semblable mesure était prise à la même époque dans le Haut-Rhin par un autre représentant du peuple, Foussedoire, encore plus modéré que Baudot et Lacoste.

Ce fut un coup terrible pour la population alsacienne. Il atteignit même les plus pauvres, car ceux-là aussi donnèrent. Un boulanger de Strasbourg qui avait versé déjà plusieurs milliers de francs, ruiné, malade, se dépouilla de son dernier écu. Il quitta le lit pour aller lui-même à la mairie apporter quelques louis de réserve qu'il avait cachés dans sa paillasse. Les parents vidèrent les tirelires des enfants. Enfin, les fonds déposés à la caisse d'épargne furent saisis, avec promesse, il est vrai, de remboursement ; mais promesse illusoire, car ils ne furent jamais rendus.

Le comité de Salut public exerça son pouvoir dans les deux départements du Rhin. Sa procédure était expéditive : les commissaires faisaient comparaître le prévenu, l'interrogeaient et si la preuve du délit était écrite, ils rendaient leur sentence, séance tenante ; s'il n'y avait pas de preuve écrite, une déposition concordante de deux témoins suffisait. Les arrêts étaient exécutoires dans les vingt-quatre heures.

L'œuvre du comité n'entravait point l'action des tribunaux civils ou militaires. Son objet unique était d'accélérer le jugement des détenus. Les peines à infliger étaient déterminées par la loi et par différents arrêtés des représentants en mission. Dans les cas douteux, le comité devait en référer aux commissaires de la Convention.

Les membres de ce comité étaient en majeure partie étrangers à l'Alsace. Le président était Téterel, ancien président du tribunal de la Moselle, le même, qui, un jour au club, avait grandement scandalisé les jacobins alsaciens, pour la plupart déistes, en appelant le Christ un charlatan. Il avait pour collègues Mulot, juge de district à Bitche; Adam, de la Moselle; Neumann, accusateur public près le tribunal criminel du Bas-Rhin ; le peintre Fibich et Altmayer, accusateur public près le tribunal criminel de la Moselle.

En choisissant des hommes étrangers au département, on espérait qu'ils seraient moins accessibles aux influences locales qui paralysaient la répression.

A Strasbourg, l'installation du comité de Salut public

eut lieu solennellement dans le temple de la Raison. Pour rendre la cérémonie plus saisissante, les membres parurent vêtus de noir, ceints de l'épée, le chapeau voilé d'un crêpe.

Malgré des allures si funèbres, ce tribunal extraordinaire ne fut point terrible. Il ne prononça que trois condamnations capitales, et un petit nombre de déportations à l'intérieur. La peine capitale ne frappa que des individus accusés de connivence avec l'ennemi. Pour agiotage ou fraudes, le comité n'infligea que des amendes; aussi fraudes et agiotage, loin de cesser, redoublèrent.

Les conditions matérielles de l'existence étaient devenues très-difficiles, surtout pour les populations urbaines. La viande de bœuf avait atteint un prix exorbitant. On ne pouvait se procurer du veau qu'en produisant une ordonnance de médecin, et il coûtait quinze sous la livre. La vue de l'argent comptant, à vrai dire, rendait les marchands accommodants, mais l'argent était devenu bien rare. Il n'y avait pas seulement pénurie de vivres, mais de toute autre denrée. Le cuir, la laine, le drap, le plomb, le cuivre, le zinc, étaient réquisitionnés pour le service de l'armée. Les marchands, toujours sous le coup d'exigences nouvelles, ou ne possédaient réellement plus rien, ou dissimulaient et tâchaient de regagner, en vendant au-dessus du taux, les amendes et les réquisitions qu'ils avaient subies. Strasbourg offrait le spectacle lamentable d'une ville arrivée à la dernière période d'un siège; mais Strasbourg, malgré ces rudes épreuves, ne capitula pas.

L'institution du comité de Salut public fut le dernier effort de Baudot et de Lacoste. C'est à ce moment que commence la période de la domination exclusive de Monet. Elle coïncide avec celle de la dictature de Robespierre. Elle s'étend de la double exécution des hébertistes et des dantonistes en mars 1794 (ventôse et germinal an II) jusqu'au 9 thermidor.

La fin tragique des hébertistes et des dantonistes eut peu d'écho en Alsace où ils ne comptaient que très peu de partisans. Cependant Danton entraîna dans sa chute trois Alsaciens : Westermann, le vainqueur de la Vendée; Gobel, évêque constitutionnel de Paris; et Simond, député du Bas-Rhin, ancien vicaire-général de Brendel. Tous les corps politiques et administratifs des départements envoyèrent à Paris des adresses d'adhésion; l'Alsace, comme le reste de la France, suivit l'impulsion donnée, et le comité de Salut public trouva dans Monet un exécuteur dévoué, actif, vigilant et parfois rigide de ses volontés toutes-puissantes.

Le décret de la Convention, sous lequel venait de succomber les amis d'Hébert et de Danton, armait les autorités d'un pouvoir discrétionnaire par ses dispositions contre les personnes suspectes de conspiration avec l'étranger. Sans représentants du peuple pour l'aiguillonner ou le guider, Monet se trouva maître absolu à Strasbourg. Il fallait que dans ces temps de défiance universelle il inspirât malgré sa jeunesse une confiance bien rare; il la justifia.

Ce maire de vingt-quatre ans, transformé en proconsul dans les circonstances les plus terribles, saisit la dictature d'une main ferme, sans s'émouvoir de ses responsabilités, effrayantes alors, souvent mortelles. Il fit face aux périls, comme aux besoins, avec décision et succès. En ces heures de trouble et d'alarmes, il fut digne de son poste, un des plus importants de la République.

Mais ce ne fut pas sans combat qu'il resta maître de la situation. Il dut terrasser une seconde fois les anciens adversaires de Saint-Just, les jacobins alsaciens et allemands, un instant redevenus menaçants.

Dans l'adresse même où le club des Jacobins de Strasbourg félicitait la Convention de l'exécution des hébertistes et des dantonistes, il demandait la mise en liberté de ses membres, arrêtés en même temps que Schneider. Cette requête fut accueillie : ils revinrent, et, à leur tête, Massé, Jung, Vogt, Bertrand, André et les frères Edelmann. Ces trois derniers, qui, comme hommes, jouissaient de l'estime générale, furent reçus avec les démonstrations d'une joie particulière. Loin de se montrer abattus par le péril auquel ils venaient d'échapper, les jacobins alsaciens considéraient leur mise en liberté comme un triomphe, comme le gage d'une revanche prochaine et définitive de leur parti. Avec plus de violence que jamais, ils reprirent dans la presse et dans les réunions populaires leurs attaques contre les jacobins français.

Le maire de Strasbourg se sentit menacé par ces agressions nouvelles d'autant plus dangereuses à ses yeux, qu'au fond il se défiait de la population. Il résolut d'en finir par un coup de rigueur. Pour préparer l'opinion aux mesures de salut public qu'il projetait, il monta à la tribune du club des Jacobins dans la séance du 10 mai 1794 (21 floréal an II) et prononça un discours qui fut un long et véhément réquisitoire contre ses adversaires. Il rappela leur opposition à Saint-

Just et aux tendances dont il était animé : « Tel était, s'écria-t-il, le degré de prévention dirigée contre Saint-Just et Lebas que leurs noms ne pouvaient se prononcer à la Société populaire sans que des cris d'indignation ne partissent d'un coin des tribunes, entièrement dévoué au parti contraire. Cette prévention n'est pas détruite, aujourd'hui même que la hache de la loi a frappé la tête des coupables et que le comité de Salut public, armé d'une nouvelle énergie, est sorti vainqueur de la conjuration tramée contre le Gouvernement et la patrie. *Schneider n'est plus et son esprit vit encore !* »

A ces allusions menaçantes, Monet ajoutait des considérations sur le *germanisme* de l'Alsace et la nécessité de le faire disparaître. « La principale cause, dit-il, des succès que les factions avaient obtenus dans le Bas-Rhin est dans l'antipathie invétérée des habitants contre les Français et leur tendance trop marquée vers le germanisme. Le titre de Français ou de Welche était naguère une sorte d'insulte, celui d'Allemand annonçait un compatriote, auquel l'amitié devait un accueil fraternel. L'Alsace, avant la Révolution, réunie depuis peu de temps à la France, avait conservé ses anciennes mœurs, son costume, son langage et une juridiction particulière ; des barrières hérissées de douanes, de contrôles, de péages la séparaient du territoire dont elle faisait une partie nouvelle, tandis que le commerce refluait librement et sans entraves vers l'Empire, où les négociants de Strasbourg avaient des maisons établies. La plupart d'entre eux, et les artisans même, y envoyaient leurs enfants pour s'y instruire dans l'état de leurs pères ; des engagements sacrés étaient le résultat de ces communications respectives, et les deux rives du Rhin, divisées par le droit des gens et la politique, se réunissaient sous les auspices de l'hymen et des sentiments les plus doux de la nature. »

De là, résultait nécessairement, au dire de Monet, tout un ensemble de préjugés peu favorables à la France, la véritable patrie ; mais l'orateur ne désespérait pas de l'avenir : « Le temps, disait-il, la raison, l'expérience, le progrès des lumières, des communications plus fréquentes, plus suivies avec l'intérieur de l'État détruiront sans doute ces préjugés contraires à l'association politique. »

Il termina par un panégyrique des Français. « Habitants du Bas-Rhin, s'écria-t-il, quelle a été parmi vous la conduite des Français ? Elle a été celle de héros généreux, de soldats magnanimes, sur tout le territoire qu'ils ont successivement occupé et parcouru. Ils ont régénéré vos idées, vous ont enflammés de la passion des grands cœurs, de l'enthousiasme de la vertu ; ils vous ont créé une patrie ! »

Puis passant à l'éloge des mesures qui ont pour objet de *franciliser* l'Alsace, comme on disait alors, Monet continua : « L'éducation nationale, uniforme dans tous les départements, commune à tous les citoyens, contribuera à réformer promptement le caractère et les mœurs, sinon de la génération présente, au moins de celle qui lui succède. L'on ne saurait assez applaudir au décret sage et politique qui établit, dans chaque commune, des écoles de langue française. Rendre cette langue familière, bannir l'allemand du commerce et de tous les actes publics, l'extirper insensiblement, proscrire les mœurs et le costume étrangers, c'est briser autant de nœuds qui unissent le Bas-Rhin à l'ennemi ; c'est élever un mur de séparation éternelle entre les hommes libres et les esclaves ; c'est identifier enfin l'Alsace à la République ! »

Pour atteindre ce but patriotique, il y avait encore beaucoup à faire ; Monet le constatait avec regret, mais sans défaillance ; il était plein d'espoir, car si une faction malintentionnée s'opposait à cette transformation si désirable, « la masse du peuple, ajoutait-il, est en Alsace ce qu'elle doit être par son essence, ce qu'elle est dans la République entière, amie de l'égalité et de la vertu. Elle désire sincèrement l'affranchissement de la République, le triomphe de ses armes..... Le bien s'opère sans faste, sans jactance, sans éclat ; les décrets s'exécutent ; la sûreté publique repose entre la surveillance active et la loyauté ; le peuple, le vrai peuple est content. »

Il semble que Monet prit à tâche de combattre lui-même, à la fin de son discours, les défiances qu'il exprimait au commencement ; en tout cas, il vengea les généreuses populations de l'Alsace des indignes suspicions de certains patriotes trop zélés, trop ombrageux, absolument étrangers d'ailleurs aux mœurs et aux idées de la province. Mais tout le discours ne se tint pas dans ces considérations générales sur l'état des esprits ; à côté de ces vues d'ensemble, les attaques personnelles y abondaient. Monet prit nominalement à partie Jung et les frères Edelmann qui devaient lui paraître d'autant plus dangereux que leur honnêteté et la sincérité de leurs convictions ne pouvaient être mises en doute. Il les interpella, il les exhorta à changer de conduite, il les adjura de revenir à d'autres sentiments tout en leur faisant leur procès, tout en leur reprochant de renouer d'anciennes intrigues, de faire obstacle au bonheur de l'État.

Monet était bien l'élève de Saint-Just; ses menaces ne furent pas vaines. Peu après ce discours, au commencement de prairial, il fit arrêter Jung et les frères Edelmann qui furent transportés à Paris, traduits devant le tribunal révolutionnaire, condamnés et décapités.

Les mesures de sûreté publique furent étendues aux autres membres principaux du parti jacobin alsacien : Cotta, Butenschœn, Vogt, Klauer et Daum, conseillers du district; Wolff, ancien juge au tribunal révolutionnaire; Massé, ancien adjudant de la place; Taffin, ancien assesseur de Schneider, accusés d'avoir fait payer par la municipalité de Haguenau les frais d'une tournée de la guillotine, avant que le district eût été mis en état de siége, accusés, par conséquent, d'un simple vice de forme, furent conduits à Dijon, où on les garda plusieurs mois. Taffin ne put se résigner à son sort; saisi, dans sa prison, d'un accès de désespoir, il se brûla la cervelle. Ses compagnons furent rendus à la liberté après le 9 Thermidor.

La vigueur avec laquelle Monet avait frappé ses principaux adversaires produisit l'effet accoutumé : elle abattit toutes les résistances. Elle mit à sa disposition, non-seulement le tribunal révolutionnaire, mais le conseil municipal, qui n'avait cessé de manifester certaines tendances d'opposition. Ce fut à Strasbourg le signal d'une recrudescence de mesures terroristes. Le général Dièche, plus exalté que jamais, pris d'une sorte de délire furieux, ne rêvait que complots; cédant à sa manie théâtrale, il ne se contentait pas de faire parcourir les rues par des patrouilles, mais il plaçait des canons, mèche allumée, sur les places publiques. Un décret rappela aux femmes l'obligation de porter, sous peine d'emprisonnement, la cocarde nationale. De nouvelles arrestations eurent lieu en grand nombre. On y procédait la nuit avec un déploiement d'agents de police portant des lanternes rouges. Ce n'était pas là un simple effet théâtral, une sinistre mascarade, c'était le résultat d'un calcul, l'application du système gouvernemental d'alors jusque dans les moindres détails. Les terroristes avaient grand soin de ne rien négliger de ce qui pouvait jeter l'épouvante dans l'imagination populaire.

Bientôt tout le monde eut des parents ou des amis en prison; personne, à aucun moment, ne put se croire en sûreté. Une fois, en deux jours, cent cinquante personnes furent arrêtées, sans distinction de position, ni de fortune, ni d'âge : d'anciens membres du Magistrat, Brackenhoffer, Hennenberg, l'ex-ammeister Lemp, Mogg, ancien magistrat municipal, des professeurs de l'Université, Herrenschneider, Reisseissen, des ecclésiastiques protestants, Emmerich, Herrenschneider père, « connu comme ennemi de l'égalité par son orgueil et ses préjugés », Fritz, « partisan de Dietrich et auteur de plusieurs écrits contre la liberté », des négociants avec leurs femmes et leurs filles, entre autres ce vieillard, Mayno, que Schneider avait déjà exposé deux heures à la guillotine, désigné comme chef des feuillants, enfin le directeur du théâtre de Strasbourg, Démeri, et sa femme. Par une autre mesure de la municipalité, tous les suspects internés à vingt lieues de la frontière et dont la conduite parut dangereuse, furent également arrêtés et emprisonnés à Nancy, à Dijon et à Metz.

Ces mesures énergiques valurent, aux membres de la municipalité, les félicitations de Beerlyn, chef de la police, qui vint un jour, en séance, les en remercier et leur proposa l'exécution de deux idées personnelles. La première consistait, pour combattre l'agiotage, à nommer un agent national chargé d'acheter à l'étranger des denrées que la ville revendrait au prix du maximum, puisque les marchands s'y refusaient. La seconde était de s'emparer tout simplement des biens de la fondation protestante de Saint-Thomas. Les principes économiques du chef de la police étaient à la hauteur de ses idées politiques, puisqu'il associait, dans une seule et même motion, l'État marchand à l'État spoliateur. Ajoutons que ces deux motions furent votées, mais qu'elles ne furent exécutées ni l'une ni l'autre.

En même temps que les mesures de rigueur, les fêtes populaires se multipliaient. Jamais on ne les avait célébrées si nombreuses ni avec tant de pompe et d'éclat. Ce contraste qui se retrouve partout, aussi bien à Strasbourg qu'à Paris, n'est pas un des traits les moins curieux de l'époque. C'était une nécessité du temps. Les réjouissances publiques servaient de contre-poids indispensable à la tension excessive de tous les ressorts de la société. Toujours symboliques, au milieu de la tourmente elles faisaient espérer le port; elles montraient le but où l'on tendait, la liberté et le bonheur du peuple, la paix finale dans la dignité et l'abondance; elles entretenaient le courage, elles renouvelaient l'enthousiasme par le mirage d'un triomphe prochain, donnaient la constance dans l'épreuve, le calme dans le péril et la joie dans le sacrifice.

Ce fut Monet qui introduisit à Strasbourg le culte de l'Être suprême, avec une solennité qu'on n'avait plus revue depuis la grande fête de la Fédération. Monet était un déiste convaincu, ardent ; il tonnait fréquemment, dans le club des Jacobins, contre le culte de la Raison et de la Nature préconisé par les hébertistes qui comptaient d'ailleurs, comme nous l'avons dit, fort peu d'adhérents à Strasbourg. Il exaltait la croyance à l'immortalité de l'âme, et combattait de toutes ses forces « les principes immoraux de l'athéisme ». L'Être suprême ne pouvait trouver à Strasbourg un introducteur mieux disposé que Monet.

La fête eut lieu, dans toutes les communes de l'Alsace, le 8 mai 1794, le même jour qu'à Paris. Il en existe un compte rendu sous ce titre : *Procès-verbal et description de la Fête de l'Être suprême célébrée à Strasbourg, le 20 prairial an II.*

Dès le matin, les habitants sont avertis par le bruit du canon et par le bourdon du Munster. Toutes les maisons se décorent de drapeaux surmontés du bonnet phrygien et se parent de guirlandes de fleurs. De distance en distance, s'élèvent des arcs de verdure. A l'entrée des principales rues, à chaque carrefour on avait planté de nombreux arbres « ce qui faisait ressembler la ville à un gai paysage ».

A travers ces rues fleuries, verdoyantes et pavoisées, les autorités civiles et militaires, les membres des sociétés populaires, les citoyens et les citoyennes se rendent à la cathédrale. Un corps de vétérans, avec musique, précède le cortége. Derrière eux s'avance un bataillon des vélites de la garde nationale, divisé en artillerie et en infanterie. Puis viennent des groupes de jeunes filles habillées de blanc, parées des couleurs nationales, répandant des fleurs sur leur route; des bergers et des bergères, des cultivateurs avec une charrue couverte de gerbes. Quatre jeunes femmes, représentant les Saisons, entourent une cinquième femme, aux charmes plus opulents, qui figure l'abondance. Ce groupe est suivi d'un char triomphal avec des défenseurs de la patrie devenus invalides, et ce char est précédé par quatre sous-officiers portant une pierre de la Bastille, taillée sur le modèle de cette forteresse. Puis des citoyens habillés de costumes français, suisses, polonais, américains, et reliés entre eux par une guirlande de lierre, symbolisent l'alliance des peuples libres contre la tyrannie des rois. Enfin, sur un char magnifique, d'un goût parfait, des jeunes filles personnifient la liberté, l'égalité et le bien public. C'est derrière elles que s'avancent les autorités constituées et les sociétés populaires, qu'accompagnent divers bustes de martyrs de la liberté.

Vers midi, après avoir traversé solennellement et dans l'ordre le plus irréprochable, les différents quartiers de la ville, le cortège arriva au Munster, transformé en temple de l'Être suprême. Au-dessus du grand portail se détachaient en lettres d'or les mots du décret de la Convention :

LE PEUPLE FRANÇAIS RECONNAIT UN ÊTRE SUPRÊME
ET L'IMMORTALITÉ DE L'ÂME.

En entrant dans le temple, les fleurs et les fruits furent déposés sur l'autel, dont les quatre faces représentaient les journées principales de la Révolution. Les jeunes filles et les personnages symboliques de la procession patriotique se groupèrent sur une montagne élevée, au milieu de la grande nef, pour y figurer la Montagne politique.

Le silence se fit et la cérémonie commença. Auguste Lamey déclama une *Ode* composée par lui pour la circonstance. A l'ode succéda une cantate de Pleyel, dont le renom est devenu européen. Ce fut ensuite le tour des orateurs, des prédicateurs, devrait-on dire. Un membre du club fit ressortir les dangers de l'athéisme; il recommanda la vénération de l'Être suprême comme la source de tout bien et de toute vertu; il exhorta particulièrement les maîtres à ne pas manquer au devoir civique de répandre les idées religieuses dans la jeunesse. Le représentant du peuple Lacoste invita l'assemblée à « remercier le Créateur de la protection qu'il avait accordée aux armes saintes de la liberté dans une lutte de trois ans contre les tyrans coalisés ». Enfin, par les soins de la municipalité et de citoyens bienfaisants, il fut fait une distribution de pain et de viande aux familles nécessiteuses, « à des familles, dit le rapport officiel, qui possèdent plus de vertus que de fortune ».

C'était bien un culte nouveau qu'on se proposait d'établir sur les ruines de l'ancien, qu'on croyait détruit à tout jamais. A l'exemple du christianisme naissant, qui fit tant d'emprunts au paganisme mourant, les novateurs s'inspirèrent de divers rites chrétiens, depuis la distribution d'une sorte de pain bénit, jusqu'à l'intervention de la divinité dans les démêlés sanglants des peuples. C'était une religion qu'on intronisait, mais une religion coiffée du bonnet phrygien. « Le bonnet rouge, placé sur la pointe extrême de la tour du temple, que l'on avait illuminée, paraissait, dans l'ombre, une étoile flamboyante, proclamant les droits du peuple et le bonheur du monde. »

Dans le courant de juin et de juillet, d'autres fêtes succédèrent à celle-ci, en l'honneur des victoires remportées par l'armée de Sambre-et-Meuse ou en souvenir de grandes dates révolutionnaires. Le 8 juillet, on célébrait la victoire de Fleurus, remportée par Jourdan sur les Impériaux, et le 14, l'anniversaire de la prise de la Bastille. Ces fêtes ne se distinguèrent en général de celles que nous venons de décrire que par un caractère de gravité moins absolu : elles transformaient la place de la Liberté (le Broglie) en une salle de bal public.

Cependant la Terreur continuait, augmentait même. Le décret du 10 juin (22 prairial) réorganisant le tribunal révolutionnaire à Paris, et décidant qu'il ne prononcerait plus que l'acquittement ou la peine de mort, avait eu son contre-coup à Strasbourg. Il avait été le signal de nouvelles arrestations ou déportations et même d'exécutions capitales. En moins de quarante-huit heures, cent cinquante personnes, de conditions diverses, furent emprisonnées dans les bâtiments du séminaire.

Les coups étaient dirigés principalement contre les agioteurs qui dépréciaient les assignats et contre les ministres des divers cultes, frappés dans l'exercice de leur sacerdoce, mais en première ligne contre les prêtres catholiques et contre les maîtres d'école, généralement soupçonnés de complicité avec eux. Par un arrêté en date du 9 juillet (21 messidor an II), Goujon et Hentz, représentants du peuple en mission près les armées du

Rhin et de la Moselle, avaient réinstallé une commission révolutionnaire composée de trois membres : Chasseloup, adjudant général de l'armée de la Moselle ; Meyran, officier municipal de Belfort, et James, ci-devant employé dans les transports militaires.

Pour motiver cette mesure de salut public, les représentants disaient, « qu'il fallait suppléer à la nullité complète des autorités constituées relativement aux mesures révolutionnaires ». Ils accusaient « la faiblesse et la lâcheté des fonctionnaires publics qu'on a inutilement renouvelés et qu'il faut prendre hors du pays ».

La commission ne siégea pas à poste fixe. Elle exerça ses fonctions dans les trois départements du Haut et du Bas-Rhin et du Mont-Terrible ; mais elle ne fut pas appelée à fonctionner à Strasbourg, « où, disait l'arrêté, le zèle et le patriotisme de la plupart des fonctionnaires publics sont satisfaisants ».

C'était là un hommage rendu à Monet et qui le montre tel que nous l'avons dépeint : agent dévoué du pouvoir central, homme d'ordre révolutionnaire. Dans tout ce qui dépendait de lui, il avait su étouffer l'idée de révolte et imposer le respect du régime nouveau.

La commission dut rechercher tous les conspirateurs, les contre-révolutionnaires et les gens suspects, « notamment ceux qui dépréciaient les assignats et ceux qui séduisaient le peuple par le fanatisme et le portaient à la révolte et au mécontentement ». Il est vrai de dire que le fanatisme antirévolutionnaire, qui affichait le mépris des lois et formait des vœux pour le triomphe de l'étranger, était une provocation à des mesures de rigueur. A Hirsingen, dans le Haut-Rhin, des prêtres catholiques poussèrent l'audace jusqu'à organiser une procession qui se termina par la destruction de l'arbre de la Liberté, le symbole de l'ère nouvelle.

Les représentants du peuple, Goujon et Hentz, répondirent à cette bravade insensée par un nouvel arrêté. « Instruits, par leurs propres yeux, de l'état déplorable où se trouve l'esprit public dans les départements du Haut et du Bas-Rhin et du Mont-Terrible, que notamment, dans ces deux derniers départements, les prêtres exercent un empire révoltant, tiennent les citoyens dans une oisiveté scandaleuse pendant plusieurs jours des décades, qu'ils profitent de cette oisiveté pour prêcher la révolte, corrompre les mœurs et exciter le désordre », les commissaires arrêtèrent que la maison de Hirsingen où s'étaient rassemblés les conspirateurs, serait rasée, l'église fermée, les prêtres traduits devant le tribunal révolutionnaire, et le maire et les officiers municipaux détenus comme suspects. Ils crurent même devoir recourir à une mesure plus générale, l'arrestation en masse de tous les prêtres des trois départements pour être conduits à la citadelle de Besançon. Et ce fut le général Dièche, le commandant de l'état de siège, qui fut chargé de l'exécution de l'arrêté. On nomma aussitôt des agents révolutionnaires spéciaux pour chaque district, et parmi les plus zélés se signala Daniel Stamm, le beau-frère de Schneider, qui organisa une vraie battue dans le district de Benfeld.

Ce fut le moment où le régime terroriste s'accusa le plus énergiquement en Alsace. Les officiers municipaux et autres employés, surexcités, effrayés, affolés, déployèrent tout le zèle dont ils étaient capables. Tout le monde fut saisi d'effroi à la pensée que sa liberté, sa fortune, sa vie et celle des siens étaient à la merci d'un dénonciateur. La crainte du danger dont chacun se sentait menacé, la terreur qui remplissait les âmes furent si vives, si poignantes que la santé publique en fut atteinte; la mortalité augmenta subitement : il y eut une épidémie de la peur.

Les exécutions se multiplièrent. Elles portèrent principalement sur des émigrés pris les armes à la main ; ils furent fusillés. Il périt aussi, sur l'échafaud, des prêtres qui exerçaient clandestinement leur ministère. Parmi eux se trouvait l'abbé Wolbert, ancien vicaire de la cathédrale, qui fut guillotiné, le 2 juin 1794, sur la place d'Armes de Strasbourg, avec deux vieilles blanchisseuses qui lui avaient accordé un refuge.

C'étaient les derniers instants de la Terreur. Cette recrudescence précéda immédiatement la fin du régime, fin logique comme l'origine de cette sanglante répression. Une fois l'indépendance de la République assurée par d'éclatantes victoires, et tout danger extrême éloigné, même à l'intérieur, la Terreur devait disparaître et elle eût disparu avec les causes qui l'avaient fait naître, lors même que Robespierre, Saint-Just et Couthon n'eussent pas succombé. La chute de Robespierre ne fit que précipiter une évolution politique devenue fatale.

La nouvelle arriva à Strasbourg le 13 thermidor, au soir. La première impression du public fut l'incrédulité; peu à peu on commença à croire, sans cesser encore de douter. Mais ni l'administration, ni le club des Jacobins n'eurent les mêmes incertitudes. A peine informés de l'événement, ils exprimèrent, malgré l'opposition de

Monet et de Téterel, leurs félicitations à la Convention et leur haine « contre les tyrans qui venaient de succomber, contre ces oppresseurs de la liberté et de la République ».

Peu après, des membres de la municipalité allèrent au séminaire mettre en liberté tous les prêtres et instituteurs qui purent fournir un certificat de civisme signé de huit citoyens. C'était le point de départ d'un régime nouveau, le commencement d'une réaction.

Bien que la Convention crût utile de maintenir le système révolutionnaire, même après le 9 thermidor, ce système n'en subit pas moins, dans toute la France, d'inévitables adoucissements. La loi de prairial fut rapportée. Pour le Bas-Rhin, en particulier, lorsque le représentant du peuple, Ruhl, demanda que la ville de Strasbourg fût dispensée de verser les quatre millions qui lui restaient à payer sur les dix auxquels Saint-Just et Lebas l'avaient taxée, sa proposition fut prise en considération.

A Strasbourg, on vit le tribunal révolutionnaire casser ses propres jugements contre des boulangers, des bouchers, des épiciers. Les rues se remplissaient de prisonniers libérés, et bientôt revinrent la plupart des anciens administrateurs et des officiers de la garde nationale détenus ou internés à Besançon, à Dijon et à Metz.

A la fin d'août 1794, arriva à Strasbourg le représentant Foussedoire, chargé d'une mission de conciliation et d'apaisement. Il devait faire une enquête sur la situation du département, entendre toutes les réclamations, et satisfaire à celles qui seraient fondées.

Les ennemis de Monet et de Téterel plaçaient naturellement leurs espérances en Foussedoire; ceux-ci pourtant ne se considérèrent point comme battus d'avance. Foussedoire était un montagnard; il n'était donc pas impossible qu'il en vînt à considérer la situation sous le même aspect qu'eux. Ils l'entourèrent donc à son arrivée, et s'efforcèrent de lui faire partager, comme à Saint-Just, leur propre défiance vis-à-vis de la population. Ils lui remirent spontanément une liste des prisonniers qui leur semblaient ne pas mériter d'être rendus à la liberté, parmi lesquels Blessig, Koch, Fritz, professeurs de l'ancienne Université, Ulrich, Noisette, de Wangen, Michel Mathieu, etc., accusés d'avoir été partisans de Dietrich.

Mais Foussedoire se tint sur la réserve, ne s'engagea pas, voulut juger par lui-même.

Il commença par demander à la municipalité une liste des personnes arrêtées depuis décembre 1793, avec l'indication des motifs d'arrestation. Au club, il annonça l'intention de s'entourer de bons citoyens, de fermes patriotes, d'hommes justes, afin de s'entendre avec eux sur les questions importantes et particulièrement sur le sort des prisonniers. Comme gage de ses sentiments conciliants, il donna l'ordre d'enlever la guillotine, qui était en permanence sur la place d'Armes.

Ces débuts excitèrent l'enthousiasme des habitants; on considérait Foussedoire comme un libérateur; on lui faisait ovation dans les rues, on l'acclamait dès qu'il paraissait en public. Une épuration des autorités lui parut nécessaire. Il ouvrit une enquête publique dans la grande salle de l'hôtel du département qui devint plus tard la préfecture; il invita les citoyens à lui désigner les fonctionnaires qui auraient manqué à leur devoir. Il renouvela son appel au club des Jacobins, mais aucune voix ne s'éleva pour y répondre ; la crainte faisait taire encore les mécontentements et les rancunes. Foussedoire renouvela ses encouragements ; il fit honte aux jacobins de leur silence, jusqu'à ce qu'enfin l'un d'eux, plus résolu, se décidât à attaquer Monet qu'il accusa d'avoir fait un mauvais usage du pouvoir, d'avoir été l'instrument pernicieux d'injustes défiances contre les Strasbourgeois. La discussion fut ainsi ouverte sur l'administration de Monet ; elle occupa plusieurs séances, et le résultat en fut défavorable au maire. Foussedoire le destitua, mais en déclarant « qu'il serait néanmoins dangereux, dans les circonstances présentes, de confier les fonctions de maire à un indigène ».

Sur le refus d'Alexandre, directeur des approvisionnements de l'armée, qui passait pour être un bon jacobin, ces fonctions furent imposées à André, procureur général syndic du département, jacobin modéré, qui, avait même été emprisonné, pendant quelque temps, à Dijon.

Peu après sa destitution, Monet quitta Strasbourg. Il se rendit à Paris, où il trouva un petit emploi dans les bureaux de l'administration du département de la Seine. Il y vécut modestement, obscurément ; n'étant l'homme d'aucune palinodie, il ne voyait plus de place pour lui au grand jour de la vie publique, sous des gouvernements de réaction. Il fut oublié là par le Directoire et l'Empire ; mais en 1817 la Restauration se souvint de son passé révolutionnaire et le chassa de son bureau.

Au reste, quoiqu'il se fût fait un grand nombre d'ennemis et d'ennemis très-ardents, il ne fut jamais poursuivi, ni inquiété pour aucun acte de son administration. Cependant, au lendemain de son départ de Strasbourg, ses ennemis crurent avoir prise sur lui. Une visite domiciliaire avait amené la saisie d'une caisse qui contenait des ornements d'église et des vases sacrés en argent. Voilà donc pourquoi il persécutait les prêtres! C'était pour les voler! Mais Monet n'eut point de peine à démontrer son innocence. Cette caisse lui venait de son père qui était, nous l'avons dit, marchand d'objets religieux à Saverne.

Monet resta jusqu'au bout un caractère pur, inattaquable dans la vie privée, entièrement dévoué à ses convictions, et absolument au-dessus de tout soupçon d'intérêt personnel. Ces caractères-là étaient moins rares à cette époque si troublée qu'en des temps plus calmes; ils formaient, il faut le dire, la grande majorité des fonctionnaires de la République.

L'amour de la patrie remplissait leur âme tout entière, et n'y laissait pas de place pour un sentiment vil.

La destitution de Monet fut le signal d'un renouvellement presque complet du personnel administratif et communal. Au nombre des agents municipaux qui perdirent leurs places, citons le chef de la police, Beerlyn, l'agent national Mathæus, Téterel et Plar. En revanche, les fonctionnaires d'ordre judiciaire, les juges de paix, furent en grande majorité maintenus. Tout ce travail d'épuration dura une semaine.

On s'occupa, immédiatement après, du sort des prisonniers. Foussedoire nomma, à cet effet, une commission composée de cinquante citoyens et de six fonctionnaires. Le résultat de l'enquête à laquelle se livra cette commission ne fut pas tel qu'on aurait pu s'y attendre. Elle se montra préoccupée de la sécurité de la République plus que certains adversaires de Monet ne l'eussent souhaité ; elle montra beaucoup de circonspection. Sur quelques centaines de personnes enfermées au séminaire, elle n'en élargit que soixante-quinze, et encore, dans ce nombre, plusieurs demeurèrent soumises à l'internement. Parmi les libérés étaient les professeurs Haffner et Herrenschneider, Weber, les pasteurs Engel, Œrtel, Eissen, Emerich, l'ancien ammeister Poirot, Brackenhoffer, de Falkenheim, et un certain nombre de femmes et de jeunes filles appartenant à des familles notables.

Cette tâche accomplie, Foussedoire considéra sa mission, à Strasbourg, comme terminée, et se mit à parcourir le reste du département.

Il avait réussi à calmer les esprits et à leur rendre la confiance dans le régime nouveau.

La grande majorité des habitants se prononçait énergiquement en faveur du maintien de la République, qui avait coûté tant de sacrifices au pays. Elle se proclamait dévouée à la Convention en toutes circonstances ; elle se trouvait satisfaite, et avait foi en l'avenir.

La petite minorité des jacobins avancés ne partageait pas ces généreuses illusions. Elle ne cessa de protester contre le 9 thermidor, d'appeler la chute de Robespierre une contre-révolution et de prédire que la République marchait à sa fin. Mais ces plaintes se perdaient sans échos dans la satisfaction générale.

La levée de l'état de siége, qui eut lieu le 28 décembre 1794 (8 nivôse an III), et la révocation de Dièche, remplacé par le général Sparre, furent un véritable soulagement pour Strasbourg. Quand on lui annonça la perte de son commandement, Dièche éclata en sanglots et manifesta le plus profond regret de sa conduite. Il se renia lui-même; il se posa, lui général révolutionnaire, en victime de l'obéissance passive. Il n'avait été, osait-il prétendre, que l'exécuteur d'ordres auxquels son devoir de soldat était d'obéir; il s'empressa d'écrire à la Convention une lettre où, désavouant son langage d'autrefois, il louait en termes pompeux le patriotisme de la population strasbourgeoise et en particulier le dévouement de la garde nationale. Cette fin complète bien la physionomie de ce triste personnage.

En même temps que l'état de siége, disparut le maximum. L'abolition en fut accueillie favorablement par les marchands, mais elle excita une vive émotion chez les indigents, dont elle empirait la situation déjà si pénible. Une hausse considérable se produisit sur les objets de première nécessité, et cela au milieu des rigueurs d'un hiver exceptionnellement dur. Il s'ensuivit une misère plus affreuse, plus intolérable que jamais; la mortalité augmenta d'une façon effrayante. La charité privée s'employa activement à adoucir ces souffrances. Les quêtes, les institutions de secours se multiplièrent sous toutes les formes. C'est à cette époque que fut fondé par des amateurs un théâtre de société, le théâtre de la Bienfaisance, dont les recettes étaient destinées à venir en aide aux veuves et aux parents des soldats morts pour la patrie.

Dans les premiers jours de janvier 1795 (nivôse an III), Strasbourg reçut un nouveau commissaire de la Convention : Bailly fut appelé à terminer l'œuvre commencée par Foussedoire. Bailly, qui appartenait à la fraction la plus modérée de l'Assemblée, a clos définitivement la période révolutionnaire à Strasbourg. Il fut chargé de la mission de liquider cette terrible époque. Au lieu de s'aider des jacobins comme avait fait son prédécesseur, Bailly s'adjoignit, en arrivant, une commission de quinze membres pris dans les sections où dominaient de tout temps les sentiments modérés. Tous les fonctionnaires d'ordre civil, malgré le remaniement opéré par Foussedoire, furent impitoyablement sacrifiés et remplacés par des hommes d'une modération éprouvée, par ceux qu'on appelait dans le langage du temps « les patriotes de 89 ».

Comme ses prédécesseurs, Bailly opéra une épuration non-seulement des autorités, mais aussi de la Société populaire. Ces deux actes furent accomplis le même jour, 28 nivôse, le premier dans le temple de l'Être suprême, le second au sein de la Société populaire. Chacune de ces opérations fut précédée d'un discours du représentant du peuple.

Dans le temple de l'Être suprême, en présence de milliers de citoyens, l'orateur s'appliqua tout d'abord à venger la population de Strasbourg des suspicions dont elle avait été l'objet.

« Citoyens, dit-il en commençant, en proie aux calomnies les plus atroces, vous avez gémi plus d'un an sous l'oppression la plus cruelle. La commune de Strasbourg, qui a tant fait de sacrifices pour la patrie, a été représentée aux yeux de la France comme un foyer contre-révolutionnaire; des brigands étrangers, se disant patriotes exclusifs, ont voulu la réduire au désespoir, pour la perdre et l'anéantir plus sûrement. »

Dès ses premières paroles, Bailly s'attaquait à tout le parti jacobin : il associait dans une même réprobation Saint-Just et ses partisans, Schneider et les siens, les terroristes de l'intérieur et les terroristes alsaciens, sans tenir aucun compte de l'antagonisme qui n'avait cessé de les diviser. C'est le sort qui atteint invariablement les partis qui ne savent pas maintenir l'union dans leurs rangs.

Après avoir exposé les principes qui avaient dirigé les décisions du conseil, Bailly fit lire les noms des citoyens proposés pour une fonction publique ; il consulta le peuple sur chaque individu présenté et, d'après l'assentiment des sections réunies, il prit un arrêté qui ordonnait l'épuration générale. Elle s'étendit non-seulement au conseil général de la commune, à l'administration du département, à celle du district, au comité révolutionnaire, aux tribunaux civils et criminels, aux justices de paix, aux bureaux de conciliation, au tribunal de commerce, mais aussi aux commissaires de police et aux chefs de bataillon de la garde nationale. De toutes les épurations celle du modéré Bailly fut la plus radicale, ce qui ne l'empêcha pas d'être terminée en vingt-quatre heures.

Le maire André, originaire de Toul, ancien procureur général syndic à la place de Monet, quoique jacobin d'une nuance peu accentuée, dut céder sa place à Michel Mathieu, l'ancien procureur de la commune sous l'administration de Dietrich. Devinrent conseillers municipaux Demichel, Baudreville, Brackenhoffer, Hermann,

Valentin Schneegans, plus tard maire sous le Consulat. A la tête du directoire départemental, jusque-là présidé par le citoyen Didierjean, fut placé le professeur de droit Braun, qui sortait de la prison du séminaire.

Dans la soirée du même jour, Bailly se rendit à la Société populaire. « Il est temps, s'écria-t-il à la fin d'un nouveau discours, que le règne de la Terreur finisse. Le char de la Révolution ne doit plus marcher sur des cadavres ; il doit rouler désormais librement sur une terre pure et régénérée ; la justice et la vertu doivent seules le conduire. Plus de fripons, d'intrigants, de dilapidateurs ; plus de patriotisme sans probité, de républicanisme sans principes ; des hommes sages et vertueux, s'oubliant eux-mêmes pour ne songer qu'à la patrie, et nous aurons de bons citoyens, de véritables républicains. »

Il ne faut pas incriminer les intentions de Bailly qui, tout en tenant ce langage, faisait sans s'en douter de la contre-révolution. Cent soixante-deux suspects détenus au séminaire et à l'hôtel de Darmstadt furent remis en liberté. « Malheureusement, dit Engelhardt, un estimable historien qu'on ne peut soupçonner de sympathie pour la Terreur, un grand nombre de prêtres profitèrent de leur mise en liberté pour, de retour dans leurs villages, exciter les paysans contre le nouvel ordre de choses. »

Ce scandale n'arrêta pas le mouvement de réaction ; les tribunaux y participèrent : dans la seule séance du 22 janvier, le tribunal criminel prononça l'élargissement de cent soixante-deux paysans, accusés de complaisances envers l'ennemi. Avant de rentrer dans leurs villages, ils se rendirent au Munster, alors temple de l'Être suprême; ils s'agenouillèrent comme dans une église et récitèrent, en action de grâces, des prières du rituel catholique.

Après avoir vidé les prisons et fait table rase de toute l'administration révolutionnaire, Bailly ne crut pas sa mission terminée; il voulut épurer aussi les jacobins. Déjà les plus exaltés s'étaient retirés d'eux-mêmes. Le 15 janvier (26 nivôse), un orateur protesta énergiquement contre les suspicions dont la population de Strasbourg avait été victime durant la Terreur; il flétrit les hommes qui avaient entretenu, propagé ces calomnies. Ce fut le signal de la réaction dans le club.

Deux jours après, Bailly se présenta dans la salle des séances, accompagné de seize citoyens de la fraction la plus modérée, qui devaient lui servir de conseil pour la réorganisation de la Société populaire. Il les installa comme fondateurs d'un nouveau club. Tout membre qui avait voté la mort des prisonniers ou s'était signalé par une motion violente, fut déclaré indigne de figurer dans la nouvelle Société. Mais le club ainsi reformé dura peu. Dès le 16 octobre 1794, la Convention avait interdit les affiliations de club à club et le droit d'adresse; le 23 août 1795, un nouveau décret interdit les clubs eux-mêmes et ordonna la fermeture des salles de séance.

Ce qui facilita singulièrement à Bailly l'accomplissement de sa mission, ce fut le concours empressé, emporté même, qu'il rencontra dans la population strasbourgeoise proprement dite, dans l'élément local qui constituait la grande majorité des sections. A la suite des excès de la Terreur, un revirement antirévolutionnaire s'était produit, mais cette réaction n'alla pas jusqu'à désirer le renversement de la République. Il existe un document officiel fort curieux, peignant sous les couleurs les plus vives les sentiments qui dominaient alors à Strasbourg. C'est un *Appel de la Commune de Strasbourg à la République et à la Convention nationale.*

Au point de vue historique, ce document ne justifie en rien la prétention qu'il affiche d'être un tableau exact de Strasbourg pendant la Terreur; mais il ne contient pas moins des passages utiles à conserver. Sur plus d'un point il confirme ou complète le récit que nous avons tracé des événements. On y voit que ce qui révoltait par-dessus tout le parti modéré, c'étaient les suspicions dont il avait été l'objet, c'étaient les accusations dirigées contre le modérantisme de ses sentiments.

« Strasbourg, dit ce mémoire dès les premières lignes, était une république, lors de sa réunion à la France, et le peuple y exerçait les principaux pouvoirs. Par sa capitulation elle a été maintenue dans tous ceux de ses anciens priviléges qui étaient compatibles avec la royauté, et déclarée exempte de tous les fléaux que le fisc accumulait, depuis des siècles, sur toutes les provinces françaises. Une partie des motifs qui soulevaient la France contre la tyrannie lui étaient donc étrangers; mais elle a senti que ce n'était que par la réunion spontanée de tous les amis de la liberté, que son triomphe sur le despotisme était assuré, et elle n'a pas hésité de faire le sacrifice de toutes ses immunités, pour embrasser la cause de ses frères et la défense commune.

« Il n'y a pas de ville en France où le mouvement

révolutionnaire se soit plus subitement développé, où il se soit plus promptement régularisé et où le peuple se soit montré plus digne de jouir des bienfaits de la liberté. »

L'*Appel* s'applique à disculper la population strasbourgeoise du reproche d'avoir participé aux excès de la Terreur. Il en rejette la responsabilité, et non sans raison, sur des individus étrangers à la ville.

« Le peuple de cette commune est encore imbu de cette ancienne loyauté républicaine qui lui a été transmise par ses aïeux. L'esprit d'intrigue lui est étranger ; il est facile à séduire par le langage de la vertu, parce que celui de l'hypocrisie lui est inconnu, et il a l'apathie de l'honnête homme, qui croit inutile de repousser la calomnie, puisque le triomphe de sa probité lui paraît assuré, tôt ou tard. La langue allemande est celle de la majorité des citoyens de Strasbourg ; les gens instruits parlent tous le français, mais ils n'ont pas, en général, cette vivacité et cette facilité d'élocution qui distingue le Français de tous les peuples du monde.

« La connaissance de ces particularités devait attirer à Strasbourg les intrigants de tous les pays. Ceux d'outre-Rhin, y trouvant la facilité de s'y faire comprendre, y vinrent dans l'espoir d'y acquérir une influence qu'un étranger obtient plus aisément hors de sa patrie et loin des témoins de ses vices et de sa corruption. Ceux de l'intérieur de la France, guidés par les mêmes motifs, ne doutèrent pas que des gens, qui ne parlaient généralement qu'un mauvais français, ne fussent faciles à séduire par le langage exalté d'un patriotisme brûlant et par les témoignages simulés d'un dévouement sans bornes aux intérêts de la chose publique.

« Des hommes qui s'annonçaient comme obligés de fuir leur patrie pour se soustraire aux persécutions que leurs opinions politiques leur avaient attirées; des hommes qui se disaient animés du seul amour de la liberté, pouvaient-ils ne pas être accueillis avec empressement par un peuple guidé par les mêmes sentiments? Ils ont trouvé, dans Strasbourg, des frères et des amis, et ils ont fini par déchirer le sein qui les avait recueillis. »

Cependant, de l'aveu de ce mémoire justificatif, le nombre des meneurs, la plupart étrangers, était si peu considérable, que les terroristes ne suffisaient pas à remplir toutes les fonctions et étaient obligés de cumuler divers emplois. « Pour l'honneur de l'humanité, s'écrie-t-il, il est intéressant de faire remarquer les difficultés que les auteurs de ces excès ont éprouvées dans la distribution des rôles et la pénurie des sujets qu'ils jugeaient propres à les seconder; car ce sont toujours les mêmes individus qui remplissent toutes les places. Les membres du comité de sûreté générale siégent en même temps dans les autorités constituées et dans le tribunal révolutionnaire. C'était un puissant moyen de simplifier les formes et qui, dans le comité, venait d'émettre une opinion pour traduire un individu devant le tribunal, pouvait, après un léger changement de costume, prononcer un arrêt de mort sans avoir besoin de s'appesantir de nouveau sur les détails. »

Au cours de ce récit, on a eu l'occasion de constater la justesse de cette remarque ; nous avons vu Schneider, Monet, Téterel, Clavel et autres s'attribuer différents rôles dans le grand drame dont Strasbourg était le théâtre ; et il est permis de conclure de cette pénurie d'hommes décidés à accepter la terrible responsabilité d'une sanglante compression, que la population strasbourgeoise a toujours éprouvé un sentiment de répulsion pour le régime terroriste.

Bailly était encore en Alsace, le 21 février, lorsque la Convention rétablit l'exercice des cultes. Chacun fut libre de pratiquer la religion qui lui convenait, mais à la charge de rétribuer son propre clergé. Après quatorze mois de clôture, les églises furent rouvertes.

Ce furent les protestants qui, les premiers, reçurent l'autorisation de pratiquer leur culte à Strasbourg. Comme les temples avaient servi à des usages très-profanes et n'étaient pas remis en état, le service religieux luthérien fut célébré, le 10 mars, dans la grande salle du Gymnase. Blessig, alors le prédicateur le plus en renom, parla sur ce texte : « *Venez, nous allons nous rendre chez le Seigneur ; il nous a frappés, il nous guérira ; il nous a blessés, il nous pansera.* » Ce sermon nous a été conservé ; il était conçu dans le vieil esprit et prouvait que l'orateur était resté fidèle à ses croyances religieuses.

Le premier service catholique eut lieu, le dimanche de la Pentecôte, dans l'église Saint-Louis. Mais la cathédrale demeura affectée au culte officiel de l'Être suprême.

Au moment de cette rentrée des cultes dans la vie publique, on vit se produire un fait qui caractérise l'époque au point de vue religieux. Tandis que le bas peuple, protestant ou catholique, heureux de retrouver ses vieilles habitudes, ses prêtres, ses temples, ses cérémonies religieuses, mettait un empressement extrême à assister aux manifestations du culte, les hautes classes, les classes instruites, imbues de l'indifférence philosophique du siècle, se firent remarquer par leur absence. Elles n'avaient pas été les dernières à réclamer la réouverture des églises, en vertu de l'adage qu'un peuple ne saurait se passer de religion; mais elles se gardaient d'étendre l'application de ce principe jusqu'à elles-mêmes; elles eussent craint de s'abaisser en se mêlant à la foule crédule des fidèles.

La réaction, qui s'accentuait de jour en jour, tourna vite en Alsace comme dans les autres départements et comme à Paris même, à la persécution : les persécutés de la veille du 9 thermidor devinrent les persécuteurs du lendemain; les royalistes et les fanatiques religieux, jusque-là cachés, reparurent au grand jour. Sous le masque du patriotisme, ils se mêlèrent aux modérés, firent cause commune avec eux et les poussèrent à des excès réactionnaires.

Cependant, grâce à la douceur des mœurs alsaciennes, les horreurs sanglantes du Midi, les massacres des compagnies de Jésus et du Soleil ne se produisirent pas à Strasbourg; mais les jacobins n'en furent pas moins exposés à toutes sortes d'avanies et de mauvais traitements; si on ne les égorgea point, ils ne furent pas moins l'objet de violentes poursuites. A chaque instant, dans les rues, dans les établissements publics, c'étaient des scènes de violence, des injures, des horions, des espèces d'émeutes. Les contre-révolutionnaires sortaient par bandes, entonnant le *Réveil du peuple*, qui était la

Marseillaise de la réaction. Ce fut une véritable émotion publique quand ils brisèrent le buste de Marat au théâtre.

Les autorités ne réprimaient point ces désordres; elles cédaient presque sans résistance à l'entraînement du moment. De nombreuses arrestations furent ordonnées; d'un coup on jeta en prison le maire et la municipalité de Schlestadt. Trois juges de l'ancien tribunal révolutionnaire, Probst, Nestlin et Clavel, furent traduits devant le nouveau; les deux premiers furent acquittés faute de preuves pour établir une accusation sérieuse, et si Clavel fut condamné, ce ne fut que par contumace. La garde nationale n'échappa pas à l'épuration.

Les prolétaires qui, depuis cinq ans, avaient combattu pour la République, qui s'étaient dévoués pour la défense nationale, furent désarmés; à leur place l'on réintégra dans les rangs ceux qui en avaient été chassés au commencement de la Terreur, au moment de l'invasion.

C'est au milieu de cette réaction que retentit à Strasbourg, le 8 avril, l'heureuse nouvelle de la paix de Bâle, signée le 5 avec la Prusse. Frédéric-Guillaume II avait reconnu la République française. L'Angleterre, l'Autriche, la Sardaigne, l'Empire et l'Espagne restaient les armes à la main; mais la sortie de la Prusse de la coalition suffisait à éveiller de grandes espérances, en faisant entrevoir à l'horizon la victoire définitive de la France et la conclusion d'une paix générale. Aussi cet événement fut-il accueilli en Alsace par des démonstrations de joie patriotique.

Il coïncida avec l'arrivée à Strasbourg de trois nouveaux représentants du peuple, chargés, il est vrai, d'une mission exclusivement militaire. C'étaient Merlin, de Thionville, Cavaignac et Rivaud, qui venaient inspecter et réorganiser l'armée. Ils avaient pour premier devoir de mettre un terme aux désertions, alors nombreuses, et dont l'exemple détestable aurait pu finir par démoraliser les troupes.

Merlin, de Thionville, et ses collègues furent suivis de près par Richou. Il arriva au lendemain des sanglantes journées de prairial, où deux représentants du Bas-Rhin, Ruhl et Louis, avaient été un instant compromis. Cependant, il ne fut rien moins qu'un contre-révolutionnaire. C'est que le courant réactionnaire, devenu trop prononcé, inquiétait déjà la Convention.

Les émigrés, qui se tenaient en Suisse et dans le margraviat de Bade, à l'affût d'une occasion de fomenter des troubles, avaient passé le Rhin. Sous le masque du modérantisme, ils agitaient les esprits et effrayaient les citoyens peu résolus. Dans leurs bravades, ils annonçaient l'entrée imminente, en Alsace, de l'armée de Condé et prédisaient de sanglantes représailles. Les prêtres bannis, non moins audacieux, avaient reparu au milieu de leurs anciens paroissiens ; ils pratiquaient ouvertement le culte, célébraient la messe, organisaient des processions et relevaient les croix dans les campagnes.

Richou s'efforça d'arrêter un mouvement que les mesures de Bailly avaient précipité. Pourtant il était, lui aussi, un modéré, il venait faire de la conciliation ; mais enfin, républicain sincère, il ne voulait pas de contre-révolution. Quand il se trouva en face de ces émigrés et de ces prêtres qui se livraient à des manifestations séditieuses, il comprit le péril et il agit. Sur son ordre, on arrêta et on reconduisit à la frontière les prêtres rentrés sans autorisation. Sous son inspiration, un arrêté du directoire du Bas-Rhin, en date du 19 juin, ordonna l'enlèvement des croix qui avaient été rétablies publiquement. Mais il se garda de donner le moindre encouragement aux jacobins. S'inspirant des idées qui ont dominé la Convention dans les derniers mois de son existence, il s'employa activement à constituer, à Strasbourg, un parti républicain également éloigné des excès du terrorisme et des fureurs de l'émigration. Ce fut dans un but patriotique qu'il autorisa la réouverture des sections, où survivait l'esprit républicain de la vieille bourgeoisie de Strasbourg. Mais il était déjà trop tard; la fatigue avait pris le peuple, qui n'obéissait qu'à la crainte d'un retour de la Terreur.

Ce fut ce sentiment de lassitude, ce besoin impérieux de repos qui, au mois d'août, faillit, chose étrange, amener des troubles à Strasbourg. A la suite du 13 vendémiaire, après la défaite des sections à Paris, la Convention avait arrêté les poursuites contre les patriotes et donné le signal d'un revirement qui amena, à Strasbourg, la nomination de deux jacobins, Massé et Gradier, aux fonctions de commandant, l'un de la citadelle et l'autre de la place. Massé, on s'en souvient, avait été destitué, incarcéré et conduit prisonnier à Dijon, après la chute de Schneider.

A la nouvelle de ces nominations, il y eut, dans la bourgeoisie, un mouvement d'alarme qui fut aussitôt exploité, surexcité par les contre-révolutionnaires. On répandit la peur d'un réveil de l'ancienne dictature terroriste. Les sections se déclarèrent en permanence. La Convention envoya à Strasbourg un commissaire, qui fut le dernier. Fricot n'eut pas grand'peine à ramener le calme dans les esprits et l'ordre dans la cité. En douze jours, les frayeurs avaient eu le temps de se dissiper et, à son arrivée, il se contenta de destituer le maire Keppler, Hermann, procureur de la Commune, et une partie de l'état-major de la garde nationale, pour avoir manqué d'énergie et peut-être de bonne volonté.

Avant de quitter Strasbourg, Richou comme Foussedoire, comme Bailly, avait rendu hautement hommage au patriotisme des Alsaciens. Il semble s'être fait quelque illusion sur l'avenir de la France, mais sur un point, du moins, il avait vu juste. « En Alsace, dit-il dans une lettre à la Convention, on veut le règne de la justice, des lois, de la moralité, et non celui de la noblesse, du clergé, des rois ou des jacobins. Dans la France entière, on désire le repos et le bonheur. On les attend de vous, destructeurs de tous les tyrans de la patrie, de vous, les fondateurs de la République. »

L'Alsace se sentit renaître, elle eut vite réparé ses pertes; à Strasbourg surtout, la prospérité reparut avec une rapidité merveilleuse. Ce retour de fortune était dû en partie à un passage continuel de troupes, qui entretenait dans la ville un nombreux et brillant état-major. Ce n'étaient que soirées, concerts et bals. L'hiver de 1794 à 1795 fut une fête continuelle.

Le conseil municipal crut le moment bien choisi pour élever des réclamations au sujet des charges onéreuses que le Gouvernement avait imposées à la ville au moment de l'invasion, pendant la Terreur. Il demanda au ministère le remboursement des sommes successivement versées pour les emprunts forcés de Saint-Just et de Baudot, et qui avaient été employées au service de l'armée. Le ministre des finances reconnut la justice de la réclamation, mais ce fut tout. Jamais Strasbourg ne fut indemnisé de sacrifices, faits pourtant dans l'intérêt commun de la France.

Au reste, l'ère des dévouements patriotiques n'était pas close. Si l'on avait recommencé à s'amuser à Strasbourg, on n'y avait pas désappris le courage devant l'ennemi, le dévouement à la patrie. Le voisinage de la guerre avait sans doute ses périls et ses charges, mais il avait aussi ses joies. Ce fut une joie immense pour Strasbourg de posséder dans ses murs, durant l'hiver de 1794 à 1795, un de ses plus illustres enfants, Kléber, que trop de fatigues condamnaient à un temps de repos.

Kléber avait alors quarante-deux ans; il était général de division à l'armée de Sambre-et-Meuse sous les ordres de Jourdan. C'était le plus populaire des généraux de la République, le chef le plus aimé du soldat.

Au talent militaire, à la bravoure, à une vertu antique, qui en faisaient le modèle accompli de l'officier républicain, il unissait les avantages extérieurs qui imposent aux hommes et subjuguent les plus rudes natures. Sa taille était haute et pleine de noblesse naturelle; son corps athlétique; son visage respirait la décision et la fierté; son œil était plein d'éclairs. Dans l'action, sa force intérieure rayonnait au dehors; elle l'enveloppait d'une sorte de gloire, comme les demi-dieux d'Homère. Il exerçait une fascination qui faisait dire à Bonaparte : « Personne n'est beau comme Kléber un jour de combat. »

Aux qualités qui font les héros, Kléber unissait la simplicité des mœurs et le désintéressement. Il était au-dessus des ambitions vulgaires; ce soldat de la République n'aspirait qu'à fonder l'indépendance et la grandeur de son pays. Quand il ne croyait pas que ses services fussent nécessaires, il s'effaçait. Certes, il n'était pas insensible à l'honneur du commandement en chef, mais il ne l'acceptait qu'à l'heure du danger, au feu, quand le sort de l'armée l'exigeait. « Après le combat, le général en chef, a dit son biographe, le général de division comte Pajol, savait redevenir simple divisionnaire, et retrouvait avec bonheur des égaux en ceux qu'il avait conduits à la victoire. »

Mais le profond sentiment de sa valeur, de sa dignité, du respect qui lui était dû ne le quittait jamais ; il éclatait dans tous ses actes. C'était bien l'homme qui, quatre ans plus tard, en Égypte, devait répondre à Bonaparte assez imprudent pour lui avoir adressé nous ne savons quels reproches mal sonnants sur l'administration des fonds de l'armée : « Vous avez oublié, lorsque vous avez écrit cette lettre, que vous teniez en main le burin de l'histoire, et que vous écriviez à Kléber. Je ne présume pas pourtant que vous ayez la moindre arrière-pensée; on ne vous croirait pas. »

Qu'on juge de l'enthousiasme que l'apparition de Kléber excita dans sa ville natale. Les Strasbourgeois contemplaient avec bonheur dans son uniforme simple, sans or ni broderies, mais si majestueusement porté, le fils du tailleur de pierres du Bain-aux-Plantes, devenu un grand général, le défenseur énergique de Mayence, le vainqueur du Mans et de Savenay, le glorieux lieutenant de Jourdan à Fleurus. La popularité dont jouissait Kléber faillit l'enlever, momentanément du moins, à la carrière des armes. Un contemporain, Bottin, l'auteur de l'*Annuaire politique et économique du département du Bas-Rhin* de l'an IX, a constaté dans un article nécrologique que, pendant ce séjour, Kléber fut nommé membre du corps électoral par l'assemblée primaire de la troisième section. « Il réunit, ajoute-t-il, un grand nombre de voix pour le Corps législatif, mais les destinées de la République le réservaient à un poste où il pouvait être plus utile. »

Le 10 mars 1795, Jourdan étant tombé malade à son tour, Kléber reçut l'ordre de rejoindre l'armée pour prendre l'intérim du commandement. Il n'était pas encore en état de monter à cheval et ne partit qu'une quinzaine de jours plus tard.

Par le traité de Bâle, la Prusse ayant abandonné la coalition monarchique, une ligne de démarcation avait été établie qui mettait l'Allemagne du Nord en dehors du théâtre de la guerre. La lutte se trouva localisée sur les deux rives du Rhin. Toute la rive gauche, sauf Mayence, était au pouvoir des Français. L'armée de Rhin-et-Moselle, sous les ordres de Pichegru, s'étendait de Bâle à Mayence et s'appuyait sur l'armée de Sambre-et-Meuse. Les Autrichiens, commandés par Wurmser, s'échelonnaient des frontières de la Suisse aux bords du Neckar.

A ce moment déjà, Pichegru avait noué avec Condé des intrigues qui, sans aboutir, exercèrent une action fâcheuse sur les opérations militaires. L'armée française, à la vérité, s'empara de Mannheim, alors place forte, mais elle ne put s'y maintenir et, après deux rencontres malheureuses dans le Palatinat, les Français durent se replier derrière la ligne de la Queich. Un armistice fut conclu le 20 décembre; peu après, Pichegru fut rappelé, et Kléber chargé du commandement jusqu'à l'arrivée de Moreau. D'autre part, l'archiduc Charles remplaça Wurmser, qui emmena une partie de ses troupes en Italie pour tenir tête au général Bonaparte.

L'archiduc Charles avait environ 80,000 hommes, parmi lesquels le corps de Condé, alors à la solde de l'Angleterre. Dans son état-major était un émigré alsacien, le général de Klinglin, ce mestre de camp qui à Strasbourg, comme on sait, avait encouragé, par l'inertie de son attitude et même par quelques paroles imprudentes, le sac de l'hôtel de ville. Moreau arriva avec l'ordre du Directoire de porter la guerre en pays ennemi. Le passage du Rhin eut lieu près de Strasbourg, le 24 juin 1796 (6 messidor an IV).

Strasbourg était bien choisi pour ce passage. Il était aisé d'y réunir un grand nombre de barques, sans éveiller les soupçons de l'ennemi, car la batellerie strasbourgeoise pouvait fournir de précieuses ressources.

Le 23 juin, à midi, les portes de la ville furent fermées pour empêcher les Autrichiens d'être prévenus des projets du général français. Dans la nuit du 24 au 25, le passage commença sur plusieurs points à la fois. Quoique rendu plus difficile par le clair de lune et par une crue subite du fleuve, il réussit grâce aux bonnes dispositions qui avaient été prises et grâce à l'entrain des troupes. La tête de pont à Kehl fut enlevée, non sans résistance. Des prisonniers autrichiens furent amenés à Strasbourg, où leur présence excita de vives démonstrations de joie. Le 30, toute l'armée française, forte de 71,000 hommes, était sur la rive droite. Dès ce moment, six cents Strasbourgeois furent réquisitionnés chaque jour, pour travailler aux nouveaux retranchements de Kehl.

Moreau pénétra au cœur de la Bavière, mais il fut contraint par les succès de l'archiduc Charles, qui menaçait sa base d'opérations, d'entreprendre, le 19 septembre, sa célèbre retraite. Déjà quelques jours plus tôt, du 13 au 14 septembre (26 et 27 fructidor), un petit corps français de 8,000 hommes environ, placé en observation à Bruchsal, point stratégique très-important, sous les ordres du général de division Scherb, un Alsacien, s'était vu dans la nécessité de se replier du côté de Kehl. Cette retraite fut difficile ; il fallut s'ouvrir un passage de vive force jusque sur les bords de la Kintzig, en avant de la place de Kehl, où les Français arrivèrent fortement éprouvés.

Les Autrichiens, commandés par Petrasch, tentèrent alors un coup de main sur Kehl, dont les retranchements étaient presque sans défenseurs, parce qu'on avait eu le tort de ne pas faire entrer dans leur enceinte le corps de Scherb. Petrasch réussit à pénétrer jusque dans l'intérieur de la petite ville. Un combat sanglant se livra corps à corps dans les rues. Scherb, menacé de nouveau d'être coupé, fit un vaillant effort pour reprendre Kehl, et le reprit, maison par maison, au prix d'un second combat, non moins meurtrier que le premier. De part et d'autre on fit preuve d'une extrême bravoure. La cavalerie française réussit, non sans de grandes pertes, à se frayer un passage et à traverser le pont du Rhin, que les Autrichiens menaçaient de détruire.

C'était le 18 septembre, un dimanche matin. Vers quatre heures, la population de Strasbourg fut réveillée par une vive canonnade. La ville était complètement dégarnie de troupes. On battit la générale pour réunir la garde nationale, qui s'arma et occupa les remparts et la citadelle.

Deux généraux se trouvaient en ville : le général de Schauenbourg, un Alsacien, inspecteur de l'armée, et le général de division Moulin, plus tard membre du Directoire, qui commandait la place. Moulin prit les dispositions nécessaires à la défense de Strasbourg, tandis que Schauenbourg organisait un corps composé de grenadiers, de chasseurs et d'artilleurs de la garde nationale, plus trois cents ouvriers de l'arsenal, pour aller au secours de Kehl. Quand ce petit corps arriva au pont du Rhin, il était grand temps. Des Autrichiens se préparaient à couper les amarres des pontons; ils furent tués à coups de sabre par les artilleurs de la garde nationale. Après une vive fusillade, l'ennemi fut repoussé. Dans le village, la lutte prit aussi une heureuse tournure, et à onze heures, après sept heures de combat, la victoire fut définitive. On rentra dans Strasbourg avec un convoi de prisonniers. « Un bataillon des ouvriers de l'arsenal, a dit Jomini, ayant été soutenu par deux bataillons de grenadiers et de chasseurs de la garde nationale de Strasbourg, les choses ne tardèrent pas à changer de face et la colonne ennemie fut rejetée hors de Kehl. »

Au même moment, un petit corps formé de troupes de ligne et de gardes nationaux mobilisés du Bas-Rhin, sous les ordres des généraux Frühinsholz et Helmstœdter, deux Asaciens, repoussaient un corps autrichien, qui avait tenté également un coup de main sur Haguenau.

A la suite de la retraite de Moreau, Kehl subit un siége en règle. Après quatre mois de résistance, il fallut se résoudre à capituler. Aux termes de la capitulation, les Français eurent le droit d'enlever tout ce qu'ils purent emporter, munitions, baraques, palissades, etc., etc... Mais le délai de l'enlèvement n'était que de vingt-quatre heures et les généraux autrichiens comptaient qu'on ne pouvait pas enlever grand'chose dans un espace de temps aussi court. Ils n'avaient pas fait, dans leurs calculs, la part du patriotisme de la population strasbourgeoise qui, tout entière, vint en aide à la garnison; si bien que le 10 janvier, à quatre heures de l'après-midi, quand le délai fixé pour l'évacuation expira, tout avait été emporté. Les troupes françaises défilèrent, musique en tête, devant l'archiduc Charles et devant les habitants français et allemands rassemblés sur les deux rives du Rhin. Au nombre des défenseurs de Kehl étaient Desaix, Saint-Cyr et Lecourbe. C'est en souvenir du brillant courage déployé par Desaix qu'après sa mort, au lendemain de Marengo, l'armée du Rhin lui éleva dans l'île des Épis un monument qui existe encore et dont les bas-reliefs sont l'œuvre du sculpteur strasbourgeois Ohmacht. C'est une sentinelle allemande qui monte aujourd'hui la garde devant ce monument.

Nous avons tenu à rappeler ces faits militaires à cause du rôle que la population y a joué. Ces traits de courage et de dévouement patriotique complètent la physionomie de Strasbourg pendant la Révolution.

Moins que jamais la mémoire de l'héroïsme de nos pères doit s'éteindre dans nos cœurs.

CHAPITRE VII

L'ENSEIGNEMENT, LES ARTS, LES CLUBS ET LA PRESSE.

L'Université protestante avant la Révolution. — Le Gymnase protestant. — Le Collège catholique et l'Université catholique. — Le Collège national. — Désorganisation de l'enseignement secondaire et supérieur. — Insuffisance de l'enseignement primaire. — L'École centrale. — La poésie pendant la Révolution : Auguste Lamey ; Champy ; Schaller. — La prédication protestante et catholique : Blessig ; Haffner ; Euloge Schneider et Brendel. — Renaissance des études après la Terreur : Schweighæuser ; Brunck ; Koch. — La musique avant et pendant la Révolution : les écoles de chant sacré à la cathédrale et au Temple-Neuf ; Ignace Pleyel et sa symphonie, *La Révolution du 10 août, ou le Tocsin allégorique*. — La peinture et la sculpture : les Guérin ; Zix ; Ohmacht et Kirstein. — Le théâtre de la ville et le théâtre de la Bienfaisance. — Les clubs. — La presse. — Brochures révolutionnaires et contre-révolutionnaires. — Prospérité de l'imprimerie.

Nous approchons du terme que nous nous étions assigné ; mais pour achever le tableau de la période que nous nous proposions de faire connaître, il nous reste à rassembler certains traits qui auraient malaisément trouvé place au cours du récit. Il ne convenait pas d'interrompre, pour les indiquer plus tôt, la suite de grands événements. Il conviendrait moins encore de les omettre. Au-dessous de cette mer mouvante des événements, il y a, pour ainsi parler, les courants qui les ont suscités et dirigés ; au-dessous des faits, il y a les institutions sociales, les mœurs, les coutumes, l'ensemble du mouvement intellectuel qui explique même les actes les moins explicables au premier abord. Deux courants ont fait la Révolution à Strasbourg : l'influence centrale, française, et l'influence locale, alsacienne. La première domine les événements les plus importants, mais la seconde n'a pas été sans effet. Elle a fait équilibre, résisté parfois à l'action venue de Paris. Enfin, elle a formé avec elle une force imposante d'où sont sortis les résultats définitifs de la Révolution, dont le principal a été une incorporation matérielle et morale de l'Alsace à la France.

L'esprit de la Révolution fut, sans le moindre doute, très-favorable au développement de l'instruction publique. Cependant, durant la période des secousses violentes, de 1792 à 1795, la crise révolutionnaire jeta momentanément le trouble et même le désarroi dans l'enseignement.

Au début de la Révolution, il existait en Alsace de nombreuses écoles : Strasbourg possédait deux Universités, l'une catholique, et l'autre protestante, plus ancienne et plus renommée, où des maîtres distingués professaient le droit, les lettres, les sciences et la théologie.

L'origine de l'Université protestante remonte au lendemain de la Réforme. En adoptant la doctrine de la confession d'Augsbourg, les chanoines séculiers du chapitre de Saint-Thomas s'étaient engagés à se vouer à l'enseignement public ; ils furent fidèles à cet engagement. L'Université ne fut d'abord qu'un collège ouvert dans le chœur de l'église de Saint-Thomas ; plus tard, en 1566, il fut érigé en Académie par Maximilien II ; et ce fut seulement en 1621 que le Magistrat de Strasbourg obtint de Ferdinand II pour l'Académie le titre et le privilège d'Université. Quand Strasbourg fut réuni à la France, un article spécial de la capitulation maintint l'Université dans son intégrité et confirma les droits dont elle jouissait depuis soixante ans. Mais à son administration fut adjoint, au nom du roi, un curateur, qui était le préteur royal.

Durant les années qui précédèrent la Révolution, le mouvement intellectuel avait été très-actif et très-brillant à Strasbourg. De nombreux étudiants se pressaient autour de chaires occupées par des professeurs d'un mérite incontesté. Des étrangers de distinction tenaient à honneur de suivre les cours de l'Université, « d'y étudier, a dit Haffner, le droit public, l'histoire, la politique, les antiquités, les belles-lettres, les sciences naturelles, les mathématiques et l'art de fortifier les places. Les Russes, les Suédois alliaient ordinairement à ces études celle de la langue allemande, tandis que les Livoniens, les Courlandais, et ceux qui venaient des différents pays de l'Allemagne cherchaient, pour continuer avec plus de succès leur voyage dans l'intérieur du royaume, à se familiariser davantage avec la langue française. » La Russie avait même fondé des bourses pour plusieurs élèves qui faisaient leurs études de médecine à Strasbourg. Ce n'était pas là seulement un élément de prospérité pour l'Université, c'en était un aussi pour le commerce et l'industrie de la ville ; car on a estimé que ces étudiants étrangers dépensaient annuellement un million.

En dépit des communications si difficiles à cette époque, cette Université avait donc su acquérir ce que l'on appellerait de nos jours un caractère cosmopolite. Gœthe se rencontrait à Strasbourg avec Herder, l'auteur des *Voix des Peuples* ; il apprenait de lui à chercher de nouvelles sources d'inspirations poétiques dans les créations naïves, spontanément issues du sentiment populaire ; Metternich étudiait le droit des gens au cours de Koch, l'historien des traités de paix depuis le traité de Westphalie.

Le duc de Choiseul, pendant son ministère, envoya à Strasbourg des élèves de l'École militaire pour y étudier le droit public. Parmi ces jeunes gens, plusieurs se sont illustrés dans l'époque suivante; nous rappellerons les noms du comte de Ségur, de Destutt-Tracy, de Gérard de Rayneval, du baron Bignon, du baron de Bourgoing.

L'Université protestante de Strasbourg était organisée sur le modèle des établissements analogues d'Allemagne. Elle se composait de quatre facultés, et l'enseignement se donnait en allemand, dans la langue officielle de la municipalité strasbourgeoise jusqu'en 1789. Treize prébendes de la collégiale de Saint-Thomas, supprimée par la Réforme, servaient à salarier les professeurs en titre. Les autres chaires étaient occupées par des professeurs libres, qui n'avaient pour traitement que la subvention scolaire payée par leurs élèves et qui vivaient d'espérance, jusqu'à ce que leur tour vînt de succéder aux anciens. Quoique cette condition fût précaire, les professeurs ayant une érudition et des connaissances solides n'ont jamais manqué à Strasbourg. On doit s'étonner que, malgré cette pénurie de revenus, la plupart de ces professeurs aient pu se former des bibliothèques riches et considérables.

Malgré ses modiques ressources, l'Université ne pouvait rester en dehors du progrès scientifique du siècle. En 1738, elle s'adjoignit une école théorique et pratique d'accouchement, un jardin botanique, un cabinet d'his-naturelle; en 1773, c'est un observatoire qu'on érige auprès d'elle. Enfin, en 1780, une chaire nouvelle est créée pour le droit public, dont on s'occupait déjà accessoirement depuis 1760.

La direction de l'Université était confiée au recteur et aux doyens des facultés qui étaient renouvelés de six mois en six mois. Mais ce sénat académique ne constituait pas, comme partout ailleurs, une juridiction spéciale en faveur des étudiants.

Ce sénat n'était pas moins un corps privilégié et, à ce titre, il répugna profondément aux sentiments égalitaires qui se produisirent à partir de 1789.

Il était d'ailleurs placé sous une sorte de contrôle parlementaire. Toutes les décisions importantes étaient soumises à la sanction de l'assemblée des professeurs, qui était présidée avant la Révolution par un chancelier et deux scolarques et, après 1789, par le maire et deux membres de la municipalité, remplissant les fonctions de curateurs. On y faisait les élections aux chaires vacantes. On avait admis comme système de recrutement du corps universitaire que le mérite d'un savant ne peut être apprécié au juste que par ses pairs.

A côté de l'Université protestante, mais à un degré inférieur, s'élevait le Gymnase, fondation également luthérienne et indépendante. Il datait de 1538, et avait été établi par le Magistrat dans le chœur de l'ancienne église des Cordeliers. Ses commencements avaient été très-modestes : les dix classes dont il se composait étaient séparées l'une de l'autre par de grandes toiles ou voiles de bateaux. L'enseignement oral qu'on y donnait en souffrait ; ces séparations légères ne pouvaient arrêter la voix, et les écoliers qui venaient assister à l'un des cours en entendaient à la fois trois ou quatre. Plus tard, le nombre des classes fut réduit à sept, et le Gymnase fut transféré à l'ancien couvent des Dominicains, où il est resté depuis.

C'est du Gymnase qu'est sortie l'Université ; mais en 1621, lorsque l'Université fut définitivement constituée, il en fut séparé tout en lui restant subordonné. Son premier directeur avait été Jean Sturm, déjà renommé pour son brillant enseignement à Paris, et dont les efforts furent puissamment secondés par le stettmeister, Jacques Sturm de Sturmeck. Dès 1578, Sturm avait pour auditeurs trois princes, vingt-quatre comtes et barons, et deux cents gentilshommes, sans compter la foule de plébéiens qui se pressaient à ses cours. En peu d'années ce Gymnase fut l'un des plus remarquables d'Allemagne.

A côté de l'enseignement protestant existait un enseignement catholique. Dès le mois d'août 1685, par lettres patentes fut établi à Strasbourg un collège pour l'instruction de la jeunesse catholique. La direction de cet établissement fut confiée aux jésuites. Plus tard (1701), l'Université catholique qui avait été créée à Molsheim en 1617, et qui comprenait les deux facultés des arts et de théologie, fut transférée à Strasbourg et annexée au collège. Après la suppression des jésuites en 1764, le collège fut confié à des prêtres séculiers et, plus tard, en 1778, Louis XVI y établit un pensionnat noble, c'est-à-dire y institua un certain nombre de bourses en faveur de gentilshommes pauvres. Au moment de la Révolution, on enseignait à l'Université catholique la théologie, la philosophie, le droit canon et l'histoire ; mais, bien que cet établissement comptât dans son sein quelques hommes de mérite, il ne put jamais rivaliser avec l'Université et le Gymnase protestants. Pendant la Révolution, le collége prit le titre de *Collége national*, et fut placé sous la direction de Chayrou, qui fut, avec Saltzmann et Rouget de Lisle, l'un des principaux rédacteurs de la *Feuille de Strasbourg*, l'organe de Dietrich. Chayrou était instruit et dévoué; mais, distrait par la fièvre politique qui l'entourait, et placé dans des conditions peu favorables à la prospérité d'un établissement scolaire, il vit l'insuccès suivre ses efforts; et, malgré l'appui de la municipalité, ne parvint pas à relever le collége.

Sur plus d'un point, Chayrou avait devancé son époque en matière scolaire. Dans la séance du 6 janvier 1792 de la Société des Amis de la Constitution, il avait abordé un problème qui n'est pas encore résolu de nos jours, en présentant un projet d'*Établissement national pour l'éducation des femmes à Strasbourg*. Et, chose curieuse, ce projet fut vivement combattu par Schneider. Le futur accusateur public s'éleva contre l'internat dans des termes qui méritent d'être retenus : « Mettez, dit-il, les filles dans un pensionnat quelconque, elles n'y trouveront pas cet intérêt qui les lie à leurs mères. Jamais l'art ne pourra égaler la nature. N'est-ce pas à la mère à former le cœur et les mœurs de sa fille? Quant aux sciences et aux connaissances accessoires, ne trouvera-t-elle pas partout des professeurs et des maîtresses habiles? En réunissant ainsi l'éducation maternelle avec l'instruction scientifique, on parviendra à en former une épouse aimable, une mère digne de ce nom auguste. »

Jusqu'en 1791, il n'y eut rien de changé dans l'Université et le Gymnase : ces institutions continuèrent à fonctionner comme par le passé et dans le même esprit.

Mais, dès le premier appel des volontaires, les élèves des Universités, du Gymnase et du Collège national, il faut le dire à leur honneur, devinrent plus rares. A partir de ce moment, sous l'influence de causes multiples, l'appauvrissement des écoles ne fit que s'aggraver, que s'étendre.

L'ancien enseignement était suspect aux partisans de l'ordre nouveau. Les jacobins allemands, sous l'inspiration de Schneider, l'avaient en défiance et aversion. Schneider avait deux raisons de haïr l'ancien régime scolaire et d'en poursuivre la ruine : il en connaissait les abus, pour l'avoir pratiqué ; et, de plus, il était l'auteur d'un plan de réformes. Ce régime rencontra pourtant un chaleureux défenseur, le professeur de théologie Haffner. Avec la collaboration de Hermann, de Lauth, et de Muller, ses collègues, il publia en 1792, sous le titre, *De l'Éducation littéraire, ou Essai sur l'organisation d'un établissement pour les hautes sciences,* un gros volume, qui n'est, en réalité, sous la forme d'un programme, que l'apologie de l'Université protestante. « Il faut bien, disait-il, se garder de confondre l'Université de Strasbourg avec la plupart de ses sœurs aînées établies dans l'intérieur de la France. Il règne entre elles une différence aussi grande que l'est celle qui sépare le catholicisme du protestantisme, l'ordre hiérarchique de l'ordre presbytérien. »

L'Université et le Gymnase n'étaient protégés et défendus que par le parti modéré et, à mesure que ce parti perdit du terrain, ces établissements d'instruction supérieure et secondaire furent de plus en plus menacés.

Bon nombre de maitres, accusés de modérantisme, s'enfuirent, se cachèrent, ou furent arrêtés. L'Université, suspecte de fédéralisme, fut fermée ; fermée également la Bibliothèque ; fermés les Gymnases de Strasbourg et de Bischwiller, et l'Institut pédagogique de Pfeffel à Colmar. Toute l'instruction publique se trouva réduite à l'enseignement primaire, et encore était-il fort insuffisant. En bien des localités, cet enseignement fut supprimé ; les instituteurs, souvent complices des prêtres révoltés, et toujours soupçonnés de l'être, avaient disparu. Ceux qui étaient demeurés à leur poste voyaient leurs écoles abandonnées, oubliées, dédaignées. Les femmes, dans les maisons désertées par les hommes qui étaient à l'armée, gardaient auprès d'elles leurs enfants et ne songeaient plus à les faire instruire.

Le cas du Gymnase protestant était spécial. Son existence aurait dû être assurée par les décrets du 17 août et du 1er septembre 1790, qui ordonnaient la conservation de tous les établissements appartenant à la confession d'Augsbourg. Le Gymnase n'en cessa pas moins d'exister pendant quelque temps.

Dès le mois d'octobre 1793, le directeur, Jérémie-Jacques Oberlin, fut interné à Metz avec les membres de l'administration du district, dont il avait fait partie. Deux professeurs, Beyckert et Michel Fries, inscrits comme Oberlin sur la liste des suspects, furent expulsés de Strasbourg ; un troisième, Brunner, partit de son propre mouvement. A la fin de novembre, les salles de classes, sauf une seule, furent transformées en corps de garde et l'on dut réunir hors de l'établissement le peu d'élèves qui restaient. Enfin, le 29 mai 1794, le maire Monet dénonça formellement le Gymnase et l'esprit de son enseignement, « imbu de germanisme », au conseil municipal. Le conseil, d'humeur docile, se rangea à l'avis du maire ; il ordonna l'apposition des scellés au bureau de l'administration.

Pendant trois trimestres, les professeurs ne touchèrent aucun traitement. Quatre d'entre eux s'obstinèrent à enseigner malgré la mesure dont ils étaient victimes ; mais deux ne tardèrent pas à être arrêtés, et les deux autres, menacés d'être conduits à la citadelle de Besançon, ajournèrent leurs élèves d'abord à une décade, puis à un délai indéterminé.

La chute de Robespierre rendit la liberté et la sécurité aux professeurs du Gymnase. Ils reprirent leurs cours, avant même d'y être autorisés par le représentant Foussedoire. Ce ne fut qu'au commencement de 1795 qu'ils furent réintégrés officiellement dans l'exercice de leurs droits.

La Révolution n'exerça pas moins une salutaire influence sur le Gymnase, malgré les épreuves auxquelles il fut soumis. Son enseignement avait vieilli ; ses méthodes ne répondaient plus aux besoins du temps. La Révolution concourut à modifier le plan d'études, à l'animer d'un souffle nouveau, à le mettre en harmonie avec les idées et les sentiments de la société qui venait de naître.

Jusqu'en 1792, le Gymnase n'avait été qu'une école préparatoire aux études universitaires ; les langues classiques formaient la base de l'enseignement. A partir de cette époque, on fit une part plus large aux langues vivantes, et en premier lieu au français, la plus vivante de toutes. On étendit les programmes d'histoire naturelle, de physique et de logique ; on s'efforça de rendre les jeunes gens, qui désormais pouvaient être appelés aux fonctions publiques, capables d'être d'utiles citoyens.

De louables tentatives avaient d'ailleurs été faites par l'administration communale de Strasbourg, en faveur de l'instruction secondaire. Nous avons vu, en 1791, fonder le *Collège national*; mais il dut fermer à peu près en même temps que le Gymnase, et ne rouvrit point, malgré une décision du conseil municipal qui, en 1794, essaya de le réorganiser.

Ce fut une *École centrale* qui lui succéda, en vertu du décret du 7 ventôse an III (27 février 1795). Cette école fut installée par le représentant du peuple Yard-Pauvilliers, qui ne négligea rien pour en assurer le succès. Il la pourvut d'excellents maîtres : Schweighæuser, Hermann, Herrenschneider, tous trois anciens professeurs de l'Université, et Arbogast, ancien député. Le professeur de littérature française était Hullin, le futur doyen de la Faculté des lettres. L'École centrale était placée sous la direction d'un comité de surveillance, qui comptait parmi ses membres le savant Brunck et le non moins savant Haffner. Sous le Consulat, elle se transforma en lycée.

Quant aux écoles de district, elles « n'offraient qu'un enseignement élémentaire et préparatoire; elles s'arrêtaient aux premiers linéaments de la science », a dit précisément Haffner, bien placé pour les connaître, et bien apte à les juger.

L'instruction primaire avant la Révolution était entre les mains des deux clergés. Les écoles étaient nombreuses, mais les protestants, au fait de la pédagogie allemande et de ses progrès à la fin du siècle, avaient un avantage sur les catholiques, qui n'avaient cure des méthodes. Il faut pourtant dire à l'honneur de l'évêque assermenté Brendel que pendant le temps, si court, où il fut à la tête du clergé d'Alsace, il fit plus pour l'enseignement primaire, en dépit des circonstances difficiles, que ses prédécesseurs n'avaient fait.

De l'enseignement primaire, il ne restait rien après la Terreur; il fallut le créer à nouveau. Ce fut une des plus vives préoccupations de l'administration du Bas-Rhin. Bon nombre des anciens maîtres d'école reprirent leurs anciennes places; on en nomma de nouveaux dans les villages qui en manquaient.

Mais les parents s'étaient habitués à négliger l'instruction de l'enfance: on la rendit obligatoire. Le fait est constaté par une lettre du 22 frimaire an III, signée Férat, procureur de district. Les parents furent tenus d'envoyer leurs enfants à l'école, sous peine d'amende. C'est l'origine de ce développement constant et régulier de l'instruction primaire en Alsace, qui a assuré aux départements du Haut et du Bas-Rhin une supériorité incontestée. Par malheur pour les maîtres d'école, l'enseignement ne fut pas seulement obligatoire, il fut aussi presque gratuit. Le même document nous apprend que les parents ne payaient pas les leçons; ils laissaient le maître mourir de faim. Ces martyrs de la bonne cause, que l'indifférence et même le dédain public avaient abaissés au rôle de parias, en étaient réduits à aller tous les trois mois de maison en maison mendier des parents le peu d'argent qui leur était dû. A l'époque de la moisson, on croyait leur faire une grâce en leur permettant d'aller recueillir leur modeste dîme. La commune les regardait comme des êtres à charge, et les traitait en conséquence. Ils avaient échappé à la domination du prêtre, mais non au despotisme des familles ni à la situation humiliée que les préjugés séculaires leur avaient faite.

Lorsqu'aux jours troublés eut succédé une vie sociale plus régulière, on s'aperçut que, malgré les interruptions que nous avons signalées, l'impulsion révolutionnaire n'avait pas été inféconde. L'esprit de l'enseignement primaire fut profondément modifié. La domination du prêtre ou du pasteur qui, jusqu'en 1789 avait été absolue, fut, sinon détruite, du moins restreinte : l'École ne fut plus l'humble servante de l'Église. L'étude du français, à la diffusion duquel les jacobins s'étaient dévoués, comme nous l'avons vu, avec un enthousiasme national qui touchait au fanatisme, fut inscrite en tête du programme des études. Les générations nouvelles se trouvèrent ainsi unies par un lien plus étroit à la République française, et ce lien n'est pas un des moins forts parmi tous ceux qui aujourd'hui, malgré la victoire allemande, rattachent le cœur attristé de l'Alsace à l'âme frémissante de la France.

Lorsque les passions politiques dominaient les esprits, lorsque la jeunesse, avec ses ardeurs généreuses se vouait à la défense de la patrie, lorsque la plupart des maitres étaient dispersés, en prison, ou en fuite, il était inévitable que la vie littéraire et scientifique à Strasbourg, si vivace depuis la Réforme, fût momentanément languissante. La Révolution jeta dans les esprits avides d'instruction de nouvelles pensées, des préoccupations impérieuses, exclusives. Les études calmes ne purent trouver place au milieu des événements violents.

De 1789 à 1792, c'est l'aube révolutionnaire, période d'espoir et d'enthousiasme ; une sorte d'enivrement universel était dans l'air ; des poètes ne pouvaient manquer d'éclore : Auguste Lamey, né en 1772, publie son premier recueil. C'étaient des poésies intitulées : *Gedichte eines Franken am Rheinstrom*, qu'il traduisit en français, *Poésies d'un Franc aux bords du Rhin*.

« La renaissance miraculeuse de la France, dit-il dans la préface, a éveillé dans notre pays un esprit qui n'a semblé être d'abord qu'une émotion passagère, mais qui est devenu un noble désir de participer à l'heureuse rénovation. Chacun veut contribuer lui aussi au développement national ; chacun prétend à l'honneur d'être le collaborateur de l'œuvre glorieuse, afin de mériter aussi la reconnaissance de l'avenir. Le but est le même pour tous, mais les moyens sont différents ; le zèle est le même, mais les forces sont inégales. L'enthousiasme général qui unit et fortifie les aspirations de toute la société m'a également enflammé. Je ne suis encore qu'un simple spectateur, mais je suis un spectateur qui ne considère pas d'un regard froid et indifférent le remarquable drame qui se joue sur la scène du monde, un spectateur qui, à chaque nouvel incident, ne saurait contenir l'explosion bruyante de ses sentiments. C'est ainsi que ces poésies ont vu le jour. »

L'auteur chante la prise de la Bastille, la conquête des droits de l'homme, l'abolition de la noblesse, la Fédération, la mort de Mirabeau, le dévoûment des femmes de Strasbourg, etc... On dirait une gazette rimée, n'était le souffle vraiment poétique qui l'anime. Chose digne d'être notée, cette œuvre du patriotisme français le plus pur a été écrite en allemand ; et, chose plus extraordinaire encore, Auguste Lamey, après une longue carrière judiciaire, est toujours resté, quoique poëte et magistrat, fidèle aux croyances de sa vingtième année.

La poésie est associée à la vie publique ; on lui a réservé une place dans les grandes solennités patriotiques. Elle préside à l'inauguration du temple de la Raison et à la fête de l'Être suprême. Le conseil municipal invite officiellement le jeune Lamey « à prendre sa lyre et à chanter des hymnes à la Liberté ». Lamey compose ses *Chants de décade*, destinés à être déclamés à la manière antique, avec accompagnement de musique, dans le temple de la Raison. C'est une œuvre de circonstance, où respire un profond sentiment religieux, au sens humain du mot, un patriotisme intense et qui s'élève souvent à une véritable beauté poétique. Le succès en fut immense. Il encouragea un autre poète, Schaller, de Pfaffenhoffen, à publier un recueil du même genre en allemand, *Gesänge auf alle Dekaden und Volksfeste der Franken*, inspiré par un déisme ardent, et qui était une sorte de livre de cantiques de la nouvelle religion. Chaque chant porte en tête la date du jour où il devait être exécuté.

Les idées nouvelles animèrent non-seulement des poëtes, mais aussi des prédicateurs — peu de prédicateurs catholiques, avouons-le, si ce n'est Euloge Schneider et l'évêque constitutionnel Brendel ; — mais les prêches des pasteurs protestants étaient pleins des grands sentiments et des grandes pensées du début de la Révolution. Les aspirations de cette merveilleuse époque furent plus d'une fois éloquemment exprimées dans les temples luthériens et calvinistes sous la forme la plus modérée, cela va de soi, mais avec une chaleureuse conviction.

La chaire protestante eut deux prédicateurs remarquables, Blessig et Haffner. Leurs discours étaient essentiellement philosophiques, comme l'esprit du temps. Il y était question de morale et non de dogme. Ces orateurs parlaient dans les deux langues, mais de préférence en allemand. Tous deux appartenaient à la Faculté de théologie protestante et n'avaient pas moins de succès comme professeurs que comme prédicateurs.

La Terreur et l'invasion arrivent; alors le vide se fait dans les écoles et dans les temples. Il ne s'agit plus de littérature ni de rhétorique, on a des soucis plus pressants. On ne trouve plus que des orateurs de clubs, comme Monet, enflammés du désir d'élever les âmes à la hauteur de tragiques circonstances.

Après les tourmentes des dernières années, 1795 est le renouveau. Dans une atmosphère plus calme, les écoles se rouvrent, les esprits, moins troublés, retrouvent les anciennes voies d'études réfléchies, de recherches laborieuses; l'ardeur scientifique et littéraire renait.

La *Société d'agriculture et des arts* de Strasbourg est une des premières qui se soient fondées en France. Elle fut, en Alsace, la première tentative d'une restauration des sciences et des lettres.

Le conseil municipal suit ces tendances; il encourage les efforts privés; il fonde des prix pour être distribués dans le Munster, devenu le temple de la Liberté, simple transition pour redevenir une cathédrale.

La distribution a lieu le 1ᵉʳ vendémiaire, jour anniversaire de la fondation de la République. Ces prix furent décernés pendant plusieurs années, et les lauréats furent des maîtres. Il suffit de citer l'helléniste Schweighæuser et le professeur de physique Frédéric Ehrmann, l'inventeur des lampes à air inflammable.

Voici, par exemple, la liste des lauréats couronnés à la fête de l'an VIII « pour avoir fait imprimer, dans le courant de l'an VII, des ouvrages utiles aux sciences ou tendant à l'affermissement de la République ». C'étaient les citoyens : Leib, de Strasbourg, auteur d'un ouvrage élémentaire de morale républicaine à l'usage des écoles primaires; Deyeux et Parmentier, auteurs d'un *Précis d'expériences et observations sur le* ... ; Tourtelle, professeur à l'École de médecine de ...sbourg, auteur des *Éléments de médecine théorique et pratique*; Bottin, auteur de l'*Annuaire politique et économique du département du Bas-Rhin*.

Par le caractère de ces ouvrages, on remarquera que les prix dont nous parlons étaient décernés bien moins à des écrits ayant pour but le progrès de la science pure que la vulgarisation des idées scientifiques et patriotiques.

De semblables concours avaient lieu à Colmar. Ils témoignent de la sollicitude constante de l'Alsace pour les progrès de l'instruction et la diffusion des lumières.

Le mouvement littéraire fut surtout dirigé vers les études philologiques et historiques, qui avaient été en grand honneur dans l'ancienne Université. C'était renouer une tradition, un instant interrompue.

A ce moment, Schweighæuser, revenu de Baccarat,

village lorrain où il avait été interné, donne au public sa belle édition de Polybe, fait son édition du *Banquet d'Athénée,* et publie également son Tacite et son César, préparés pendant la Terreur. Richard Brunck, plus tard membre de l'Institut, édite Plaute et commente Térence. L'histoire est étudiée, principalement au point de vue diplomatique, par un élève de Schœpflin, par le professeur Koch, ancien député, futur membre du Corps législatif et du Tribunat. Son *Histoire abrégée des Traités de paix depuis la paix de Westphalie,* qui a surtout fondé sa réputation, est de 1796.

Le mouvement scientifique, si l'on excepte les travaux mathématiques d'Arbogast, se produisit dans les sciences naturelles. L'École de médecine avait deux professeurs très-distingués : Hermann et Lauth. Jean Hermann, qui avait déjà appartenu à l'ancienne Université, enseignait la zoologie et la botanique à l'École centrale. Fondateur du *Musée d'histoire naturelle* de Strasbourg, il devançait son époque en faisant, en dehors de son enseignement officiel, des cours de chimie et de physique pour les ouvriers. Thomas Lauth était un anatomiste de grande valeur ; Gerboin, professeur de chimie, était aussi un véritable savant.

Comme les savants, comme les littérateurs, les artistes eurent à souffrir de la Révolution. L'aristocratie les faisait vivre ; ils devinrent naturellement suspects. Cependant, comme on avait besoin d'eux pour donner de l'éclat aux fêtes, on les réquisitionnait. C'était le procédé du temps.

La musique était indispensable à ces solennités patriotiques. Le goût musical a toujours été très-répandu à

Strasbourg, et le Magistrat l'avait encouragé de son mieux. Jusqu'en 1789, la ville possédait une musique. Avant 1789, il y avait deux écoles officielles de musique, partant une grande émulation dans les études. L'école catholique se rattachait à la cathédrale, l'école protestante au Temple-Neuf. La première était entretenue par le grand chapitre et protégée par le cardinal-évêque de Rohan. Elle comptait beaucoup d'élèves, et ses maîtres de chapelle étaient justement renommés. Au XVIIIe siècle, se distinguèrent surtout François-Xavier Richter et son successeur Ignace Pleyel. L'école du Temple-Neuf ne lui cédait guère; elle aussi était riche et bien dirigée. La ville nommait un inspecteur général de la musique, chargé de surveiller, au point de vue artistique, la musique religieuse et profane, celle des temples et celle des concerts.

A partir de 1731, il y eut, chaque année, trente grands concerts donnés sous le patronage des autorités, du gouverneur, de l'intendant, du préteur et du Magistrat.

La Révolution amena la ruine de ces institutions; les concerts devinrent de simples entreprises privées.

Les premières tentatives de ce genre se firent sous la direction de Pleyel, au Miroir, et elles réussirent.

Le théâtre se trouvait aussi dans un état très-prospère; son orchestre était, de l'aveu de tous les étrangers, le second de France. Mais bientôt l'harmonie cessa de régner parmi les musiciens; la division se mit dans leurs rangs. Un certain nombre d'entre eux partirent pour Paris, et les orchestres de Pleyel et du théâtre furent désorganisés.

Il est à croire que ce personnel artistique avait bien diminué. « La musique qui a lieu dans la cathédrale tous les dimanches et fêtes, dit un voyageur, est exécutée par d'excellents musiciens; ils vont, à huit heures du matin, dans le Temple-Neuf, qui est une église luthérienne; à neuf heures, ils vont dans la cathédrale et, le soir, ils composent l'orchestre de la comédie. »

On voit que les mêmes hommes suffisaient à tout : c'étaient des musiciens servant Dieu et le diable et, comme on l'a dit, dinant de l'autel et soupant du théâtre.

La direction du théâtre, appelé Comédie-Française, fut confiée, durant la Révolution, au citoyen Demeri; la salle ne fut fermée qu'à la suite de l'arrestation du directeur et de sa femme; et même alors les représentations théâtrales ne furent interrompues que momentanément; il ne tarda pas à se constituer une société d'amateurs, de volontaires de l'art dramatique, qui transforma le poêle des Drapiers en salle de spectacle.

Ce fut le théâtre de la Bienfaisance, dont l'inauguration eut lieu le 25 vendémiaire an III. On y donnait, une fois et souvent deux fois par décade, des opéras et des vaudevilles en français, au bénéfice des pauvres. L'orchestre était conduit par Kuntz qui, plus tard, fut appelé, avec sa femme, chanteuse de talent, à l'Opéra-Comique de Paris. Le théâtre de la Bienfaisance fut le rendez-vous de la bonne compagnie. Il dura cinq à six ans, et servit à développer le talent artistique de plusieurs de ses membres, qui n'abandonnèrent pas la scène et qui continuèrent à se distinguer sur plusieurs grands théâtres de France.

Il y eut aussi un spectacle allemand portant le même nom : théâtre de la Bienfaisance. Il ne s'est constitué que le 28 nivôse an VII. Son siége était d'abord au Théâtre-National. Il occupa, dans la suite, le même local que la Bienfaisance française. Les représentations étaient rares, « quoique quelques talents, a dit Bottin dans son *Annuaire* de l'an VIII, en aient marqué les débuts, il est cependant à regretter qu'ils n'aient pas été préférablement dirigés vers la propagation de la langue nationale. En effet, l'uniformité du langage fut, dans tous les siècles, le lien le plus sûr de tous les individus qui composent une même nation. »

Pleyel, élève de Haydn, était né en Autriche, mais Strasbourg l'avait adopté. Au début de la Révolution, il remplissait les fonctions de maître de chapelle à la cathédrale. Sa qualité d'Autrichien le rendait suspect, mais son mérite musical le sauva. La municipalité lui intima, en 1793, l'ordre de composer une symphonie pour célébrer l'anniversaire du 10 août.

Pour accomplir ce travail, Pleyel se retira à Dorlisheim, village des environs de Strasbourg. Un gendarme était attaché à sa personne. Dans ces conditions peu favorables à l'inspiration, il composa en dix jours une œuvre magistrale : *La Révolution du 10 août, ou le Tocsin allégorique*. Les répétitions eurent lieu trois jours de suite, à la cathédrale, à 10 heures du soir, à cause des grandes chaleurs.

Cette symphonie n'a jamais été publiée ; elle n'existe qu'en manuscrit, à Strasbourg. Elle fut exécutée pour la première fois en 1793 dans le chœur de la cathédrale ; pour la seconde fois, en 1798, dans la salle de concert du

Miroir; pour la troisième et dernière en 1799, à l'inauguration de la salle de concert de la Réunion des Arts.

Rien n'avait été négligé pour donner la plus grande pompe à cette exécution musicale, qui devait dépeindre l'attaque des Tuileries par les sections et la chute de la royauté. On avait fait venir des musiciens de tout le département. Pour un effet de tocsin d'alarme, Pleyel avait eu besoin de cloches. La municipalité mit à sa disposition toutes celles dont elle disposait. Sur trois cents qui étaient réunies à la fonderie de Strasbourg pour être converties en canons, Pleyel en choisit sept qui, sans former précisément l'échelle de la gamme, donnaient plusieurs accords d'un effet majestueux et terrible.

L'introduction exprime le réveil du peuple. Les sons s'élèvent peu à peu, se pressent, éclatent en orage : on assiste à l'attaque des Tuileries. Le tumulte diminue. Mais tout à coup retentit le premier appel du tocsin, les tambours battent la générale, les accents lugubres des cloches se multiplient ; c'est le combat. Dans les mille bruits de cette mêlée, on distingue le chant des royalistes *O Richard, ô mon roi !* Le canon retentit — du vrai canon ! — les résistances sont vaincues et tout se termine par un chœur formidable : *Le peuple est sauvé, la victoire est à nous !*

L'enthousiasme à la première audition fut inexprimable ; c'était du délire. La municipalité, convaincue que l'auteur d'une musique si révolutionnaire ne pouvait être qu'un bon patriote, rendit à Pleyel la liberté et le débarrassa de son gendarme.

Ce n'était pas seulement pour ces grandes et extraordinaires solennités que la municipalité réclamait le concours des musiciens. Chaque décade, chaque jour de fête, elle donnait des concerts patriotiques dans le Munster. C'est ainsi que Strasbourg sut maintenir sous la Terreur le renom qu'il possédait avant la Révolution, d'être, Paris excepté, la première ville musicale de France.

Parmi les musiciens, la personnalité la plus marquante après Pleyel est Edelmann l'aîné. Il était remarquablement doué. A Paris, il avait eu de grands succès comme pianiste et organiste et avait écrit des compositions fort estimées, entre autres l'opéra d'*Ariane à Naxos*. Après s'être acquis une petite fortune, il retourna à Strasbourg. Là, il s'intéressa au mouvement révolutionnaire et prit même une part active aux événements. Il commença par être ami de Dietrich; plus tard il passa dans le parti des jacobins. Sa nature enthousiaste suivait le courant, par entraînement artistique plutôt que par conviction raisonnée. Schneider l'entraîna dans sa perte. Il mourut à Paris sur la guillotine.

La peinture et les arts qui s'y rattachent furent moins privilégiés que la musique. Ils disparurent pendant la crise révolutionnaire et ne reparurent que sous le Directoire. C'est alors que fleurirent Benjamin Zix, artiste d'un talent original et vrai; Ohmacht, l'auteur du monument élevé en l'honneur de Desaix dans l'île du Rhin; Kirstenstein, communément appelé Kirstein, orfèvre-ciseleur, qui a laissé des travaux d'une habileté remarquable, et qui fit pendant quelque temps partie du conseil municipal. Une école de dessin fut réorganisée sous la direction de Christophe Guérin, le graveur qui fit souche d'une génération d'artistes et fut le maître d'Henriquel Dupont.

Durant un siècle les Guérin d'Alsace ont été graveurs, peintres et dessinateurs. L'ancêtre, Jean Guérin, né à Cry, diocèse de Langres, en 1734, devint Strasbourgeois par adoption en 1750. Cette année-là, il fut nommé graveur à la Monnaie. Il laissa trois fils : Edmond, Christophe et Jean-Urbain. Edmond avait d'abord suivi la carrière paternelle; il devint commissaire des guerres sous la République. Christophe succéda à son père à la Monnaie de Strasbourg. Jean-Urbain, son frère, avait cherché fortune à Paris, où il arriva en 1785, annoncé et protégé par le maréchal de Contades, gouverneur d'Alsace. Il s'adonna à la miniature, alors autant à la mode qu'elle est délaissée aujourd'hui; le genre avait du succès, le peintre en eut de même. Il obtint de peindre Marie-Antoinette, le roi, les Praslin, les Choiseul, les Broglie, les Montmorency, les Rohan, toutes les plus illustres et les plus charmantes têtes de France. Mais les idées nouvelles l'attirent. Il assiste à la démolition de la Bastille et écrit : « Je jouissais du triomphe du peuple en foulant aux pieds ce monstre de despotisme. » Cependant la noble clientèle de Guérin diminuait. On commençait à se cacher, à émigrer. De nouvelles figures apparaissaient à la lumière. Guérin prit des croquis aux séances de l'Assemblée constituante : nous avons ainsi de vivants portraits du duc d'Orléans, de Mirabeau, de Rabaut Saint-Étienne, de Sieyès, de Lafayette. Bien qu'il peignit les orateurs et les politiques du tiers état, comme il avait peint la famille royale et la cour, comme il peignit dans la suite Bonaparte, Kléber et toute l'aristocratie militaire du Consulat et de l'Empire, il ne faudrait pas croire que Guérin accueillit avec indifférence les grands changements auxquels il assistait et vit disparaître sans un regret toute la brillante société dont les séductions et la fleur d'élégance lui étaient si connues. Libéral, il l'était sincèrement; royaliste, il l'était avec une sincérité égale. C'était un feuillant, comme on disait alors.

Outre les généraux illustres d'alors, il peignit Mme Récamier, la plupart des beautés nouvelles, enfin, en 1808, l'impératrice Joséphine. Quand le régime nouveau tomba, et que l'ancien régime reparut, Guérin redevint le peintre de la noblesse. Après la Révolution de 1830, il se retira en Alsace, à Obernai. Sa carrière était finie. Il voulut consacrer ses derniers jours à l'amitié et à sa chère patrie locale. Cinq ans plus tard il mourut.

Pendant la Révolution, toute l'activité des esprits étant tournée vers les questions politiques, on aurait une idée bien incomplète de la vie des Strasbourgeois à cette époque fiévreuse, si l'on ne se représentait l'immense mouvement produit par la presse et les clubs. Au cours de notre récit, nous avons eu occasion de nommer les principaux journaux et de faire connaître les principales sociétés populaires. Nous allons compléter le tableau de ces puissances nouvelles que l'opinion faisait et défaisait suivant ses progrès ou ses reculs.

Le club le plus important par le nombre et l'activité de ses membres, par sa durée, par les mesures qu'il inspira ou voulut inspirer, était la *Société de la Révolution*, fondée le 15 janvier 1790. Dès le 14 février de la même année elle changeait son nom en celui de *Société des Amis de la Constitution*. Puis, par suite de scission, le 6 février 1792, une partie de ses membres, comme on sait, alla siéger à l'Auditoire du Temple-Neuf. Ils ne se réunirent que quelques mois. Ils avaient gardé leur nom d'*Amis de la Constitution*, mais, pour les distinguer, on les appelait les *Scissionnaires* ou les *Feuillants*.

La majorité, qui avait continué de s'assembler au Miroir, prolongea son existence pendant toute la durée de la Révolution à Strasbourg. Outre son titre officiel, on lui donnait diverses appellations. Le public et les membres de la Société employaient indifféremment les suivantes : *Club patriotique, Société des Vrais Amis de la nouvelle Constitution*, par opposition aux scissionnaires, considérés comme de faux amis ; trois noms étaient les plus fréquents : *Société des Jacobins, club des Jacobins, Société de la Liberté et de l'Égalité affiliée à la Société des Jacobins de Paris*. Tel était bien, en effet, le caractère du club, telle était son influence que nous avons marquée au milieu des événements, en maint endroit de cette histoire. Là était l'atelier, pour ainsi parler, où l'esprit jacobin, parisien, ébauchait les plans et les projets de francisation, de révolution radicale en Alsace. Aussi quand, avec Bailly, l'esprit modéré, l'esprit feuillant reparut à Strasbourg après la Terreur, c'est à un démembrement qu'il recourut tout d'abord pour anéantir la puissance organisée, l'action des Jacobins. Au commencement de 1791, quand avaient cessé les anciennes assemblées des tribus, une société de tradition et d'esprit local, l'*Assemblée des XII sections de la commune de Strasbourg*, avait tenté de les remplacer tout en les continuant. A ce titre, elle avait paru suspecte de germanisme à Saint-Just et à Lebas, qui la supprimèrent, comme toutes les institutions particularistes qui leur portaient ombrage. Les membres furent même arrêtés, le 6 novembre 1793. C'est sur une réouverture des XII sections que comptait Bailly pour atteindre les jacobins. La réouverture eut bien lieu, le 17 janvier 1795, mais la vieille tradition ne se réveilla pas de sa léthargie. Le même jour, Bailly instituait la *Société populaire régénérée de la commune de Strasbourg*, composée de scissionnaires modérés du club des Jacobins, qui fut fermé le lendemain. Cette imitation de la première scission et de la première société des Feuillants eut tout aussi peu de vie et de succès. Bientôt, d'ailleurs, la loi du 6 fructidor an III vint dissoudre toutes les sociétés populaires de France, et, le 27 août 1795, les deux créations de Bailly disparurent.

Tout à fait au début de la Révolution, trois sociétés de moindre importance s'étaient formées : la *Société des Amis du Roi* (1790), dont le titre indique suffisamment le caractère, et qui dura un an ; la *Société de correspondance nationale*, fondée par les gardes nationaux le 10 mars 1790, et qui dura moins encore ; enfin, la *Société du Séminaire* appelée encore *Société de l'Union*, ou *Société des Catholiques*, qui n'eut qu'une existence éphémère. Nous citons pour mémoire de petits cénacles, qui n'eurent aucune influence et n'en pouvaient point avoir, car ils n'étaient capables ni de prévoir les événements, ni de prendre la tête du mouvement, ni même de le suivre.

N'oublions pas une institution qui fut une curiosité, un signe du temps. A une époque où tout le monde avait la fièvre d'action et de propagande, l'agitation gagna, on le sait, jusqu'aux jeunes têtes. Ces mêmes adolescents que nous avons vus s'enrôler sous le nom de *vélites de la garde nationale*, firent une société politique à leur image : la *Société des jeunes amis de la Constitution*, fondée le 1ᵉʳ mars 1792, et remplacée le 21 juillet de la même année par la *Société des jeunes amis de la Constitution et de la Liberté*.

Il en fut des journaux comme des clubs. Ceux qui ne surent pas ou ne voulurent pas prendre position et accentuer leur politique à mesure que les événements se précipitaient, furent presque immédiatement abandonnés du public. C'est ainsi que de 1789 à 1791 il n'y eut pas moins de cinq journaux, rédigés par les hommes du même parti modéré, feuillant, qui naquirent, vécurent et moururent sans avoir eu d'influence. Le premier journal qui ait paru à Strasbourg en 1789 fut la *Feuille hebdomadaire et politique* de J.-F. Simon. Il finit avec l'année 1790. Il contenait un simple récit des événements de la semaine, sans caractère politique, malgré le titre qu'il avait pris. Il était fait sur le modèle incolore des anciennes gazettes privilégiées et retardait de cent ans. Le journal de J. Ehrmann, la *Chronique de Strasbourg*, qui parut la même année où la *Feuille hebdomadaire* disparut, fut transformé par son rédacteur, au bout d'un an, en journal allemand : *Das Nationalblatt für das Niederrheinische Departement* (*La Feuille nationale du département du Bas-Rhin*). L'adoption de la langue allemande, plus répandue dans la basse classe des villes et des campagnes, ne prolongea pourtant que d'un an l'existence du journal d'Ehrmann. Sans se décourager, Ehrmann entreprit une troisième publication, *Die Politische Strassburgische Zeitung* (*La Gazette politique de Strasbourg*), qui n'eut pas un meilleur sort.

Un imprimeur qui écrivait à l'occasion, André Ulrich,

fit durer deux ans (1790-1791) une feuille hebdomadaire, *Die Wœchentlichen Nachrichten* (*Les Nouvelles de la Semaine*). C'est ce même Ulrich qui fut emprisonné quelques mois au séminaire, pendant la Terreur, et qui, remis en liberté au 9 thermidor, eut l'heureuse idée de réunir en deux volumes nombre de documents — comptes rendus, proclamations, discours, lettres, etc., — de la période révolutionnaire à Strasbourg. Ce recueil est connu sous le nom de *Livre bleu*, à cause de sa couverture. C'est la mine la plus précieuse de renseignements authentiques sur cette époque, depuis la destruction de la bibliothèque de Strasbourg.

Le journal d'Ulrich ne révélait aucune opinion bien arrêtée chez son directeur ; pourtant, chaud partisan de Dietrich, il alla à Besançon déposer en faveur de l'ancien maire au moment où c'était faire acte de courage civique. Le journaliste valait mieux que son journal.

Nous ne ferons que nommer le *Courrier politique et littéraire des deux nations* (1791), édité par Treuttel et Wurtz. Ce n'était qu'une entreprise de publicité faite par une des principales librairies de Strasbourg.

Die Strassburgische Zeitung (*La Gazette strasbourgeoise*), rédigée en allemand par Saltzmann, tint plus longtemps, trois ans entiers, de 1791 à 1794, sans avoir plus d'initiative et partant plus d'action que les feuilles précédentes. Le licencié Saltzmann était également un ami de Dietrich. C'était un littérateur zélé, qui avait fondé dès 1775 une *Société littéraire allemande*, et un citoyen plein de bon vouloir qui faisait tous les dimanches, au début de la Révolution, des conférences populaires à la Maison commune.

Enfin voici un journal de parti, de portée et d'influence : *La Feuille de Strasbourg, journal politique et littéraire des rives du Rhin* (1792). C'était l'organe de Dietrich. Nous avons vu précédemment qu'il était rédigé par Chayrou, le principal du collège, avec la collaboration de Saltzmann et de Rouget de l'Isle. La vie politique de son patron et les noms de ses rédacteurs nous dispensent de caractériser autrement son attitude. Il fut constitutionnel et non républicain.

Les journaux républicains étaient, pour la plupart, rédigés en allemand, et représentaient les tendances et la politique des jacobins alsaciens. Le premier en date eut pour titre : *Die neusten Religionsbegebenheiten in Frankreich* (*Les plus récents événements religieux en France*) [1790-1792]. On voit que cet organe prenait la question d'un point de vue assez spécial. Il défendait les prêtres constitutionnels et attaquait les non-assermentés et leurs partisans. Le rédacteur, Kæmmerer, fut à la dévotion de Schneider, dont il était non-seulement compatriote, mais aussi collègue, en sa qualité de vicaire épiscopal. Kæmmerer ne suscita pas un grand courant d'opinion. Il survécut à son œuvre et à la Terreur.

La date de sa mort est le 3 vendémiaire an VII. Il ne montra pas, semble-t-il, comme Schneider lui-même et ses autres amis, une fermeté d'âme qui ne se démentit jamais, car un contemporain, Bottin, a dit en écrivant sa notice nécrologique : « On eût désiré de lui un caractère plus à l'épreuve des vicissitudes des circonstances. »

Le même J.-F. Simon, dont nous avons vu l'essai loyal et malheureux avec la *Feuille hebdomadaire et politique*, lança aussi le journal *Die Geschichte der gegenwær-*

tigen Zeit (*L'Histoire du temps présent*), qu'il continua de 1790 à 1792 avec la collaboration de A. Meyers Le tempérament de Simon n'avait pas changé au point de lui inspirer une publication d'initiative, mais du moins n'essaya-t-il pas de réagir contre les événements. Simon et Meyer furent d'ailleurs toujours sympathiques à Schneider. Schneider rédigea même l'*Histoire du temps présent* en juillet, août et septembre 1793, après le départ de Meyer pour l'armée et de Simon pour Paris, où il joua un certain rôle au 10 août. La feuille cessa de paraître quand Schneider quitta à son tour Strasbourg pour remplir la mission de commissaire municipal à Haguenau.

Simon publia encore en 1792 le *Patriotisches Wochenblatt* (*Feuille hebdomadaire patriotique*).

Un des nombreux Allemands que l'enthousiasme pour les idées nouvelles attirait en France, C.-F. Cotta, de Stuttgard, déjà publiciste dans sa ville natale, fonda et rédigea pendant trois ans (1790-1793) le *Strassburgisches politisches Journal* (*Journal politique strasbourgeois*). Élu officier municipal, il s'opposa à la destruction des statues de la cathédrale, mais, en d'autres circonstances, il se distingua par l'emportement de ses passions révolutionnaires. Il fut de ceux qui protestèrent contre l'arrestation de Schneider : « Si Schneider est coupable, dit-il, nous autres patriotes le sommes aussi, et en particulier ceux qui ont parlé contre Dietrich et qui ont maintenu les séances du club allemand. » Ces témoignages des amis de Schneider peuvent sembler quelque peu suspects, mais ce qui en relève pourtant la valeur, c'est le moment où ils se sont produits, sous le coup même de l'arrestation de l'ancien accusateur public. Arrêté à son tour sur l'ordre des représentants Baudot et Lacoste, Cotta fut détenu à la Conciergerie, à Paris, pendant près d'un an. Revenu à Strasbourg, il épousa la veuve de son ami Schneider, cette épouse d'un jour. Cotta est l'auteur présumé d'une apologie de Schneider qui a pour titre : *Aventures de Schneider en France.*

Les deux seuls journaux importants qui parurent en français dans la période républicaine à Strasbourg, furent rédigés par Laveaux. Ce n'est pas lui qu'on peut accuser d'avoir manqué de tempérament et de caractère. Déjà, à l'époque où il résidait à Berlin, comme professeur de littérature française et comme critique, il s'était fait nombre d'ennemis par sa polémique acerbe. Dans la suite, il avait professé à Stuttgard, dans cette même *École de Charles* où Schiller fit ses études. A Strasbourg, c'est contre le parti modéré et surtout contre Dietrich qu'il déploya sa passion, dans le *Courrier de Paris et des départements* (1792). Poursuivi à l'instigation du maire, traduit devant le jury, Laveaux fut acquitté. Il n'en devint que plus âpre dans ses attaques. Il fit même le voyage de Paris pour soulever contre son adversaire le tout-puissant club des Jacobins. Dans le numéro du 7 novembre 1792 du *Courrier de Strasbourg*, continuation plus accentuée du *Courrier de Paris,* Laveaux annonce la fin de sa longue et violente lutte en ces termes, qui donneront une idée suffisante de sa manière : « Enfin, après quatre mois de persécutions, d'emprisonnement et de proscription, la bienheureuse journée du 10 août, qui a mis les Français à même de se rendre vraiment libres par de bonnes lois, a fait luire pour moi l'aurore de la justice. Mes ennemis ont été confondus et dispersés, et le plus coupable d'entre eux, Dietrich, ci-devant maire de Strasbourg, pleure maintenant, dans les pays étrangers, ses sottises, ses bévues et ses crimes. Cet homme qui, lorsque la cour le soutenait, jurait grotesquement de périr à son poste, a fui comme un lâche, plutôt que d'obéir au décret de l'Assemblée nationale qui l'appelait à sa barre, et, se fiant plus aux chevaux de poste qu'à sa conscience, il a été en Allemagne et en Suisse demander sans doute à ses royaux amis le prix de ses services. Probablement d'Artois n'aura pas bien récompensé son zèle, car on a trouvé dans les papiers qu'on examine maintenant à la Convention, une lettre de ce ci-devant prince, qui prouve qu'il n'était pas content de l'intelligence de Dietrich, quoique ses intentions fussent les meilleures du monde. Le Conseil exécutif provisoire a rendu encore ma justification plus éclatante en me choisissant pour être un des vingt-quatre commissaires envoyés dans les départements, pour exciter le patriotisme, et engager la nation à se lever en masse contre les brigands qui infectaient nos frontières. » Après avoir tenu pour la politique de Schneider, Laveaux faillit partager son sort. Il fut du nombre des jacobins alsaciens arrêtés en même temps que leur chef.

Les journaux de cette époque n'avaient pas la physionomie de ceux d'aujourd'hui. Ils se présentaient plus modestement, leur format n'atteignait pas celui du moindre journal d'un chef-lieu d'arrondissement, et ils dédaignaient les artifices typographiques destinés à exciter à première vue la curiosité où à attirer immédiatement les yeux sur certains articles.

Le *Courrier de Strasbourg*, malgré son importance, n'avait qu'un double feuillet in-4°. En tête, une petite vignette, sans prétention artistique, représente deux cavaliers au galop : l'un se hâte vers la ville, l'autre s'en éloigne. Sous cette vignette, le titre : *Journal politique et littéraire, uniquement consacré aux nouvelles des frontières et des pays étrangers, et particulièrement à celles des deux rives du Rhin*. Ce long titre était inexact. Le journal de Laveaux devançait son époque; il promettait plus qu'il n'a tenu. Il ne s'occupait guère que de politique intérieure, et il était même on ne peut plus mal informé de ce qui se passait à l'étranger; ce qui ne doit pas surprendre quand on considère combien peu satisfaisants sont, même de nos jours, même après nos désastres, les renseignements sur la politique étrangère dans la presse française.

Il y avait chez Schneider un tel besoin d'expansion, de propagande, d'action sur les esprits, que le siége d'accusateur public près le tribunal révolutionnaire et le tribunal militaire, les fonctions municipales, celles de membre du Comité de sûreté générale, la chaire de la cathédrale, la tribune des Jacobins ne suffisaient pas à une activité véritablement dévorante. Il lui fallait encore un journal; il fonda l'*Argus*. *Argos oder der Mann mit hundert Augen* (Argus, ou l'Homme aux cent yeux), tel était le titre symbolique et inquiétant choisi par Schneider et son collaborateur Butenschœn. Il y eut des journaux d'un tirage plus considérable, il n'y en eut pas qui fût plus en vue ni plus influent. C'était l'organe du jacobinisme local, en opposition avec le jacobinisme parisien. On devrait dire que la politique préconisée par

Schneider et ses amis était du jacobinisme fédéraliste, si ces deux mots ne juraient d'être réunis.

Comme Schneider, Butenschœn était d'origine allemande. C'était un Allemand du Nord, un Holsteinois enthousiaste de la Révolution. Devenu membre du conseil municipal de Strasbourg, il fut de ceux qui s'élevèrent le plus vivement contre l'arrêté de Saint-Just et de Lebas ordonnant la destruction des statues de la cathédrale.

Après l'arrestation de Schneider, il apostilla ainsi la lettre collective de ses amis à la Convention : « Schneider n'a pu me tromper, car il n'a jamais cessé d'agir avec une droiture sans exemple. Je suis prêt à mourir avec lui. » Il resta neuf mois en prison à Strasbourg, et eut la liberté de continuer son journal jusqu'au 16 juin 1794, où il fonda la *Chronique républicaine*. Après la chute de Robespierre, Butenschœn fut successivement professeur d'histoire à Colmar et bibliothécaire-archiviste. Il fut nommé, sous Napoléon Ier, recteur de l'Académie de Mayence, et mourut à Spire, sous la Restauration, directeur des études et conseiller du roi de Bavière, ce qui tendrait à prouver que dans la période la plus agitée de son existence, il a été dominé plutôt par son attachement personnel pour Schneider que par de solides principes politiques.

L'*Argus*, malgré l'incontestable talent de ses deux rédacteurs, ne connut pas la prospérité matérielle, loin de là : il ne compta jamais plus de 150 abonnés, ce qui ne lui permettait pas de couvrir ses frais. Schneider se plaignait que le public soutint si peu son journal, tandis que d'autres feuilles « qui tournaient comme des girouettes » faisaient de bonnes affaires. « Mais cela ne m'empêchera pas de continuer mon *Argus*, disait-il. Il paraîtra, dût-il m'en coûter mon dernier liard. »

La préférence accordée à l'allemand comme langue des journaux et des publications périodiques n'avait pas seulement pour cause le manque de développement du français en Alsace; il y avait une autre raison. La presse, à Strasbourg comme partout, était, selon l'esprit du temps, ardemment propagandiste. La Révolution ne connaissait pas de frontières; ses organes voulaient, eux aussi, passer le Rhin, gagner aux idées nouvelles les pays voisins d'Allemagne. Tel était le but poursuivi en 1793 et 1794 par Butenschœn, aidé d'Engelbach et de Schweighæuser fils, dans le *Weltbote* (*Messager cosmopolite*); tandis que l'*Argus* avait un œil à Strasbourg et partout en Alsace, le *Messager* allait porter la bonne nouvelle dans l'Allemagne méridionale.

Il nous reste à citer, pour être complet, deux journaux de peu d'importance. *Der Strassburger Curier* (*Le Courrier de Strasbourg*), 1793-1795, rédigé par J. Frantz, de Strasbourg, et Kern, de Bouxwiller, ne trahissait que le désir d'être et de durer, à une époque où un journal n'était pas moins menacé qu'un homme politique Si on lui avait demandé ce qu'il avait fait sous la Terreur, lui aussi eût pu répondre: J'ai vécu.

Les *Affiches de Strasbourg*, qui parurent en 1790, virent disparaître tour à tour et les journaux sans couleur et sans vie et les journaux de parti et de bataille. Elles assistèrent aux excès de la Révolution et à la renaissance de l'élégance et du plaisir sous le Directoire, à la restauration de l'autorité sous le Consulat, aux guerres glorieuses et désastreuses de l'Empire, au retour de l'ancien régime, à deux révolutions encore, au second Empire, à une seconde invasion, au changement de nationalité, sans être jamais visiblement affectées des métamorphoses ou des malheurs des temps, et sans donner prise, en leur prudence, à aucune répression. Comme l'indique leur titre, les *Affiches* n'ont jamais été qu'une feuille d'annonces illustrées par le crayon et la plume de scènes et de petits vers humoristiques en dialecte alsacien.

Sur la fin de la période révolutionnaire, quand les ardeurs se ralentirent et s'éteignirent, nous voyons les journaux qui en étaient les interprètes, disparaître les uns après les autres. En l'an VIII, outre le *Journal littéraire de France*, édité par Treuttel et Wurtz, et le *Weltbote*, continué par Engelbach et Schweighæuser fils après la retraite de Butenschœn, on comptait le *Mercure français*, rédigé en allemand par Ehrmann, et deux feuilles d'annonces allemande et française.

L'année suivante les rangs se sont éclaircis; le *Frænkischer Merkur* est mort, mais le *Weltbote* est toujours à son poste, et nous avons à signaler la *Feuille décadaire du Bas-Rhin*, contenant le bulletin officiel de la préfecture et s'annexant les immortelles *Affiches*.

De cette esquisse du premier développement de la presse alsacienne, ressort nettement qu'elle fut à l'époque révolutionnaire ce qu'elle devrait toujours être, le miroir des sentiments et des idées du temps.

Cette diffusion de la publicité faisait refleurir une des principales branches de l'industrie strasbourgeoise, l'imprimerie. Dans cette ville qui avait vu fonctionner les premières presses, les imprimeurs avaient su maintenir leur antique renom. Les principaux étaient : Levrault père et fils, Henri Heitz, Dannbach, André Ulrich. Leurs imprimeries dataient d'avant la Révolution; mais la liberté de l'industrie donna naissance à de nouveaux établissements, entre autres à celui de Silbermann. La célèbre imprimerie de Deux-Ponts, qui avait fourni tant d'excellentes éditions classiques, vint se réfugier à Strasbourg. Cette imprimerie, dirigée depuis 1779 par Exter et Cie, avait fondé son renom par une collection d'auteurs latins et d'auteurs grecs. Elle avait déjà publié plus de cent volumes latins et plus de cinquante en langue grecque quand, en l'an II, les événements de la guerre rendirent ses presses inactives. Elle ne retrouva ses jours d'activité scientifique et industrielle qu'à Strasbourg.

Strasbourg avait été de tout temps pour le commerce de la librairie comme pour les autres commerces une grande place d'échange. Les libraires envoyaient en France des livres allemands et en Allemagne des livres français. Ce dernier trafic était naturellement le plus considérable, à la fin du XVIIIe siècle, où le français était aussi bien la langue de la littérature et de la science que celle du monde. La guerre apporta de grands obstacles à cette circulation de livres en Suisse, en Allemagne et dans le Nord de l'Europe. Aussi les imprimeries, qui, de six, s'étaient multipliées jusqu'à onze, auraient-elles été en peine de se soutenir, si les publications de propagande politique n'avaient pas suppléé aux autres travaux qui languissaient. Le travail des presses fut considérablement activé, non-seulement par les journaux nouveaux, mais par la guerre de brochures qui s'engagea, et que rendit ardente le besoin d'éclairer les campagnes contre les manœuvres du clergé. A Strasbourg ne pouvaient paraître que les ouvrages en faveur de la Révolution; les pamphlets du clergé catholique étaient imprimés de l'autre côté du Rhin, à Offenbourg.

On devine le ton violent de ces feuilles. L'une d'elles contient un *Credo*, une *Oraison* et un *Ave* qui nous paraissent dignes d'être reproduits. En voici la traduction :

« CRÉDO. Je crois en Louis XVI, roi de France et de Navarre, qui fut tout-puissant et gouverna seul les Français, et en son fils, le Dauphin, son véritable successeur, qui a été conçu par Marie-Antoinette, la fille de la grande Marie-Thérèse; je crois que notre malheureux roi a beaucoup souffert depuis trois ans, sous Lafayette, sous ses tyrans, les députés et les larrons du côté gauche; qu'il a été emprisonné, insulté, qu'il est mort et a été enterré politiquement; que le 20 juin il s'est évadé de sa prison, qu'il est parti pour Varenne et qu'il a été repris le troisième jour, ramené à Paris par ses bourreaux et conduit en une prison où il se trouve et gémit actuellement, d'où il sera délivré et viendra juger les bons et les méchants. Je crois en l'ancienne forme gouvernementale, l'ancienne Église catholique romaine, la communion de tous les honnêtes gens, la rémission de beaucoup de méfaits, la résurrection de l'ordre et d'un bonheur durable. *Amen!*

« ORAISON. Notre Roi, qui êtes en prison, que votre nom soit vénéré, que votre règne arrive, que votre volonté soit faite à Paris et dans les provinces. Donnez-nous notre pain et notre bien-être volés par les députés, et pardonnez-nous la lâcheté dont nous nous sommes rendus coupables envers vous, comme nous pardonnerions à tous les malfaiteurs si nous le pouvions ; ne nous laissez plus succomber à la tentation d'être libres, mais délivrez-nous de l'Assemblée nationale, c'est-à-dire du mal. *Amen!*

« Ave. Je vous salue, Marie-Antoinette, pleine de courage. Le roi est avec vous. Vous êtes malheureuse entre toutes les femmes et malheureux est le fruit de vos entrailles, le Dauphin. Grande Marie-Antoinette, priez pour nous, pour votre seigneur, le roi, qu'il reste notre père maintenant et toujours. *Amen !* »

Tel était l'aveuglement de l'esprit de parti, que ces parodies semblaient, au moins à leurs auteurs, être l'expression sérieuse de leur amour pour la famille royale, et ils ne se doutaient pas qu'ils commettaient, au point de vue de leur religion, un vrai sacrilége en priant des créatures comme le Créateur.

Le chiffre de ces pamphlets, brochures et feuilles volantes, fut si énorme qu'un collectionneur alsacien, Heitz, parvint à en réunir, à lui seul, environ 8,000 qui, achetés avant la guerre pour la bibliothèque royale de Berlin, sont revenus à Strasbourg après l'annexion et forment une des sections les plus précieuses de la nouvelle bibliothèque. Ce ne fut qu'au moment de la Terreur que cette guerre de brochures fut arrêtée. La menace de l'échafaud ralentit considérablement la propagande. On ne vit plus que çà et là quelques feuilles clandestines écrites par des prêtres. La lutte polémique cessa faute de combattants, et les journaux furent réduits à ne publier que le compte rendu des séances de la Convention et les nouvelles du théâtre de la guerre.

En dehors des journaux quotidiens et hebdomadaires, il existait à Strasbourg d'autres publications périodiques, des publications mensuelles et même trimestrielles. Nous n'en citerons qu'une, qui mérite cette mention spéciale parce qu'elle est peut-être unique en son genre. C'était l'*Almanach du Républicain*, qui paraissait non pas à la veille du renouvellement de l'année, mais chaque mois, contrairement à l'usage. Il ne ressemblait d'ailleurs en rien aux autres almanachs. Au lieu de contenir des observations astronomiques d'une exactitude au moins douteuse, de prétendus pronostics du beau et du mauvais temps et l'indication des jours où il fallait semer et prendre médecine, l'*Almanach du Républicain* avait de plus hautes visées.

Ce n'était pas une œuvre d'exploitation de l'ignorance et de la crédulité publiques, mais un instrument de progrès. Cet almanach était rédigé par deux hommes d'un talent médiocre, les citoyens Rousseau-Jacquin et Étienne Dupin; mais il ne faut pas méconnaître leur sincérité, ni leur bon vouloir.

« Citoyens, disaient les auteurs dans leur avant-propos, daté de l'an II de la République française, l'ouvrage que nous vous offrons n'est pas seulement un almanach, c'est une galerie philosophique des hommes les plus célèbres des nations qui nous ont précédés et des principales époques de notre heureuse Révolution. » Et, en effet, dès la première livraison de floréal an II, on voit Lycurgue, Miltiade, Brutus, Démosthène, Spartacus et même Aspasie coudoyer familièrement Guillaume Tell, Jeanne Hachette, Thomas Morus, Calvin, Calas et Beaurepaire. Les grands hommes de l'antiquité se réunissaient à ceux des temps modernes comme pour montrer, à travers les pays et les siècles, une tradition de vertus politiques et sociales que les générations nouvelles devaient continuer.

Ce n'était pas, d'ailleurs, un caprice d'écrivain qui avait présidé à ce choix. Ces noms n'étaient pas pris au hasard dans l'histoire ancienne et moderne : c'étaient les saints du mois de floréal dans le nouveau calendrier adopté par la Convention. Les mêmes saints et les mêmes saintes ne se retrouvent-ils pas presque tous dans le calendrier positiviste d'aujourd'hui ?

« La vie des hommes célèbres dont nous présentons la galerie, ajoutaient les auteurs, n'offre pas seulement des conséquences applicables aux actions privées dans cet ouvrage. Il n'est qu'une morale pour les citoyens et pour les peuples. La même erreur qui perdit les hommes, la même sagesse qui les rendit heureux, décident également de la chute et de la prospérité des nations. L'homme superstitieux fut esclave ; les nations superstitieuses seront asservies. Les tyrans ont péri ; les peuples tyrans périront aussi. Conquérons la liberté du monde, mais ne l'accaparons pas.

« Qu'un inquiet amour pour la liberté, disait en terminant la préface de ce simple almanach, ne nous fasse pas adopter aveuglément toutes les parties de la constitution romaine. Ce ne sont pas les lois de Rome qu'il faut imiter, ce sont ses vertus civiques. Profitons-en, comme de ses erreurs. Ne soyons ni Romains, ni Athéniens, ni Spartiates ; soyons *Français*, et que la postérité les oublie pour ne parler que de nous. »

Quel beau, quel fier langage ! et qu'il convenait bien

aux hommes les plus modestes de cette merveilleuse époque! et combien devons-nous, aujourd'hui, nous sentir amoindris en lisant, en tête de cet opuscule : « A Strasbourg, de l'imprimerie de Th. Jacques Dannbach. »

La presse était, pour nous servir d'une expression consacrée, le terrain où se livraient les grandes batailles des partis. Mais il n'y avait pas seulement de grandes batailles, il y avait aussi des escarmouches. Au cours de ce récit, nous avons été amenés à citer, pour caractériser l'époque, des pamphlets, des chansons, des épigrammes dans les deux langues. Eh bien, on eut même recours au latin; comme si le français et l'allemand ne suffisaient pas : à ceux qui évoquaient les grands hommes et les grands exemples de la Rome ancienne, on répondit par des vers latins.

Des partisans de l'ancien régime faisaient aux novateurs une petite guerre de régents de collége, dont ceux-ci, d'ailleurs, ne se tourmentaient guère. Lorsque la statue du Sergent de patrouille, en casque, avec sa pertuisane, placée au coin de la Grand'Rue et du Marché aux Herbes, fut abattue, le distique suivant, d'ailleurs incorrect, circula parmi les lettrés :

Antiqui custodis dejicitur statua urbis :
Dudum custodes jam pepulere mali.

A propos de l'abolition des titres de noblesse et de l'usage qui s'établit de désigner ceux à qui ils avaient appartenu, en disant « le citoyen un tel, ci-devant comte ou ex-comte », un mécontent proposa de changer aussi le nom de Strasbourg, qui s'appelait en latin *Argentina*, et de l'appeler *ex-Argentina,* puisque la Révolution l'avait ruiné :

> *Particulam* EX *soleant nunc quum addere vocibus illis*
> *Exauctoratas quas voluit populus,*
> *Et male mulctatis, destructis, semirutisque*
> *Nomina quum sit æquum urbibus esse alia,*
> *Argentinam, auro omni atque argento spoliatam,*
> EXARGENTINAM *jure vocare potes.*

Lorsque Saint-Just fit exposer sur la guillotine Mayno, ce riche propriétaire, pour n'avoir pas versé, au jour prescrit, la somme de trois cent mille francs, à laquelle il avait été imposé, un versificateur composa l'épigramme suivante :

> *De justo, Justus non justa arbitria fecit.*
> Μαίνομαι, *Maino, dum cerno te iniqua pati.*

Cette pauvre latinité était aussi précieuse que ridicule. Ce n'est pas avec ces pierres du Rhin taillées à facettes qu'on pouvait arrêter le torrent révolutionnaire ! Mais toutes les réactions se sont flattées d'un aussi fol espoir. Avec les mêmes armes, à Rome, les poètes de la décadence ont essayé d'arrêter l'essor du christianisme, et, au XVI° siècle, les humanistes ont prétendu combattre les progrès de la Réforme. De tout temps, les vieilles armes ont appartenu aux vieux partis.

CHAPITRE VIII.

LES MŒURS AVANT ET PENDANT LA RÉVOLUTION.

Strasbourg, ville des contrastes : deux Universités ; deux clergés ; deux garnisons ; deux administrations ; deux sociétés. — La société à Strasbourg jusqu'en 1789 : opposition entre les mœurs anciennes et les mœurs nouvelles. — Influence de l'élément français : changements dans l'architecture, les costumes, les ameublements, etc. — La bourgeoisie conserve ses mœurs ; dans le peuple, rapports plus faciles ; développement anormal des cabarets ; promenades hors les portes ; l'*Arbre vert*. — Commencement de fusion entre les classes : les bals ; une soirée chez Dietrich ; les anciens poêles transformés en auberges ou en salles de réunions ; repas constitutionnels. — Strasbourg envahi par les étrangers. — Les prêtres non assermentés ; leur propagande contre-révolutionnaire ; expulsion des moines ; dévotes et jacobines. — Sacrifices de Strasbourg ; patriotisme de la garde nationale. — Le Directoire : renaissance des plaisirs ; loteries. — État du commerce et de l'industrie ; la question du tabac. — Fin de la Révolution à Strasbourg.

Strasbourg, depuis sa réunion à la France, était la ville des contrastes. Avec Francfort, Nuremberg et Cologne, la vieille ville libre impériale avait gardé, au milieu de l'Europe moderne et peu à peu transformée, les souvenirs matériels et la tradition morale, les monuments, les institutions, le pittoresque du moyen âge et de la Renaissance allemande.

Nous avons vu face à face deux Universités, l'une protestante, l'autre catholique. Ce double enseignement prouvait l'existence de deux confessions, de deux clergés. Mais là ne s'arrêtait pas le contraste : on le retrouvait partout, dans la garnison, dans l'administration, dans la société, dans les mœurs de la population.

La garnison de Strasbourg n'était pas exclusivement française. A cause du voisinage de la frontière, il y figurait des régiments étrangers qui se recrutaient en Suisse et surtout en Allemagne.

Quoique soumis à une rigoureuse discipline, les soldats de nationalité différente donnaient parfois libre cours aux rivalités de races et de corps. La garnison se composait de quatre régiments d'infanterie, deux régiments de cavalerie et un régiment d'artillerie. Sur ces sept régiments, deux étaient allemands.

Après un siècle et plus de vie commune avec la France, l'Alsace avait encore l'empreinte germanique. Les mœurs et la langue du peuple et même de la classe moyenne étaient allemandes. Pourtant, quelques rapprochements se faisaient, comme nous verrons, entre l'élément local et l'élément français dans les villes, par suite de relations d'affaires, de politique, de société, ainsi que de mariages, très-rares, il est vrai. Mais, généralement, les habitants restaient fidèles à leurs habitudes et à leurs traditions; et, de même que les catholiques évitaient de se mêler aux protestants, de même les Alsaciens et les Français restaient à l'écart les uns des autres.

Cette division des deux éléments se trouvait déjà dans l'enseignement et surtout dans les méthodes. Les gymnases de Bischwiller et de Strasbourg suivaient les méthodes et les livres allemands, et la langue française était regardée et apprise comme une langue étrangère. Dans le collége épiscopal, au contraire, les jésuites qui le dirigeaient avaient importé les méthodes, la langue et l'esprit français. De même, au degré supérieur des études, la vieille Université resta, nous l'avons vu, obstinément protestante et germanique, tandis que l'Université catholique représentait la nouvelle foi et la nouvelle nationalité.

Avant la réunion de Strasbourg à la France, la religion officielle était la religion protestante. Le catholicisme ne fit de progrès qu'après 1681. On pensait à Versailles que la fusion entre Alsaciens et Français irait de pair avec l'extension de la religion d'État. En 1681, les catholiques de Strasbourg étaient à peine 1500; en 1789 la population se partageait en deux moitiés presque égales, 25,000 catholiques et 25,000 protestants.

Louis XIV n'avait négligé aucun moyen de développer sa religion dans la nouvelle province. Il augmenta le nombre des couvents; six églises furent fondées; le grand chapitre fut dès le premier jour remis en possession de la cathédrale, et aussi furent reconstitués les chapitres de Saint-Pierre-le-Jeune et de Saint-Pierre-le-Vieux. L'alternative des fonctions fut, dès 1687, accordée aux catholiques jusqu'alors éloignés des charges publiques, et pendant cent trois ans, jusqu'en 1790, l'alternative de religion fut observée pour toutes les places à la nomination du Magistrat. C'était là peut-être le meilleur moyen d'attirer des catholiques à Strasbourg et ce fut, sans nul doute, une cause plus puissante du développement du catholicisme, que les conversions, tentées dès 1683 par les jésuites, qui échouèrent complétement.

Les deux confessions se montraient l'une envers l'autre assez conciliantes. L'édit royal de 1787, qui rendait aux calvinistes leurs droits civils, avait beaucoup contribué à entretenir des sentiments de tolérance; le prêtre suivait sa route et le pasteur suivait la sienne, sans conflits et sans débats.

Deux clergés également puissants, également riches étaient en présence. La capitulation du 30 septembre 1681 avait conservé ses biens au clergé protestant. Quant au clergé catholique, il n'était peut-être pas plus riche, mais il semblait l'être. Ses processions, où figuraient les princes de Hohenlohe, de Salm et de la Trémouille, le duc de Croy, les comtes de Kœnigseck, de Rochefort, etc., étaient d'une grande magnificence; et les costumes de cette noblesse d'Église étaient d'une richesse et d'un éclat qui faisaient l'admiration du populaire. Les chanoines catholiques habitaient de belles demeures, et les prébendiers de Saint-Thomas ne leur cédaient en rien pour le luxe. Au moment de la confiscation des biens du clergé, quatre-vingts maisons curiales et de nombreux hôtels des hauts dignitaires de l'Église furent vendus à Strasbourg.

En vertu de la capitulation du 30 septembre 1681, Strasbourg conserva ses anciennes lois, son ancienne administration, ses anciens privilèges. Il en résulta un état unique dans le royaume. Plusieurs changements partiels en altérèrent peu à peu le caractère; mais en 1685, cette autonomie était encore assez puissante pour que le conseil souverain d'Alsace refusât d'enregistrer les lettres patentes portant révocation de l'édit de Nantes.

Le fait de cette capitulation de 1681, qui avait assuré à Strasbourg une vie autonome, mettait en présence deux administrations, l'administration royale française, et la vieille administration municipale de l'ancienne ville libre. Ces deux pouvoirs eurent quelquefois, surtout au commencement, des difficultés, des frottements désagréables; mais l'autorité royale sut par degrés désarmer les résistances et devenir en fait seule maitresse. Toutes les institutions municipales, le mode d'élection, la justice, les maitrises et les jurandes, l'organisation du commerce et tout particulièrement celle des écoles, avaient donc gardé leur caractère séculaire. L'administration française était représentée par le préteur royal qui exerçait non un pouvoir direct, mais une surveillance du pouvoir local, et dont la mission consistait surtout à sauvegarder les droits royaux.

La difficulté d'être accueilli dans les rangs de la bourgeoisie protégeait Strasbourg comme un rempart contre l'immigration et l'envahissement. Les hauts fonctionnaires, peu nombreux, l'intendant général avec son personnel et les officiers représentaient presque seuls l'élément français. Le patriciat bourgeois, si l'on peut unir ces deux mots, exclusif dans le choix de ses relations et de ses alliances, ne s'était rapproché que des autorités françaises les plus hautes.

La noblesse avait bien diminué et avait perdu son prestige d'autrefois. La plupart des survivants de l'aristocratie vivaient dans leurs châteaux; quelques-uns cependant avaient des hôtels en ville et occupaient des charges publiques.

La diminution de leur nombre et de leur puissance donnait à l'administration française une influence plus grande sur eux. Peu à peu, au contact des Français et en vue de plaire au roi, la noblesse alsacienne renonça à ses vieilles mœurs; les modes, le ton de la cour furent adoptés, et non-seulement les costumes, mais le style architectural, les ameublements, tout se transforma. Les vieilles maisons du XVe et du XVIe siècle avec leurs façades en bois sculpté, leurs tourelles, leurs lanternes et leurs toits prolongés, commencèrent à disparaître devant des maisons et des hôtels construits dans le goût français. Ce penchant d'imitation, encouragé par l'administration royale, fut poussé si loin qu'un architecte de Paris, Blondel, fit dans la seconde moitié du XVIIIe siècle un plan d'alignement des rues et de reconstruction presque complète de Strasbourg, qui aurait fait de la vieille ville libre un petit Versailles. Dans les cahiers du tiers état on protesta, en 1789, contre l'idée déraisonnable de vouloir établir des rues au cordeau dans une ville qui était l'irrégularité, la fantaisie mêmes, et contre un plan de rénovation qui aurait détruit d'un coup tout le caractère pittoresque et tous les souvenirs locaux de Strasbourg. Le projet de Blondel fut heureusement abandonné.

Si l'aspect de Strasbourg resta le même dans l'ensemble, il subit néanmoins des changements successifs, et tandis que Nuremberg et Francfort, demeurant allemands, gardaient leur physionomie allemande, Strasbourg devenu français prenait insensiblement le caractère de sa nationalité nouvelle. Les petites rues tortueuses devinrent plus droites et plus larges; les pignons s'abaissèrent; les étages en saillie sur la rue furent remplacés par des façades régulières ; les grandes enseignes en fer ouvragé qui s'allongeaient au-dessus de la chaussée furent enlevées; les fenêtres aux petits carreaux à mailles de plomb, qui ne laissaient passer qu'un jour douteux, eurent des vitres grandes et claires; les escaliers en limaçon élargirent leurs spirales. La suppression des avant-toits, ordonnée par l'administration française, fut approuvée par le Magistrat; et bientôt après disparurent les tourelles, les portes voûtées, les poternes. En 1781, la Pfalz, l'ancien hôtel de ville, fut abattue; l'année suivante la tour de la Torture fut jetée à terre. On augmenta le nombre des places. L'air et la lumière, si longtemps arrêtés aux portes de la ville, reçurent enfin droit de cité à Strasbourg.

Ce qui avait déjà donné à certaines rues un air moderne, c'était le grand nombre des hôtels que les chanoines catholiques s'étaient à l'envi fait construire. Tous dans le style du siècle, ils s'élevaient surtout aux environs de la cathédrale, dans la rue du Dôme et le quartier avoisinant. Ces demeures avaient un aspect moitié clérical, moitié mondain, bien en accord avec le caractère de leurs habitants. Dans la haute société, l'emploi des heures du jour et du soir, l'étiquette des réceptions, les carrosses, les livrées, tout fut imité de Paris et de Versailles, et l'action de ces changements sur l'industrie locale fut telle que Strasbourg se fit à cette époque une réputation pour les articles de luxe. Un voyageur du XVIIIe siècle nous apprend même que l'industrie strasbourgeoise, après s'être mise à l'école de la capitale, et s'être fait des spécialités nouvelles, répandit à son tour ces produits au delà de ses murs et même de l'Alsace. « Beaucoup de marchands de modes de Paris envoient leurs nouveaux dessins à Strasbourg, et y font fabriquer des ouvrages pour leur compte. On sait que les voitures confectionnées à Strasbourg sont dans le plus nouveau goût de Paris, et à bien plus bas prix. La moitié de l'Allemagne et de la Suisse se fournissent de souliers à Strasbourg, et en France on préfère les dorures qui viennent de cette ville à toutes les autres. »

Il régnait naturellement un ton différent dans les différentes classes de la société. Dans les premières maisons, nous avons vu que le genre était tout français, et il manquait surtout ce qu'on trouvait plus bas : le naturel. Les réunions, au caractère cérémonieux, compassé, n'étaient guère intéressantes : « On n'y vient, disait le contemporain que nous citons, que par devoir ou par habitude, et on ne s'y occupe qu'à jouer et à parler toilette. »

Les familles des notables suivirent le mouvement qui partait d'en haut; « même des filles de simples bourgeois lisent des romans, touchent du piano, savent dessiner et danser. Ces occupations alimentent la vanité, deviennent des causes de distractions et éloignent le goût des soins domestiques. »

La classe moyenne, la petite bourgeoisie, au contraire, restait fidèle aux anciennes habitudes, aux mœurs traditionnelles, ne recevant les officiers français moins que personne; car elle craignait plus que tout au monde la malignité et les propos qui n'auraient pas manqué de courir, si elle avait ouvert à de légers officiers ses tranquilles demeures.

Derrière ces portes si bien closes, que se passait-il ? quelle était la vie de chaque jour, le rôle de chacun au foyer? Là s'était réfugiée et maintenue sans mélange la vie calme et grave, l'ancienne vie domestique avec son double caractère de hiérarchie respectueuse et de patriarcale bonté. Les yeux et l'esprit, dans un milieu toujours le même, s'arrêtaient sur un petit nombre de choses ou d'occupations, qui toutes donnaient une durable impression de sérieux, de traditions familiales. C'étaient les portraits de famille et le trésor de gobelets d'argent et de vaisselle plate, de livres de cantiques et de prières reliés richement, légués de père en fils, trésor matériel et moral de la maison, qui parlaient de piété héréditaire et d'aisance honnêtement amassée et conservée par le travail. C'était, dans la chambre commune (*Wohnstube*), la place du père, la meilleure, toujours la même, laissée vide en son absence, symbole constant qui parlait aux yeux et à l'esprit de l'homme fait, comme à ceux des plus jeunes fils, de l'autorité du chef de famille toujours aussi forte, toujours aussi respectée. Maitre et maitresse de maison, enfants, serviteurs et servantes faisaient leur tâche, passaient le jour et la soirée dans cette même chambre. La mère, comme la femme forte du livre des Proverbes, dont elle relit souvent le portrait, « cherche la laine et le lin ; elle travaille avec des mains pleines de sagesse.....; sa main s'attache aux travaux rudes, et ses doigts prennent le fuseau..... Elle observe dans sa maison jusqu'aux traces des pas, et elle ne mange jamais son pain sans occupation. » La mère n'abandonnait pas ses enfants aux serviteurs, ni ses serviteurs à eux-mêmes. Les réunissant tous autour de sa chaise, elle surveillait leur ouvrage et entremêlait le labeur de devis moraux et amusants. Travail, prière, repas étaient communs. Le père était à certains jours et à certaines heures comme un pasteur domestique, et les serviteurs traités en membres de la famille, n'éprouvaient ni leur infériorité ni l'envie. « Il y a quarante ans seulement, écrivait en 1780 le voyageur anonyme qui avait vu ces mœurs d'autrefois, les valets, les servantes, les couturières et les laveuses prenaient leur repas à la même table qu'un ammeister de Strasbourg, à la même table qu'un étranger que l'ammeister avait invité à dîner. »

Le peuple, dont le caractère n'était pas exclusivement strasbourgeois, se montrait plus accessible à un rapprochement avec la garnison. Déjà composé d'éléments hétérogènes, il ne redoutait pas un élément de plus. Cette tribu des Manants, pour nous servir d'une appellation ancienne, et les soldats français, en contact journalier dans les cabarets et les guinguettes, qui étaient alors une nouveauté en ville, n'étaient séparés par aucuns préjugés sociaux, par aucune défiance; et les amourettes entre militaires français et filles du peuple rendirent le mélange plus facile.

Avant la Révolution, la boisson la plus répandue était le vin et non la bière; le *reps* était réservé pour les jours de réjouissance et de fête de famille. C'était de bon vin d'Alsace qu'on faisait refermenter sur du marc, et auquel on mêlait des épices. En 1789, c'était de la bière qu'on buvait, surtout dans les cabarets; la meilleure ne coûtant que deux sous le litre, était à la portée de la bourse du soldat et de l'ouvrier; le vin, plus cher, était la boisson de la bourgeoisie, et le peuple n'en buvait que rarement. On se réunissait dans des salles basses, au parquet non carrelé et le plus souvent en terre battue; les poutres du plafond étaient fumeuses et noircies; au milieu, des tables et des bancs; sur les tables, des gobelets d'étain et de grands brocs en bois goudronnés à l'intérieur.

Le dimanche, le peuple et la petite bourgeoisie se réunissaient dans les guinguettes, surtout hors la porte de l'Hôpital, à la Robertsau ou sur la route du Polygone. La Robertsau, s'étendant devant la porte des Pêcheurs, était une promenade plantée de tilleuls en 1692, à la demande du marquis d'Huxelles, commandant militaire en Alsace, sur un plan tracé par le célèbre Le Nôtre. Une belle allée de peupliers y conduisait. En 1793, quand la ville fut mise en état de siége, cette allée fut rasée et, en 1799, replantée de platanes.

Une autre promenade, le Contades, plantée en 1764 devant la porte des Juifs, était ainsi nommée en souvenir du maréchal de Contades qui, dans le commandement de la province, avait succédé au maréchal de Broglie. Rasée après la prise des lignes de Wissembourg, elle fut replantée de bouleaux en forme d'allée couvrant une étendue de douze à quinze hectares. Plus tard, sous le Directoire, les Strasbourgeois, après avoir changé son nom en celui de Champ Moreau, en l'honneur du général qui venait de s'illustrer par la campagne d'Allemagne, formèrent le projet d'élever au centre un monument à sa mémoire. Les fondations du monument existent encore sous terre; mais les rivalités entre Moreau et Bonaparte furent cause qu'on ne l'acheva pas.

A la Robertsau, deux grands espaces étaient réservés avant la Révolution aux officiers qui venaient s'y exercer à la palestre ou jouer aux barres, au son de la musique de leurs régiments. Les deux camps étaient distingués par des écharpes de couleurs variées. Autour d'eux s'amassait la foule, attentive et prête à applaudir les vainqueurs; les regards des jolies Strasbourgeoises les encourageaient pendant la lutte et les récompensaient après la victoire. Les plaisirs de la Robertsau ont été décrits par le marquis de Pezay, un des correspondants de Voltaire, d'une plume si précieuse et si charmante que nous allons arrêter notre récit pour le laisser parler :

« Quelle foule immense et respirant la joie ! Les ponts-levis des courtines s'abaissent et retentissent sous la marche d'un peuple innombrable. Toutes les filles ont des fleurs à leur corset ; tous les soldats, des rubans à leurs chapeaux. Tout ce que vous voyez, ce sont des amants. Toutes ces filles charmantes ne savent pas un mot de français ; tous ces dragons, pas un mot d'allemand. Mais c'est d'amour qu'ils parlent : on les entend, on leur répond.

« La Roupertzau est un nouvel Eden qui touche aux glacis de Strasbourg. Ce n'est point un village, c'est un grand jardin, semé de cent petites maisons bien propres et séparées les unes des autres par autant de jardins particuliers. Tous ont de l'ombre, des fleurs et des fruits ; tous sont enclos par des grillages de bois peints qui permettent de les voir et jamais par de grands vilains murs qui les déroberaient à la vue. Là sont les pelouses les plus unies, ne demandant qu'à être foulées. Partout il y a des violons ; et vingt canaux, avec autant de bras dérivés de la rivière d'Ill, traversent en tous sens ce paradis terrestre.

« C'est là que la saine tolérance réunit Luther et Calvin dans un même branle, avec de jolies chrétiennes apostoliques, qui ne les prennent ni pour des dieux, ni pour des diables ; tandis qu'à côté, les juives vendent des croquets et que leurs époux circoncis prêtent, sur gages, aux officiers qui font l'amour. C'est là que se trouve l'Arbre-Vert, si vanté, décoration charmante, théâtre des scènes les plus naïves, rendez-vous des amours les plus tendres et le plus joli cabaret du monde.

« L'Arbre-Vert est un grand arbre bien touffu, dans les rameaux duquel on monte par un escalier de bois peint en vert, et où l'on a pratiqué deux galeries semblables à différentes hauteurs. Ces galeries sont garnies de petites tables commodes où l'on boit frais à la santé de sa maîtresse et où l'on arrange des rendez-vous. C'est un plaisir d'y voir monter; c'est un plaisir d'en voir descendre; c'est un plaisir d'y monter avec elles; c'en est un plus grand d'y rester avec une seule quand les autres s'en vont, quand le soleil est couché, quand les oiseaux ne chantent plus et que la nuit tombe.

« J'ai fait une remarque assez singulière, c'est que rien n'est plus rare que de voir un homme ivre dans ces cabarets-là. C'est que l'ivrognerie naît de l'ennui et que l'on ne s'ennuie point quand tout invite à danser avec des filles propres, gaies et jolies. Il vaut beaucoup mieux que la tête tourne d'amour que de vin. »

Depuis le peuple, qui s'amusait franchement, jusqu'à la haute classe avec ses réceptions d'étiquette, en passant par la bourgeoisie et ses plaisirs modestes, un goût également vif et très-développé à Strasbourg était celui de la danse. Il y avait des bals privés, des bals par souscription ou pique-niques et des bals publics ou redoutes. Avant la Révolution, les redoutes réunissaient tout le monde, peuple, notables et bourgeois; après la Révolution, il y eut scission; les redoutes ne furent plus fréquentées que par les bourgeois et le peuple; et les dames de la haute société, qu'on avait vues autrefois descendre de leurs loges pour se mêler aux danses, donnèrent leurs billets à leurs laquais et à leurs femmes de chambre pour déconsidérer des bals dont elles avaient si longtemps partagé le plaisir.

Dans les guinguettes, on ne dansait guère que la danse nationale, la valse; mais dans ces redoutes, la danse prit peu à peu le caractère cosmopolite qu'elle avait déjà à Paris; la valse même fut remplacée par l'allemande, « inférieure, a dit un contemporain, sous le rapport des grâces et sous celui de la décence ».

Reichardt, ce maître de chapelle du roi de Prusse, qui fit en 1792 le voyage de France par curiosité sympathique pour la Révolution, nous a laissé, dans une de ses lettres, le tableau d'un bal auquel il avait assisté à Strasbourg. « Vers 10 heures, écrit-il, nous entrâmes dans un bal très-nombreux et très-animé. Ce qui m'intéressa particulièrement, ce fut de voir qu'il n'y avait que des jeunes filles, au nombre de deux cents environ. Toutes étaient éblouissantes de santé. Leur toilette était élégante, distinguée et légère. Une seule femme prit part à la danse; la femme du maire (Dietrich) qui, comme son mari, dansa quelques anglaises, sans doute par politique. Je m'étonne que cette jeunesse ait pu danser pendant six longues heures, de six heures du soir à minuit, à la française, en sautant jusqu'à un pied de haut, à droite, à gauche, dans toutes les directions. De temps à autre, comme pour se reposer, on valsait; et même en valsant, on sautait. Une fois on dansa sur l'air du *Ça ira!* et tous, femmes et hommes, se mirent à crier : « *Vive la nation!* »

Reichardt nous a aussi laissé le récit d'une soirée chez Dietrich. Il y fut invité en janvier 1792, quelques mois avant la chute du maire. Cette soirée dans le premier salon de Strasbourg donnera une idée des réunions de ce genre :

« De la Comédie Française, qui est en ce moment assez médiocre, nous allâmes chez le maire. A ma grande surprise, je retrouvai, dans sa femme, Mme la baronne de Dietrich, née Ochs, que je connus, il y a six ans, à Paris. M. Dietrich, qui a écrit quelques ouvrages d'histoire naturelle, était alors l'homme d'affaires du comte d'Artois et secrétaire au ministère de la guerre. Ce qui caractérise le ton qui régnait alors à Paris, c'est que, bien que j'eusse dîné plusieurs fois chez la baronne et qu'elle m'eût présenté dans plusieurs salons, j'ignorais absolument l'existence du mari, qui était absent, et j'ai pris probablement quelque employé pour le maître de la maison. Tu sais que c'eût été une impertinence de parler à Madame de Monsieur son mari. Ici, il en était tout autrement dans leur hôtel, qui est pourtant tenu sur un très-grand pied. A mon entrée dans le salon, Mme de Dietrich, qui était entourée de toutes sortes de gens, depuis le maréchal de camp jusqu'au greffier de la municipalité, et de bourgeois en bottes et en pardessus, se leva et vint à ma rencontre, chose que je n'avais jamais vu faire par aucune Parisienne.

« La conversation ne roula guère que sur les nouvelles politiques et sur la Constitution. On parlait de tout ce que la situation pouvait inspirer. Il n'y avait qu'une table d'échecs. Le maire fumait sa pipe dans son cabinet et jouait au trictrac avec le commandant Ehrmann.

Chaque soir, on met le couvert pour douze personnes. Vers onze heures, on s'assit à table pour souper, et la conversation devint fort agréable. Le duc d'Aiguillon et le général de Broglie, un Français très-vif, fort intelligent et très-aimable, m'intéressèrent particulièrement. D'Aiguillon est un homme digne, distingué et avenant, mais très-gros. Les convives étaient presque tous des militaires. Deux officiers d'artillerie, qui se distinguaient fort à leur avantage, contrastaient avec un vieux colonel suisse et quelques autres officiers d'un régiment allemand. Après le souper, le cercle fut encore plus restreint et, jusqu'à une heure, la conversation fut animée et très-attrayante. »

L'esprit nouveau entrait donc dans les salons comme dans les assemblées populaires; il animait les conversations aux soirées et aux soupers du maire comme autour des tables où s'asseyait la petite bourgeoisie dans les auberges. Toute société prenait le ton politique. Autrefois, de riches bourgeois, comme Mayno, Pasquay, se seraient réunis pour causer des nouvelles locales qui peuvent égayer une conversation; des savants comme Brunck, Schweighæuser, auraient parlé de leurs travaux d'érudition; — dès que le réveil de 89 a retenti, on n'a en tête que les échos qui viennent de Paris. Cet entrainement, ce tour d'esprit nouveau est noté par Reichardt quand il revoit son vieil ami Pasquay, l'un des membres notables de la bourgeoisie à Strasbourg : « Depuis dix ans qu'il s'était retiré des affaires, il vivait richement de ses rentes, ne pensant qu'à lui, dans la plus stricte acception du mot, et à satisfaire ses goûts; il s'était construit pour son plaisir et sa commodité un hôtel en ville et une charmante villa à la campagne; il ne faisait absolument que jouir; — et, maintenant, cet homme est le plus zélé, le plus actif promoteur de la bonne cause.

« Chez lui, se rassemblent, à des jours fixés, de sept à dix heures du matin, la plupart des premiers administrateurs de la ville; ils tiennent conseil tout en déjeunant. Puis chacun vaque à ses affaires, et le soir, on se réunit au poêle des Fribourgeois où on cause, de sept à neuf heures, des affaires publiques en fumant la pipe. »

Ces agapes civiques, ces réunions où s'unissaient patriotisme et gastronomie étaient de tradition à Strasbourg. Jean Fischart, qui a accommodé Rabelais au goût allemand, nous a laissé la description de ces festins et l'énumération des occasions de bombance. Il en compte cinquante-trois dans le cours de l'année. L'ammeister dînait et soupait aux frais de la ville, comme jadis certains citoyens illustres de la république d'Athènes. Cet usage dura jusqu'en 1627.

Chaque année, le jour de la Saint-Jean, il y avait grand banquet municipal sur la plate-forme du Pfennigthurm, où l'on conservait le trésor, les titres et les bannières de la cité. Le festin était servi aux frais des vingt tribus. Le maître d'hôtel de chaque tribu était tenu de servir un plat de sa façon. On buvait, ce jour-là, les grands crus, les vins séculaires du Rhin, acquis par la République dans les bonnes années. Cette fête fut célébrée jusqu'en 1746. Mais, à cette époque, le Pfennigthurm fut trouvé vieux; il gênait la circulation sur la place d'Armes; il tomba. Le banquet ne tomba pas avec lui. Il fut servi quelques années encore au poêle de la Lanterne.

La première municipalité de Strasbourg révolutionnaire avait institué un repas analogue auquel elle conviait, chaque mois, ses membres, afin d'entretenir de cordiaux rapports entre eux.

Les poêles, qui jouaient un rôle dans les réunions politiques d'alors, étaient les lieux de réunion séculaires de la bourgeoisie. Presque chaque corporation avait le sien : les principaux étaient le poêle des Boulangers, le poêle des Charpentiers, le poêle de la Lanterne, le poêle des Vignerons, le poêle des Tailleurs, le poêle des Maréchaux-Ferrants, le poêle des Cordonniers, le poêle des Fribourgeois, le poêle des Pelletiers. Ce dernier était un des plus renommés, car la corporation était nombreuse et riche. Ces marchands allaient échanger, à la foire de Leipzig, les fourrures d'Alsace contre les pelleteries du Nord. Dans la seule rue des Chandelles, il y avait dix-huit maîtres pelletiers. Le poêle du Miroir, où se réunissaient les négociants en diverses marchandises et les professeurs de l'Université, était le plus important de tous, le plus vaste, le plus fréquenté, le plus riche.

Les poêles étaient de véritables hôtels où étaient réunis toutes les commodités et tout le luxe que comportait l'époque. Indépendamment des salles de réunion, il y avait une grande salle d'honneur. C'est là que s'assemblait la corporation pour débattre les intérêts communs. De vastes cuisines étaient toujours prêtes à traiter de nombreux convives. Les bourgeois trouvaient là des festins, des concerts, des divertissements de toute espèce. Les écuries de certains poêles pouvaient contenir jusqu'à cent chevaux. Chaque corps de métier tenait à honneur de décorer son poêle : les serruriers, par des ouvrages en fer finement ciselés ; les menuisiers, par des panneaux délicatement sculptés.

Après 1789, c'est le poêle des Fribourgeois qui réunissait les notables de la société et de la politique. Reichardt, qui les connaissait personnellement, alla les visiter et causer avec eux en étranger curieux de voir et de bien voir : « Nous vîmes en entrant une scène bourgeoise qui nous frappa par sa nouveauté. Dans une grande salle était quantité de bourgeois notables, de fonctionnaires du district ou de la municipalité, d'officiers de la garde nationale, en gilet et en bras de chemise ou en veston blanc. Ils jouaient les uns aux échecs, d'autres au trictrac ou à différents petits jeux ; d'autres se promenaient en causant ; d'autres enfin, formés en groupe, écoutaient des nouvelles ou se livraient à une discussion, enveloppés de nuages de tabac, si bien que j'eus quelque peine à retrouver mon ami le commandant Ehrmann, qui jouait précisément avec le maire à un jeu appelé *gammon*. »

Bien des poêles se fermèrent quand l'organisation de la bourgeoisie en vingt tribus fut dissoute, mais leurs hôtes habituels ne pouvaient se priver d'être ensemble, de passer la soirée en devisant et en buvant. C'était alors que s'établit l'habitude, qui n'a pas complètement cessé, d'aller prendre du vin chez le boulanger. Là vinrent en petit comité boutiquiers et commerçants, la journée terminée. Au milieu de la table où ils s'asseyaient, était une grande tabatière où chacun puisait à volonté, et aussi une miche commune pour casser la croûte en buvant. Tout cela, comme les fritures qu'on allait manger le dimanche hors les portes, était assaisonné de nouvelles et de discussions politiques.

Nous avons eu maintes fois l'occasion de constater à quel point les notables et la classe moyenne, jusqu'en 1789, étaient exclusifs dans leurs relations, peu accueillants pour les gens qui venaient du dehors. Les étrangers étaient considérés comme intrus (*Hergelaufen*); dans toutes les villes libres où se sont peu à peu formées une tradition, une hiérarchie, règne le même penchant à se tenir sur la réserve vis-à-vis de ceux qui viennent demander droit de cité. Il semble qu'ils rompront l'harmonie, qu'ils dérangeront les cadres, qu'il n'y a et ne doit pas y avoir de place pour eux. On les soupçonne d'esprit inquiet et aventureux, et l'orgueil bourgeois, qui est une forme de l'orgueil aristocratique, ne peut se faire à l'idée de partager un jour avec eux ses prérogatives.

La Révolution commence et Strasbourg est envahi; on vient d'au delà du Rhin, on vient de Paris. Invasion pacifique d'ailleurs, et que Strasbourg ne paraît pas voir d'un mauvais œil, puisqu'il donne ses voix à beaucoup des nouveaux venus pour les fonctions municipales. Nous connaissons les principaux : Euloge Schneider et ses amis, Kæmmerer, Butenschœn, Cotta, Laveaux, qui arrivaient d'Allemagne, et Monet, originaire de la Savoie, qui fut maire à vingt-quatre ans. Schneider, dans son mémoire justificatif, nous apprend qu'il avait, à lui seul, décidé plus de cent Allemands à venir à Strasbourg. On y vit encore un prince de Hesse, attiré par l'ivresse révolutionnaire; Stamm, qui devint aide de camp de Luckner, le même dont Schneider épousa la sœur; Thaddæus Deresser, appelé le professeur Thaddæus; Dorsch, professeur et chanoine à Mayence, qui fut chargé de l'enseignement de la morale à Strasbourg; Schwind, un jeune homme de Trèves, qui avait été professeur de dogmatique, et qui fut nommé vicaire apostolique.

C'étaient, pour la plupart, des prêtres allemands; et ils avaient été appelés par Dietrich au moment où la Constitution civile du clergé fit surgir des difficultés par toute la France entre prêtres, fidèles et fonctionnaires. En Alsace, comme ailleurs, il fallait pourvoir aux besoins spirituels de la population dans les endroits où les curés se dérobaient au serment et abandonnaient leurs fonctions. C'est alors qu'on eut recours à des prêtres étrangers, tirés des contrées voisines de l'Allemagne.

La confiscation des biens du clergé avait déjà amené la division entre catholiques et protestants. Les biens des protestants ne furent pas confisqués, parce que, sécularisés à l'époque de la Réforme, ils ne tombaient pas sous la loi nouvelle; le clergé catholique n'éleva pas moins des récriminations ardentes contre les luthériens et excita ses coreligionnaires contre les fidèles de la confession adverse.

On vit même de sincères partisans des idées nouvelles, comme Michel Mathieu, procureur syndic de la commune, protester contre ce qu'ils appelaient une injustice. Ainsi fut atteinte l'union des esprits libéraux.

A partir de ce moment devint plus tranché l'antagonisme entre catholiques et protestants. Cet antagonisme ne fit que s'accroître à mesure que la Révolution était contrainte, par les menées réactionnaires du clergé catholique, de recourir à des mesures plus énergiques: expulsion des moines, élection des prêtres assermentés, poursuites contre les prêtres réfractaires.

L'organisation, la hiérarchie, les relations du clergé lui permettaient d'être le centre de la résistance et de faire circuler parmi les fidèles un mot d'ordre de combat. Quand fut promulgué le décret qui abolissait les couvents, tous les ordres religieux qui avaient peu à peu envahi Strasbourg, grâce à la faveur de Louis XIV et du cardinal Dubois, grands et petits capucins, récollets, franciscains, etc., s'agitèrent comme une fourmilière qu'on bouleverse. Les capucins, toujours en contact avec le petit peuple, étaient très-populaires. Dietrich, qui leur avait proposé de remplacer les prêtres non assermentés, essuya un refus, et répliqua par un ordre d'expulsion. Un contemporain nous a tracé de leur départ, un tableau un peu burlesque mais vivant :

« Quand les moines quittèrent Strasbourg, il y eut plus d'un incident comique, surtout entre eux et leurs dévotes. Il est certain que les moines eurent fort à faire, quand ils furent contraints de sortir du royaume ; ils eurent à vider leurs couvents, à faire rentrer leurs créances, à se partager leur avoir commun, à faire argent de tout, à tout vendre sous main. Ils avaient surtout à prendre congé de leurs pieuses filles adoptives, des sœurs de leur cœur, des religieuses. Ils eurent aussi à entendre en confession des milliers de gens, à leur donner l'absolution, à marier, à baptiser, etc. ; mais ils le firent très-volontiers, parce qu'on les paya plus grassement que d'habitude. Aussi ne manqua-t-il au jour de leur départ ni démonstrations de regrets, ni souvenirs pécuniaires, ni regards pleins de larmes, ni joues brûlantes de baisers.

On a vu des jeunes filles traverser les rues au bras de capucins barbus; on a vu, au pas des portes, comme ils se serraient dans de chaudes étreintes et se couvraient de caresses. On vit d'autres moines donnant une dernière bénédiction à des pères et à des mères à genoux devant eux, ou encore donnant la communion jusqu'aux enfants de sept ans, distribuant des images du cœur de Jésus et recommandant surtout à tout le monde de ne jamais assister aux messes des prêtres assermentés, de fréquenter assidûment les offices des prêtres non assermentés, et priant Dieu de faire tomber une pluie de feu et de soufre sur la tête des prêtres constitutionnels. Avant de partir ils avancèrent partout les confessions de Pâques, si bien qu'à certains endroits on avait déjà fait ses pâques à la Chandeleur. »

Les fidèles, surtout les femmes, n'écoutaient que trop ces appels à la résistance; ce furent elles qui mirent le plus d'ardeur à cacher les prêtres réfractaires, à aller à leurs messes et à leurs sermons clandestins.

Mais ne passons pas sous silence l'ardeur contraire des femmes de l'autre camp, fanatiques de révolution et de civisme comme les premières étaient fanatiques de réaction et d'agitation hostile.

Ce sont les clubs qui, par leurs ardeurs patriotiques, tinrent tête efficacement à la propagande contre-révolutionnaire. Tandis que le clergé non assermenté répandait en secret des accusations passionnées contre les prêtres qui avaient obéi à la loi et s'étaient mis du côté de la nation, le premier d'entre eux à Strasbourg, Euloge Schneider, devenu vicaire épiscopal, les défendait dans la chaire de la cathédrale et à la tribune du club des Jacobins.

Dans le chapitre précédent nous avons fait connaître le rôle historique de cette société populaire, la plus renommée et la plus influente de Strasbourg. Il sera intéressant de donner maintenant la physionomie de ses débats. Nous ne pouvons choisir un meilleur guide que Reichardt, qui assista aux séances dès le soir de son arrivée. Entrons avec lui dans la salle du Miroir.

« C'était le jour où les débats avaient lieu en français et nous y passâmes d'une manière fort agréable nos deux premières heures à Strasbourg. On observait les formes usitées à l'Assemblée nationale. Quelques orateurs firent preuve de talent. Il était très-intéressant de voir avec quelle franchise d'allure les divers caractères s'abordaient et avec quelle facilité on passait, selon l'objet du débat, d'un langage violent à un langage plus calme.

« Un médecin nommé Laurent se distingua, malgré son âge avancé, par le feu et la hardiesse de ses paroles ; puis un homme jeune et instruit, nommé Alexandre, nous charma par la finesse de ses aperçus et l'élévation de ses sentiments ; enfin Saltzmann (un des rédacteurs de la *Feuille de Strasbourg*) se fit apprécier par une éloquence plus posée et plus solide. Par moment l'assemblée était très-bruyante et, du haut de son siége, le président était obligé fréquemment de sonner et de crier : *Silence !*

« Je reconnus Laveaux. Il avait abandonné une place de professeur de l'École militaire de Stuttgard pour vivre à Strasbourg de la vie d'un citoyen libre et y rédiger un journal français. Il remplissait ses fonctions présidentielles avec convenance et dignité.

« Nous entendîmes discuter d'abord la question de

savoir si les femmes de toutes conditions qui étaient présentes en assez grand nombre devaient céder aux volontaires d'un nouveau corps de la garde nationale la place qu'elles occupaient dans une tribune en face du président. La chose fut débattue avec une grande animation par quelques orateurs. Enfin, les dames conservèrent leur droit, *parce qu'elles pouvaient le plus efficacement rendre la Constitution chère et précieuse à la génération future.*

« On donna lecture d'une foule de lettres de différents endroits. La plupart se plaignaient de ce que l'on n'appliquait pas les nouvelles lois. Puis on fit des motions, on proposa des adresses à l'Assemblée nationale, dont quelques-unes furent vivement discutées. Il m'a semblé que sur le nombre il y avait des dénonciations ou prématurées ou inconsidérées ; il y eut aussi des récriminations contre des lois déjà en vigueur, ce qui me déplut.

« La plus grande partie de la séance fut consacrée à un rapport fort applaudi sur le discrédit des assignats et l'émigration de l'argent. Malheureusement le jeune homme qui en était l'auteur l'a lu avec autant de monotonie que moi quand je récite des vers français qui m'ennuient. »

Le lendemain, Reichardt assista à une nouvelle séance dont il fut moins satisfait.

« Vers sept heures on se retrouva à la *Société des Amis de la Constitution* qui, ce jour-là, tenait sa séance en allemand. Un ecclésiastique qui, si je ne me trompe, est arrivé de Bonn, le professeur Schneider, présidait. Il me produisit sur-le-champ une mauvaise impression par son air présomptueux et arrogant. Il ne tarda pas à me prouver qu'il l'était réellement. Il lut mal une poésie assez médiocre sur la Constitution, qu'un paysan du Palatinat avait envoyée, et il permit ensuite à un orateur de proclamer que lui, Schneider, était un des meilleurs poètes de l'Allemagne. Il s'engagea ensuite sur la manière de répandre cette poésie une longue discussion que nous trouvâmes « très-allemande » et qui n'offrit d'autre intérêt que de trancher par ses longueurs sur la rapidité du débat français de la veille. »

Enfin, dans une dernière lettre, en date du 26 janvier 1792, Reichardt, qui était sous l'impression d'une séance « très-pénible, très-violente, pleine de rancune contre le maire », s'exprimait ainsi sur le compte de la *Société des Amis de la Constitution* : « Elle a été fondée par les hommes avec lesquels nous sommes ici en relation, mais qui tous, sauf Saltzmann, s'en retirent et s'occupent à en créer une nouvelle. Ces hommes étaient tout d'abord préoccupés de répandre parmi le peuple les principes de la Constitution. Dans ce but ils eurent recours à quelques braillards et à divers autres moyens qui agissent vigoureusement sur la foule, parce qu'ils croyaient que sans cela ils n'arriveraient pas à avancer convenablement la bonne cause; mais aujourd'hui que la dernière élection du maire leur a prouvé que les trois quarts des citoyens sont avec eux et pour la Constitution, ils voudraient que la loi seule dominât, fût en honneur. Mais les braillards sont parvenus à s'emparer du peuple.

« Peu après sa naissance, la Société a été déclarée publique; et le peuple qui écoute plus volontiers les discours violents et parfois bien tournés des exaltés que les bonnes raisons des modérés, qui n'ont peut-être pas à opposer à Laurent, à Noisette, à Périgneux, des improvisateurs de leur force, le peuple, dis-je, se laisse facilement persuader, que ceux qui se retirent de la Société ont des visées ministérielles et en accusent d'autant plus facilement le maire, qu'il est d'une famille aristocratique et qu'il peut être soupçonné de ne manifester des sentiments patriotiques, qu'aussi longtemps que son ambition des honneurs sera satisfaite. Suffit! ce schisme dans la Société des patriotes commence à s'accentuer et menace d'être encore plus violent que la lutte entre aristocrates et démocrates, ainsi que cela arrive fréquemment entre gens qui ne sont pas très-divisés d'opinion. »

Il y eut pourtant, ce soir-là, une nouvelle tentative de conciliation. Laurent intervint dans le débat et exhorta les jacobins à l'union entre eux et avec les militaires, qu'on accusait d'être du parti du maire. Il conclut en proposant de renouveler le serment de vivre libre ou de mourir. Tous les assistants se levèrent et s'écrièrent en agitant leurs chapeaux : *Vivre libre ou mourir!*

Cette scène produisit tout d'abord sur les deux Allemands une vive impression; mais elle se dissipa aussitôt qu'ils apprirent qu'elle se renouvelait très-souvent et qu'elle avait perdu, par l'abus qu'on en avait fait, toute action sur le peuple.

Mais la guerre éclate, les lignes de Wissembourg sont prises, Strasbourg est menacé; c'est l'heure de l'abnégation; Strasbourg se montra à la hauteur des devoirs que les nécessités exigeaient de son patriotisme.

Nous ne serons que juste en revenant pour la dernière fois, au terme de cette étude historique, sur le dévouement inébranlable de Strasbourg, sur ses sacrifices à la patrie française, qui épuisaient la noble ville sans la lasser jamais. Ces efforts, nous l'avons vu, ont été toujours consentis avec une héroïque ardeur. Les armées qui se succédaient à la frontière arrivaient sans armes, sans munitions, sans vivres, sans vêtements. C'étaient de grands rassemblements d'hommes venus de l'intérieur, mais qui manquaient de tout. A Strasbourg incombait la tâche patriotique de tout leur fournir. Malgré le manque d'argent, l'interruption du travail, la grandeur des besoins et la brièveté des délais, on n'y faillit jamais.

Les bourgeois de Strasbourg n'étaient pas assujettis avant la Révolution au service de la milice, et ils jouissaient de cette exemption dans tout le royaume : néanmoins le patriotisme des habitants, en dépit des critiques de certains jacobins, fut au-dessus de tout éloge. Les Strasbourgeois payaient non-seulement de leurs biens, mais de leurs personnes, et leur empressement à s'enrôler dans la garde nationale en fait foi, ainsi que leur obéissance à tous les devoirs d'un service de guerre.

La garde nationale s'était montrée franchement révolutionnaire. Dans les premiers temps, l'esprit calme y dominait, mais l'éloignement des chefs du parti modéré accentua l'ardeur des opinions. Chaque grand fait à l'intérieur ou au delà du Rhin, chaque mesure révolutionnaire des assemblées ou du peuple de Paris, comme chaque victoire des armées de la République, enflammait davantage les soldats-citoyens. A l'époque où des divisions survinrent, les modérés, amis de Dietrich, occupaient, dans la garde nationale comme dans la municipalité, les premières fonctions; c'est quand Dietrich tomba que le changement des officiers supérieurs modifia l'esprit des bataillons. Mais quelle que fût l'opinion dominante, la garde nationale fut toujours composée de vrais soldats.

De deux jours l'un, les gardes nationaux veillaient aux remparts. Ce service ne les dispensait point des patrouilles en ville, de la surveillance des bords du Rhin, des travaux de fortification. Au printemps de 1794, Strasbourg fournit un contingent mensuel de sept cents citoyens pour l'établissement des nouvelles lignes de Wissembourg, qui partaient de Landau pour aboutir au confluent de la Queich et du Rhin.

Au fort de la Terreur, quiconque n'était ni à l'armée, ni dans les places fortes, ni de garde le long du fleuve, n'en devait pas moins son temps et son industrie à la République. Tailleurs, cordonniers, forgerons, artisans de tous métiers étaient employés par l'État. Les autres citoyens, sauf empêchement d'âge ou d'infirmités, étaient réquisitionnés pour la fabrication du salpêtre. Deux ouvriers avaient été envoyés à Paris afin de s'initier aux procédés de fabrication. A leur retour, ils instruisirent leurs concitoyens. Le travail avait lieu sous la surveillance des membres de la Société populaire et de commissaires nommés par les districts. Il n'y avait pas de bras libres, aussi la main-d'œuvre pour les ouvrages particuliers était-elle hors de prix. Cette suspension du travail privé aggravait la misère, que la dépréciation toujours croissante des assignats porta au comble. On a peine à croire réelle l'énorme différence de taux qui existait alors entre l'argent et le papier-monnaie. En 1795, au printemps, le sac de blé valait soixante-douze livres en argent et cinq cents livres en papier. Le dernier coup porté au papier vint d'un décret du 6 floréal (25 avril) qui rétablit l'or et l'argent comme marchandises et autorisa la réouverture des Bourses.

Le pain noir valait six livres d'argent et le triple en assignats. La commune de Strasbourg payait aux boulangers une subvention quotidienne de 5,000 livres d'argent, pour que l'on pût donner aux indigents la miche de six livres au prix de six livres en assignats. Dans le courant de mai, les denrées alimentaires furent soudain augmentées du double. Le pain de six livres se paya, non plus dix-huit livres, mais trente-deux. Enfin au mois de juillet, par une dépréciation encore plus rapide, cinquante livres en papier ne valaient plus que trois livres d'argent. Toutefois cette misère fut passagère; une amélioration se produisit à la suite de l'excellente récolte de 1795. Les prix furent toujours assez élevés, mais on entra dans une période de prospérité relative.

Jusqu'en 1789, le renchérissement avait été lent et peu sensible à Strasbourg, par suite de conditions économiques locales. La Révolution changea tout: les assignats, l'augmentation des tarifs d'octroi, la suppression des approvisionnements de diverses denrées dans les magasins municipaux (approvisionnements qui servaient autrefois à équilibrer les prix), enfin et surtout l'esprit d'égalité, qui rapprochait les différentes classes et par suite inspirait à tous le désir du bien-être, tous ces faits créèrent une situation économique nouvelle; ils rendirent constant et régulier, après l'avoir d'abord élevé à l'extrême, le renchérissement des objets de consommation.

Cependant, malgré la misère, malgré les ardeurs de la lutte des partis, la modération et l'humanité, qui sont le fond du caractère alsacien, ne purent être altérées même pendant la Terreur. Tout compte fait, elle se montra moins âpre et moins inexorable à Strasbourg qu'à Paris et dans d'autres grandes villes.

La Terreur n'en modifia pas moins pour un temps l'esprit de la population.

L'expansion proverbiale de l'Alsacien, sa gaieté, son amour du plaisir, sa facilité à vivre, firent place à la réserve, au soupçon, à la crainte, aux inimitiés. Plus de fêtes de famille, de réunions d'amis, de joyeux festins, autrefois si multipliés ! Le théâtre, abandonné par la bourgeoisie, n'était plus fréquenté que par le peuple et les militaires de passage, qui venaient y applaudir des pièces révolutionnaires et y chanter la *Marseillaise* et le *Ça ira.* Un soir, au milieu de la représentation de la *Caravane du Caire*, un spectateur demanda à l'acteur en scène un air patriotique, que ce dernier, ne le connaissant pas, refusa de chanter. Grande fut l'explosion qui suivit ce refus ! L'acteur fut obligé de se mettre à genoux, de faire amende honorable et de chanter finalement les couplets réclamés, sur une mélodie quelconque. De semblables scènes qui, paraît-il, n'étaient pas rares expliquent l'éloignement du public réellement artistique.

A partir de la Révolution, le théâtre allemand de la rue des Drapiers, qui jouait tous les hivers, n'eut plus de troupe. La salle ne s'ouvrit plus que pour des réunions patriotiques ; les orateurs remplacèrent les acteurs ; et ce ne fut pas avec une moindre ardeur qu'on venait y entendre Euloge Schneider prononcer ses violents discours, dénoncer les traitres, appeler le peuple aux armes, ou faire l'éloge funèbre de Mirabeau.

La Comédie Française, où se réunissaient les notables, fut aussi fermée, ou plutôt ne donna que de rares représentations : *Euphrosyne, ou le Tyran corrigé*, premier opéra de Méhul, les *Rigueurs du cloître*, etc. Les pièces n'étaient plus que l'occasion de manifestations révolutionnaires. Pendant les entr'actes, on réclamait le *Ça ira*. Partout, on le chantait, à la brasserie et dans les rues ; c'était au son du *Ça ira* que les gardes nationaux se rendaient à leur poste. Au bal, on dansait sur cet air populaire, et, dès que l'orchestre l'attaquait, toute la salle, comme transportée, l'accompagnait en chœur.

Pendant la période de la Terreur, il régnait, en apparence, un calme plat. La seule agitation qui existât était l'agitation sourde qu'entretenaient les prêtres réfractaires cachés en ville. Les modérés, vaincus et suspects, cherchaient à se faire oublier. La plupart de leurs chefs, membres de l'ancienne municipalité, professeurs de l'Université ou du Gymnase, négociants, avaient été les uns expulsés, les autres arrêtés ; ceux qui restaient étaient muets de crainte. Pour réagir contre cette stupeur, les jacobins organisèrent ces grandes fêtes, ces manifestations publiques, dont nous avons déjà décrit quelques-unes, telles que l'*Enterrement de la royauté*, la *Mort de Marat*, etc.

Sous le Directoire, il y eut un retour soudain et bruyant à la vie et au plaisir, une sorte d'explosion des instincts cordiaux, comprimés sous la Terreur. Ce fut un appel passionné à toutes les joies ; ce n'étaient que soirées, bals et concerts. La présence d'officiers, heureux de vivre, de s'amuser avant de marcher au combat, excitait la population aux fêtes, au plaisir, et donnait un grand essor au commerce et aux industries de luxe. En désertant les clubs, la vie sociale rentra au foyer domestique et reparut dans les salons.

Toutes les positions avaient été ébranlées, mais, si beaucoup d'anciennes familles avaient perdu leur richesse, beaucoup de familles pauvres s'étaient enrichies et les parvenus tenaient à faire étalage de leur récente fortune. Cependant, les bals avaient encore une physionomie très-démocratique. Selon l'usage républicain, le tutoiement était de rigueur, et les hommes gardaient leur coiffure; seulement le bonnet de police avait remplacé le bonnet rouge. Avec le bonnet rouge disparut aussi la carmagnole. Au même moment, le bonnet de la liberté qui recouvrait la croix de la cathédrale fut peint aux trois couleurs.

La salle du Miroir, qui avait retenti de tant de harangues révolutionnaires, était devenue, sous la direction de Pleyel, une salle de concert et de bal où tout le monde, sans distinction de fortune, se rassemblait dans des fêtes organisées par souscriptions. Chaque concert était suivi d'un bal. Fréquentées par les généraux et les nombreux officiers de tout grade qui défendaient la frontière, ces réunions furent très-brillantes. « On a vu bien souvent, a dit un contemporain, des officiers se rendre du champ de bataille aux concerts du Miroir, y danser, s'y amuser pendant la nuit, puis retourner le matin devant l'ennemi et, à peine sortis du bal, recevoir la mort des braves. » Les loteries aussi, après le décret du 9 thermidor an VII, furent fort à la mode. La passion du jeu a été, de tout temps, un symptôme de la décadence des mœurs publiques.

Les divorces ne furent pas rares durant cette période; cependant il ne faudrait pas se hâter d'en conclure que les Alsaciens avaient imité la société parisienne jusque dans son relâchement. Cela s'explique très-naturellement par le protestantisme d'une bonne part des habitants, pour qui l'indissolubilité du lien conjugal n'était pas un article de foi.

Tout au contraire, Strasbourg, fidèle à son vieil esprit de modération en toutes choses, résista à l'entraînement de débauche qui signala le Directoire.

Lors de la réunion de Strasbourg à la France, cette ville, on le sait, avait été maintenue, par l'acte de capitulation, dans tous ses priviléges commerciaux. L'Alsace était placée en dehors de la ligne des douanes, ce qui lui avait assuré tous les avantages d'un port franc. Ces avantages étaient encore augmentés par les priviléges accordés aux bateliers qui avaient le monopole de la navigation jusqu'à Mayence. Toutes les marchandises expédiées de Strasbourg à l'étranger étaient exemptes de visite et de droits, et celles qui partaient de Strasbourg pour l'intérieur du royaume ne payaient qu'un droit d'entrée de huit sous par quintal.

Cette situation unique et deux grandes foires qui duraient quinze jours, l'une à l'époque de la Saint-Jean, l'autre à Noël, entretenaient dans la ville une grande activité commerciale. Mais tous les priviléges prirent fin par la loi du 5 novembre 1790, qui supprima les droits de péage à l'intérieur de la France et qui recula la ligne des douanes jusqu'à la frontière. Ces dispositions, qui devaient, plus tard, accroître considérablement la fortune de Strasbourg, l'atteignirent péniblement au moment où elles furent mises en vigueur. Le transit devint presque nul; la navigation sur le Rhin, un des éléments les plus importants de richesse pour la ville, fut interrompue. La tribu des Bateliers, tellement en honneur qu'elle avait été placée, en 1417, à la tête des vingt tribus de la bourgeoisie, se trouva ruinée. Une révolution complète s'opéra dans le corps des arts et métiers.

Après la Révolution, certaines professions avaient éprouvé une diminution très-sensible, tandis que d'autres avaient eu un remarquable accroissement. On vit décroitre le nombre et l'importance des bateliers, des chamoiseurs, des charpentiers, des pelletiers, des perruquiers, des potiers d'étain, des tonneliers, des tisserands, etc. La faute en était, pour une bonne part, aux modes et aux usages nouveaux, à l'emploi plus répandu de la faïence, de la porcelaine et du verre, à l'interruption de la navigation du Rhin, aux mauvaises vendanges et à l'élévation des droits sur les vins. On vit, en revanche, beaucoup plus de brasseurs, d'épiciers, de pâtissiers, de passementiers, de tailleurs et de tanneurs. Le passage continuel de troupes, la présence d'une forte garnison, la surexcitation de la vie politique, occasionnèrent l'établissement d'un nombre infini d'estaminets, de petits cabarets, de buvettes. Pendant la période la plus agitée, sur dix maisons, il y en avait une où l'on donnait à boire.

Une industrie qui résista aux secousses de la Révolution et qui ne fut atteinte qu'en 1796, ce fut la culture du tabac. Introduit, en 1620, par un négociant, Robert Kœnigsmann, qui en avait rapporté la semence d'Angleterre, le tabac était devenu un des éléments principaux de la prospérité alsacienne. Il résulte des registres de la douane de Strasbourg, qu'en 1726 l'exportation était de 50,000 quintaux, représentant à peu près la moitié du produit de toute la culture.

Pendant la guerre d'Amérique, cette production avait été plus que doublée, à cause des difficultés qu'éprouvait la ferme générale à faire venir des feuilles de Virginie. Dans un mémoire que le commerce de Strasbourg adressait, en 1787, au Gouvernement, il était établi que l'étranger versait par an à l'Alsace, pour l'achat du tabac, une somme d'au moins 2,250,000 livres. En 1797, il y avait, à Strasbourg, trente-sept fabriques de tabac en carottes et seize fabriques de tabac à fumer. Elles employaient 1,000 à 1,200 ouvriers des deux sexes. Il y avait, en outre, dans la province, quatorze fabriques, dont quelques-unes étaient très-importantes. Ce n'est que par la loi du 22 brumaire an VII (12 novembre 1798) que fut établie une taxe sur le tabac fabriqué.

Très-heureuse d'échapper au régime de la Terreur, la majorité de la population strasbourgeoise n'était pas devenue pour autant contre-révolutionnaire. Les élections au conseil des Cinq-Cents et au conseil des Anciens en sont la preuve : ce furent des girondins, des Français de l'intérieur que les électeurs alsaciens envoyèrent à ces deux Assemblées. L'Alsace désirait fermement le maintien de la République ; elle s'était incorporée de cœur et d'âme à la France, aussi intimement que les jacobins l'avaient souhaité. Il faut bien le dire, les jacobins qui avaient représenté le patriotisme français sous sa forme la plus exaltée, la plus exclusive, la plus intolérante, eurent, du moins, bien que vaincus et persécutés, cette joie suprême de voir l'Alsace, qui n'avait été que conquise par la royauté, unie réellement à la France par la Révolution.

Au sortir de la Terreur, à l'époque du Directoire, que demandait l'Alsace par l'organe de ses habitants les plus éclairés, que réclamait-elle par ses écrits et par ses votes? Le respect de la propriété et des droits de la famille; l'égalité devant la loi; la liberté des cultes; la liberté de la presse; la liberté individuelle; la liberté électorale; le suffrage universel à deux degrés; une assiette équitable de l'impôt; une justice impartiale, en dehors et au-dessus des passions politiques; l'extension de l'instruction à tous les degrés et, en particulier, la réorganisation des écoles primaires; des encouragements à l'agriculture, au commerce, à l'industrie, sous la protection de la paix.

C'est là ce que l'Alsace aspirait à conquérir à la veille de l'attentat du 18 brumaire. Pour réaliser ce sage programme qui, à quelques nuances près, est encore celui des Français dévoués intelligemment à la grandeur de leur pays, il ne fallait ni dictature, ni atteinte à la forme du gouvernement. La vieille république de Strasbourg n'éprouvait aucun besoin d'une restauration monarchique. Ses sentiments se résumaient dans un mot de Rewbell à Bonaparte.

— Vous ne m'aimez pas, lui disait un jour le futur empereur.

— C'est vrai, répondit l'Alsacien ; je ne vous aime pas, car vous affectez la tyrannie.

Pressentiment prophétique, s'il en fut! N'est-ce pas le successeur de cet homme, l'héritier de son nom, le souverain que les Allemands seuls ont le droit d'appeler « providentiel », qui a été cause que l'Alsace, notre chère et malheureuse Alsace, n'est plus française!

TABLE DES MATIÈRES

CHAPITRE PREMIER

LA FIN DE L'ANCIEN RÉGIME

Pages.

Strasbourg avant la Révolution. — Son régime politique, administratif et commercial en 1789. — Élections des députés aux États généraux. — Cahier des vœux du tiers état de la ville de Strasbourg. — Impopularité de la haute bourgeoisie, de la classe dirigeante. — Troubles intérieurs. — Le baron de Dietrich nommé commissaire royal. — Sac de l'hôtel de ville. — Fin de l'ancien régime strasbourgeois. — Après la nuit du 4 août, protestation du conseil des Échevins en faveur des anciens droits régaliens de Strasbourg. — Organisation d'une garde nationale. — Création de la *Société des Amis de la Constitution*. — Élections municipales et départementales. — Dietrich premier maire de Strasbourg. — Protestation de la noblesse allemande apanagée en Alsace contre les décrets du 4 août. — Le cardinal de Rohan donne le signal de l'émigration. 1

CHAPITRE II

ENFANTEMENT PÉNIBLE D'UN NOUVEL ORDRE POLITIQUE ET SOCIAL.

Formation des départements du Haut et du Bas-Rhin. — Strasbourg, chef-lieu départemental. — Fête de la Fédération. — Motion de la Société des Amis de la Constitution en faveur de la diffusion, à bref délai, de la langue française. — L'émancipation des juifs et les résistances qu'elle rencontre. — Première émission d'assignats. — Menées hostiles du corps d'officiers. — La noblesse alsacienne proprement dite n'émigre pas; mais le haut clergé catholique pousse à la résistance contre les lois ecclésiastiques, la vente des biens nationaux, la suppression des congrégations religieuses et la constitution civile du clergé. — Déchirements au sein de la population catholique. — Rapide développement de la presse. — Avortement d'une *Union des catholiques romains*. — Tentatives de rébellion dans les campagnes et même à Strasbourg. — Les frondeuses strasbourgeoises. — Adhésions des clergés protestant et israélite à la Révolution. — Arrivée de trois commissaires de l'Assemblée nationale chargés de rétablir le calme dans les esprits. — Brendel élu évêque constitutionnel. — Strasbourg illuminé spontanément à la nouvelle de l'arrestation de Louis XVI à Varennes. — Arrivée des commissaires chargés de recevoir des officiers le serment imposé à l'armée. — Deux mille gardes nationaux strasbourgeois rétablissent à Rosheim et à Molsheim l'ordre troublé par des excitations cléricales. — Luckner nommé au commandement en chef des cinquième et sixième divisions militaires. — Déclaration de Pilnitz. — Destruction du fort Blanc. — Enrôlement des volontaires. — Élections pour l'Assemblée législative. — Dissensions au sein de la Société des Amis de la Constitution, qui se subdivise en deux clubs : celui du *Miroir* et celui de l'*Auditoire*. — Déclaration de guerre à l'empire d'Allemagne 45

CHAPITRE III

EXCITATIONS A LA GUERRE CIVILE.

Tentatives cléricales de susciter en Alsace un parti séparatiste. — Attitude patriotique des clubs du *Miroir* et de l'*Auditoire*. Naissance de la *Marseillaise* dans l'atmosphère enflammée des clubs. — Son acte de naissance authentique. — Fête de l'acceptation de la Constitution par le roi. — Menées des émigrés : Coblentz et Ettenheim. — Tentative d'invasion à Rhinau. — Sérieuses mesures de défense. — Attaques dirigées contre Dietrich, accusé de modérantisme. — Lettre de Roland au maire de Strasbourg. — Manifestation du conseil municipal en sa faveur. — Agitation pour et contre l'établissement de la République. — Arrivée de commissaires investis surtout d'une mission militaire. — Épuration de l'état-major général. — Kellermann. — Dissolution du conseil municipal. — Citation de Dietrich à la barre de l'Assemblée. — Sa fuite et son arrestation à Saint-Louis. — Élections pour la Convention. — Avènement de la République. — Élections municipales. — Acquittement de Dietrich. Il est maintenu en état d'arrestation et conduit à Paris. — Épuration du conseil municipal. — La Convention donne gain de cause aux modérés. — Avènement du jacobinisme 93

CHAPITRE IV

LE GOUVERNEMENT RÉVOLUTIONNAIRE.

Monet, maire de Strasbourg. — Levée de 300,000 hommes. — Envoi à la Convention de deux délégués pour protester au nom des sections du dévouement de Strasbourg à la République. — Détresse de la population. — Émeute de Molsheim. — Première exécution capitale. — Euloge Schneider, accusateur public. — Retraite de Custine. — Siège de Mayence. — Arrivée de commissaires à l'armée du Rhin. — Enrôlements pour la guerre de Vendée. — Lutte des jacobins et des douze sections. — Acceptation de la Constitution de 1793. — Fête funèbre à la mémoire de Marat. — Capitulation de Mayence. — Strasbourg en état de siège. — Le général Dièche. — Défense de la ville confiée à la garde nationale. — Levée en masse. — La guillotine en permanence sur la place d'Armes. — Épuration de l'administration. — Arrestations de suspects. — Établissement du gouvernement révolutionnaire. — Tribunal révolutionnaire. — Armée révolutionnaire. — Le *maximum*. — Cours forcé des assignats 137

TABLE DES MATIÈRES.

CHAPITRE V

LE COMMENCEMENT DE LA TERREUR.

Pages.

Prise des lignes de Wissembourg par les Impériaux; retraite de l'armée du Rhin sous les murs de Strasbourg. — Arrivée de Saint-Just et Lebas. — Avénement de la *Terreur*. — Destitution de l'administration départementale, de celle du district et de la municipalité. — Résistances des jacobins alsaciens. — Visites domiciliaires. — Emprunt forcé de neuf millions. — Cartes de civisme. — Destitution de l'état-major de la garde nationale. — Les commissaires Guyardin et Milhaud. — Exécutions capitales. — Condamnations pour transgression de la loi du maximum. — Tournée départementale de Schneider avec une guillotine. — Nouvelles réquisitions. — La *Propagande*. — Le culte de la Raison. — Fureur de destruction : mutilation de la cathédrale; démolition des clochers. — Changement des noms de rues et de personnes. — La *Francilisation*. — Antagonisme croissant des jacobins français et des jacobins alsaciens et allemands. — Arrestation d'Euloge Schneider et son transfert à Paris. — Condamnation et exécution de Dietrich. — Condamnation et exécution de Schneider. — Effroyable détresse. — Distribution de deux millions aux indigents. — Création de boulangeries municipales. — Encombrement des prisons. — Motions d'épuration des prisons au club des Jacobins. — *Landau ou la mort!* — Offensive vigoureuse des troupes françaises sous Pichegru et Hoche. — Panique dans les campagnes. — Cinquante mille paysans émigrent à la suite des Impériaux. — Reprise des lignes de Wissembourg. — Fin de la mission de Saint-Just et Lebas. 175

CHAPITRE VI

LA FIN DE LA TERREUR ET LE DIRECTOIRE.

Les commissaires Baudot et Lacoste. — Nouvel emprunt forcé de dix millions et institution d'une nouvelle commission révolutionnaire. — Monet au premier plan. — Sa lutte contre les jacobins alsaciens et allemands. — Arrestation à Strasbourg et exécution à Paris des frères Edelmann et de Jung. — Transfert dans les prisons de Dijon des autres partisans de Schneider. — Recrudescence des mesures terroristes. — Exécutions capitales. — Chute de Robespierre. — Mission du commissaire Foussedoire. — Destitution de Monet et son remplacement par André. — Renouvellement du personnel administratif et communal. — Élargissement de nombreux détenus. — Levée de l'état de siège; révocation du général Dièche. — Fin du maximum. — Souffrances de la population par un hiver excessivement dur. — Arrivée du commissaire Bailly. — Épuration du club des Jacobins. — Remplacement du maire André par Michel Mathieu. — Rétablissement de l'exercice des cultes. — Épuration de la garde nationale; désarmement des prolétaires. — Démonstrations de joie patriotique à la nouvelle de la paix de Bâle. — Arrivée du commissaire Richou : tentative d'arrêter le mouvement contre-révolutionnaire. — Réveil de la prospérité matérielle. — Séjour de Kléber à Strasbourg. — Moreau prend le commandement en chef de l'armée du Rhin. — Sa campagne dans le sud de l'Allemagne et sa retraite. — La garde nationale de Strasbourg aide à repousser une attaque des Impériaux contre Kehl. — Siège et capitulation de Kehl 233

CHAPITRE VII

L'ENSEIGNEMENT, LES ARTS, LES CLUBS ET LA PRESSE.

L'Université protestante avant la Révolution. — Le Gymnase protestant. — Le Collège catholique et l'Université catholique. — Le Collège national. — Désorganisation de l'enseignement secondaire et supérieur. — Insuffisance de l'enseignement primaire. — L'École centrale. — La poésie pendant la Révolution : Auguste Lamey; Champy; Schaller. — La prédication protestante et catholique : Blessig; Haffner; Euloge Schneider et Brendel. — Renaissance des études après la Terreur: Schweighæuser; Brunck; Koch. — La musique avant et pendant la Révolution : les écoles de chant sacré à la cathédrale et au Temple-Neuf; Ignace Pleyel et sa symphonie, *La Révolution du 10 août, ou le Tocsin allégorique*. — La peinture et la sculpture : les Guérin; Zix, Ohmacht et Kirstein. — Le théâtre de la ville et le théâtre de la Bienfaisance. — Les clubs. — La presse. — Brochures révolutionnaires et contre-révolutionnaires. — Prospérité de l'imprimerie. 279

CHAPITRE VIII

LES MŒURS AVANT ET PENDANT LA RÉVOLUTION.

Strasbourg, ville des contrastes : deux Universités ; deux clergés; deux garnisons ; deux administrations ; deux sociétés. — La société à Strasbourg jusqu'en 1789; opposition entre les mœurs anciennes et les mœurs nouvelles. — Influence de l'élément français : changements dans l'architecture, les costumes, les ameublements, etc. — La bourgeoisie conserve ses mœurs; dans le peuple, rapports plus faciles; développement anormal des cabarets; promenades hors les portes; l'*Arbre vert*. — Commencement de fusion entre les classes : les bals; une soirée chez Dietrich ; les anciens poêles transformés en auberges ou en salles de réunions; repas constitutionnels. — Strasbourg envahi par les étrangers. — Les prêtres non assermentés; leur propagande contre-révolutionnaire; expulsion des moines; dévotes et jacobines. — Sacrifices de Strasbourg; patriotisme de la garde nationale. — Le Directoire : renaissance des plaisirs; loteries. — État du commerce et de l'industrie; la question du tabac. — Fin de la Révolution à Strasbourg 323

Nancy, imp. Berger-Levrault et Cⁱᵉ.

www.ingramcontent.com/pod-product-compliance
Lightning Source LLC
Chambersburg PA
CBHW070444170426
43201CB00010B/1214